QUER
BEET

Bayerischer Rundfunk (Hrsg.)
Sabrina Werner
Julia Schade
Tobias Bode

Das große Gartenjahrbuch zur Sendung QU

Ein ruhiger Blick, eine stille Konsequenz, in jeder Jahreszeit, in jeder Stunde das ganz Gehörige zu tun, wird vielleicht von niemand mehr als vom Gärtner verlangt.

Johann Wolfgang von Goethe

ER
BEET
2013
av BUCH

Impressum

avBUCH im Cadmos Verlag

Umschlag & Layout: Ravenstein + Partner, Verden
Satz & Bildreproduktion: armanda,geisler Wien
Lektorat: Redaktionsbüro Wolfgang Funke, Augsburg

Coverfoto: Sabrina Werner, außerdem Seite 8, 9, 26, 27, 42, 43, 58, 59, 75, 90, 91, 106, 107, 122, 123, 139, 158, 159
Tanja Küblböck: Seite 75, 138

Druck: Werbedruck GmbH Horst Schreckhase, Spangenberg

Deutsche Nationalbibliothek – CIP-Einheitsaufnahme
Die Deutsche Nationalbibliothek verzeichnet diese Publikation in der Deutschen Nationalbibliografie; detaillierte bibliografische Daten sind im Internet über http://dnb.ddb.de abrufbar.

Printed in Germany

ISBN 978-3-8404-7510-8

Inhalt

Vollfrühling ... 42

Frühsommer ... 58

Hochsommer ... 74

Spätsommer ... 90

Vorfrühling

Was jetzt zu tun ist

Gut für alle

- Pflanzenschutz
  - Überwinternde Schädlinge an Gehölzen bekämpfen: bei Bedarf Austriebsspritzung mit Öl
- Boden startklar machen
  - Erde flachgründig lockern und einebnen
  - Kompost verteilen (2 bis 3 l/m^2)
- Spinat, Senf und Raps als Gründünger ins Kleingewächshaus säen
- Mistbeete neu packen, Frühbeete herrichten (evtl. Substrat auffüllen)

Obst und Gemüse

- Zeit zum Säen
  - Fensterbank: Wärme liebende Gemüse wie Tomaten, Melonen und Kardy
  - Kleingewächshaus: Bohnen, Sellerie, Zwiebeln und Salate
  - Frühbeet: Radieschen, Spinat, Kresse, Dill
- Beerenobst zurückschneiden
- Auslichtungsschnitt Apfel und Birne
- Fruchtmumien von Obstgehölzen entfernen

Fürs Auge

- *Crocosmia,* Calla und Dahlien aus dem Winterquartier holen, eintopfen, hell aufstellen
- Blühfaule Stauden teilen und umpflanzen
- Schnitt: zu dicht gewordene Ziergehölze auslichten und verjüngen
- Rasenpflege beginnen: vertikutieren, düngen, jäten

Ernte

- Aus der Natur: Knospen von Linde und Kornelkirsche und Wurzeln der Nelkenwurz
- Verwerten von eingelagertem Gemüse und Obst aus dem letzten Jahr

Der Garten im Vorfrühling

Schieben sich die weißen Schneeglöckchen empor und beginnen die Haselnusssträucher zu blühen, heißt das: Der lange Winter ist vorbei und der Vorfrühling steht bevor. Bester Zeitpunkt, um die Kulturen für die Gemüsebeete zu planen. Wenn man die richtige Reihenfolge einhält und dabei die entsprechenden Vormieter und Nachbarn berücksichtigt, steigen die Chancen für eine üppige Ernte von Tomaten, Kohl & Co. Oder soll es ein Gewächshaus sein, aus dem das ganze Jahr über Gemüse in die Küche wandert? Und sogar die Narzissen für die Vase können jetzt schön blühen. Man muss allerdings ein wenig nachhelfen und den Pflanzen einen verfrühten Frühjahrsbeginn vorgaukeln. Im Garten zeigen sich ebenfalls Farbe und Struktur: Das leuchtende Rot der Hartriegeltriebe, die verspielten, kantigen Zweige des Pfaffenhütchens oder die abblätternde Rinde des Zimt-Ahorns sind Attraktionen, die ganz ohne Laub und Blüten auskommen. Zeigen sich die ersten Krokusse, endet der Vorfrühling und der Erstfrühling steht bevor.

Ernte im Kleingewächshaus rund ums Jahr! von Birgit Rascher

Ein Gewächshaus ist für alle, die die Gartenleidenschaft gepackt hat, eine wunderbare Anschaffung. Während es für die Kakteen- und Orchideenfreunde überhaupt keine Frage ist, ob das Häuschen eine Heizung braucht oder nicht - hier ist sie schlicht unverzichtbar -, bauen sich die Gemüsefreunde und Selbstversorger meist ein unbeheiztes Haus. Mit etwas Geschick und Sachverstand lässt sich so ein „Kalthaus“, wie die Fachleute es nennen, rund ums Jahr für die Versorgung der Familie nutzen.
Bei der Anschaffung sollte das Gewächshaus nicht zu klein gewählt werden. Auf nur 5 m² Fläche wird es immer eng sein, und je geringer das Volumen im Gewächshaus ist, desto extremer wird dann auch das Klima. Wenn der zur Verfügung stehende Platz nicht größer als 5 bis 6 m² ist, so ist zu überlegen, anstelle eines geschlossenen Gewächshauses nur eine Überdachung zu bauen, unter der dann im Sommer die Tomaten gesund und geschützt wachsen können. Die Seiten bleiben offen, und der Wind sorgt dafür, dass die Luftfeuchtigkeit stark ansteigen kann. Bei Sonnenschein wird sich unter dem Dach eine etwas höhere Temperatur als außerhalb einstellen. Auch in der Nacht wird die Wärme, die der Boden und die Pflanzen abstrahlen, unter dem Dach gehalten. Der Regen wird zuverlässig abgehalten, wenn der Dachüberstand breit genug und das Dach nicht zu hoch ist. Der Befall

Das Kleingewächshaus garantiert frühen Ernteerfolg. (Foto: Sabrina Werner)

durch die gefürchtete Kraut- und Braunfäule an den Tomaten wird dadurch weitgehend verhindert. Sind mindestens 8 m^2 Platz vorhanden, ist an ein richtiges Gewächshaus zu denken.
Ende Februar beginnt das Gärtnerjahr mit Kopfsalat, Blattsalaten, ersten Aussaaten von Radieschen und Rettich, Kresse und Schnittsalat. Im Februar zeigt uns der Winter meist noch einmal seine ganze Kraft. Ist dann die größte Kälte vorbei und eine mildere Witterung hat sich eingestellt, in der Regel gegen Ende Februar, kann endlich das Pflanzen und Säen beginnen.

Schutz vor Kälte

Sinnvoll ist es, ein Gartenvlies bereitzuhalten, das die gesamte Grundfläche des Gewächshauses abdecken kann. In den milden Phasen, die wir um diese Jahreszeit schon erleben können, liegt es lediglich bereit. Sind dann wieder Frostnächte angekündigt, so wird das Vlies am Abend über die Kulturen gebreitet. Wer weniger Zeit investieren möchte, wählt ein leichtes Vlies mit einem Gewicht von 17 g/m^2, dieses kann die ganze Zeit liegen bleiben. Allerdings ist es dann tagsüber unter dem Vlies sogar etwas kühler als ohne. Wer die Zeit und die Möglichkeit hat, nimmt es jeden Vormittag, wenn die Temperaturen etwas gestiegen sind, ab und deckt am Nachmittag die erwärmte Luft wieder mit zu. Die Wärme in der Nacht kommt dann von unten, denn der Boden ist bereits in etwa einem Meter Tiefe konstant etwa +10 °C warm.

Wichtig: lüften

Die Fenster der Dachlüftung sollten nicht komplett geschlossen werden, weder am Tag noch in der Nacht. Es ist sinnvoll, einen Lüftungsspalt von ungefähr 10 cm durchgehend zu belassen, und falls eine teilbare Türe vorhanden ist, auch die obere Hälfte der Tür nicht vollständig zu schließen.
Ist das Kleingewächshaus vollständig geschlossen, stellt sich sofort eine sehr hohe Luftfeuchtigkeit ein. Das führt dazu, das die Pflanzen nichts mehr verdunsten können, in der Folge davon aber auch kein Wasser aufnehmen und so alle Lebensprozesse nur noch sehr verlangsamt ablaufen können. Pilzkrankheiten fühlen sich dann besonders wohl und greifen die Kulturpflanzen an.
An trüben Tagen können Lüftung und Tür in der „Nachtstellung" bleiben, also leicht geöffnet. Kommt die Sonne heraus, so sollte mehr gelüftet werden, denn das Gewächshaus heizt sich sehr schnell auf. Scheint die Sonne voll auf das Haus bei vollständig geschlossener Lüftung, so werden sogar im tiefsten Winter schnell 25 bis 30 °C im Haus erreicht. Im Wechsel mit kalten Nächten bedeutet das für Pflanzen großen Stress. Wird an sonnigen Tagen großzügig gelüftet, stellen sich angenehme 12 bis 15 °C ein, das Licht der Sonne bewirkt zusätzlich gute Bedingungen für den Frühjahrssalat. Die Nächte bei Minustemperaturen werden unter der Vliesabdeckung gut vertragen, solange sie nicht sehr viel kälter als -7 °C sind. So kann Schnittsalat bereits Anfang April, Kopfsalat ab Ende April geerntet werden.

Frostempfindliche Pflanzen im Gewächshaus

Jetzt, Ende April, kommen die ersten Tomatenpflanzen ins Gewächshaus, und wir hoffen, dass es keine Nachtfröste mehr gibt. Die Tomaten fühlen sich zwar bei Nachttemperaturen von 14 bis 16 °C am wohlsten, vertragen aber Temperaturen im einstelligen Bereich auch gut. Es ist dann zwar kein Stängel- und Blattwachstum erkennbar, aber es findet Wurzelbildung statt. Kaum sind die Temperaturen wieder angenehmer, verlieren die Pflanzen das rötliche, etwas verfrorene Aussehen und wachsen weiter. Das immer noch bereitliegende Vlies schützt bei Bedarf nachts die Pflanzen vor der Kälte.
Wird Nachtfrost angekündigt, so ist ein wenig Aufwand erforderlich, um die Tomaten über die Runden zu bringen. Das Kleingewächshaus wird vollständig geschlossen, die Pflanzen mit Vlies abgedeckt und einige Grablichter oder Kerzen, sicher in Gläsern, aufgestellt, um den

Rhabarber im Gewächshaus

Lässt die Größe des Gewächshauses es zu, so ist hier auch eine Rhabarberpflanze sinnvoll untergebracht. Der Vorsprung gegenüber dem Freiland beträgt 7 bis 10 Tage – wer freut sich nicht auf den ersten Rhabarberkuchen des Jahres? Auch der Gesamtertrag liegt über dem von Freilandrhabarber.

kleinen Luftraum frostfrei zu halten. Der Aufwand lohnt sich, denn meist sind es nur wenige Nächte, und der Vorsprung der Pflanzen gegenüber den später gepflanzten ist deutlich sichtbar.
Paprika, Melonen und auch Bohnen sind viel kälteempfindlicher als Tomaten und danken die frühe Pflanzung nicht. Paprika steht besser im Wohnhaus, möglichst hell und bei angenehmen 20 °C, tagsüber härtet man sie auf Balkon oder Terrasse etwas ab und pflanzt sie dann nach den Eisheiligen aus.

Pflanzen aufleiten

Tomaten-, Gurken- und Zuckermelonenpflanzen wollen aufgeleitet werden. Einfacher, als jede Pflanze mit einem Stab zu versehen, ist es, einen Draht in Traufhöhe des Gewächshauses zu spannen. Wenn dies vom Hersteller auch so vorgesehen ist und die Statik des Gewächshausrahmens dies zulässt, kann der Draht direkt an der Gewächshauskonstruktion befestigt werden.
Die Pflanzen werden dann nach dem Setzen an einer Schnur bis zum Spanndraht aufgeleitet. Tomaten müssen ausgegeizt werden, sonst entsteht schnell ein Urwald. Gurken werden bis auf mindestens 50 cm Höhe von allen Fruchtansätzen befreit. Würde man so früh schon Früchte an der Pflanze belassen, ginge die gesamte Kraft der Pflanze in die erste Frucht, und die weiteren Fruchtansätze würden gelb und fielen ab, sie würden abgestoßen. Das gesamte Wachstum der Pflanze geriete ins Stocken, und nach der ersten Frucht entstünde eine lange Erntepause, bis die Pflanze sich erholt hätte, weiterwüchse und wieder Früchte ansetzte. Zusätzlich werden bei Gurken alle Seitentriebe entfernt, ähnlich wie bei der Tomate. Erst wenn die Gurkenpflanze am Draht angekommen ist und der Kopf darübergelegt wurde, sie sich also wieder auf dem Weg nach unten befindet, können die Schnittmaßnahmen beendet werden und die Pflanze darf nochmals durchtreiben.

Gurken leitet man einfach an einem Draht auf.
(Foto: Sabrina Werner)

Tomaten im Gewächshaus

Bei der Tomate wird das Ausgeizen bis zum Ende der Kultur fortgeführt. Ein zu dichter Bestand ist immer in Gefahr, an Krautfäule zu erkranken. Sind die Pflanzen zu dicht belaubt, so können ein bis zwei voll entwickelte Blätter, die die Fruchttrauben beschatten, komplett entfernt werden. Das Licht soll möglichst ungehindert an die Fruchttrauben gelangen können. Allerdings ist es sinnvoll, so einen Blattschnitt an einem trüben Tag durchzuführen, damit die Früchte sich an das stärkere Licht gewöhnen können und Sonnenbrand vermieden wird. Wachsen die Pflanzen zu Kulturbeginn zu stark, das kann bei einer sehr guten Nährstoffzufuhr mit Mist oder Kompost vor der Pflanzung der Fall sein, so kann im Kopf der Pflanzen jeweils ein junges Blatt komplett entfernt werden. In der Folge orientieren sich die Pflanzen etwas stärker auf das Wachstum der Früchte. Von unten nach oben werden ebenfalls Blätter entfernt, besonders vergilbte, die ihre Funktion nicht mehr erfüllen, so wird auch für mehr Luft im Bestand gesorgt. Insgesamt sollen der Pflanze jedoch stets etwa 16 Blätter verbleiben. Alle Schnittmaßnahmen werden bei warmem, trockenem Wetter durchgeführt, damit die Schnittflächen gut abtrocknen. Die Schnitte werden direkt am Stängel der Pflanze ausgeführt, es bleiben keine Stummel stehen. Solche Stummel werden von den Pflanzen nicht mehr richtig versorgt, sterben in der Folge langsam ab und bilden dann eine Eintrittspforte für Pilzkrankheiten.

Köpfen

Die Pflanzen müssen beim Erreichen des Spanndrahtes nicht unbedingt geköpft werden. Wird der Stängel am Draht durch einen Kopfhaken gelegt, so wächst die Pflanze wieder nach unten. Es liegt dann im Ermessen des Gärtners, ab wann er die neuen Blütenstände auszwickt, da bei allem Optimismus keine Aussicht mehr besteht, dass die daran entstehenden Früchte noch ausreifen können. Wenn der Haupttrieb geköpft ist, sollte ein

Im Gewächshaus gedeihen Tomaten, vor der Witterung geschützt. (Foto: Sabrina Werner)

Seitentrieb belassen werden, um die Gefahr, dass die Früchte platzen, etwas zu verringern. Das Köpfen ist ebenfalls – wenn möglich – in einer Schönwetterperiode bei niedriger Luftfeuchte durchzuführen, denn das hilft auch, das Platzen der Früchte nach dem Köpfen zu verhindern.

Bestäubung

Tomaten sind auf Bestäubung angewiesen. Im Freien erledigen das Bienen, Hummeln und der Wind. Im Kleingewächshaus muss da oft nachgeholfen werden, vor allem an den ersten Trauben im Frühjahr, wenn es weder Insekten noch ausreichende Luftbewegung gibt. Einfach die Pflanzen kräftig schütteln, damit der Pollen fliegt und auf die Narbe gelangt. Bei normaler Luftfeuchtigkeit funktioniert das gut. Ist es am frühen Morgen noch feucht, fliegt der Pollen nicht; ist es in der Mittagshitze sehr trocken, dann ist die Narbe ausgetrocknet und der Pollen kann nicht an ihr haften bleiben. Zum Schütteln also den Vormittag oder den frühen Abend wählen. Je weiter der Sommer bereits eingekehrt ist, umso zuverlässiger erledigen die Bienen und Hummeln diese Aufgabe.

Zuckermelonen

Bei Zuckermelonen ist es wichtig, die Pflanzen zunächst einmal zu stutzen und dann einen oder zwei Seitentriebe aufzuleiten. An diesen Trieben bilden sich häufig fast nur männliche Blüten. Die weiblichen Blüten, aus denen die Melonen entstehen, wachsen bereitwilliger an den Seitentrieben zweiter Ordnung. Aus den Blattachseln der aufgeleiteten Seitentriebe erster Ordnung wachsen die Seitentriebe zweiter Ordnung, und wenn an diesen bereits eine kleine Melone wächst, kann der Trieb danach gestutzt werden. Triebe ohne Fruchtansatz müssen immer wieder entfernt werden, sonst entsteht ein undurchdringlicher Dschungel, in dem sich Pilzkrankheiten bevorzugt einnisten. Wassermelonen sollten überhaupt nicht aufgeleitet werden, da die Früchte zu groß und zu schwer werden, abreißen und zuletzt zu Boden fallen, bevor sie reif sind.

Paprika

Paprika wird entweder einzeln an Stäbe gebunden oder als kleines Spalier an einer in ca. 40 cm Höhe gespannten Schnur befestigt. Völlig ohne Unterstützung würden sich die Pflanzen zur Seite legen, wenn die Früchte an Größe und Gewicht zunehmen. Fäulnis wäre die Folge, wenn die Früchte auf dem Boden zu liegen kämen.
Sind die letzten Spätfröste vorbei, so ist wieder das ausgiebige und ständige Lüften bei Tag und bei Nacht die richtige Strategie.
Das Gießen erledigt man am besten am Morgen. Die Pflanzen können bis zum Abend wieder abtrocknen und der Boden kann sich wieder erwärmen. Es ist besser, mindestens eine ganze Gießkanne Wasser pro Quadratmeter Beetfläche auszubringen, also mit etwa 10 bis 12 l/m^2 durchdringend zu gießen, direkt auf die Erde, und dann je nach Witterung einige Tage zu warten, bis wieder Wasser gebraucht wird. Tägliches Gießen mit geringen Wassermengen verleitet die Pflanzen dazu, nur ein kleines Wurzelvolumen nahe der Oberfläche auszubilden. Kommen dann Hitzeperioden, leiden die Pflanzen umso stärker.

Temperatur kontrollieren

Im August sind die Tomaten, Gurken, Paprika und Melonen im Vollertrag. Die ersten kühleren Nächte setzen vor allen Dingen den Gurken zu. Auch Paprika und Melonen bilden jetzt keine neuen Früchte mehr. Einzig die Tomaten blühen und wachsen unbeeindruckt von nächtlichen 5 °C. Freilandtomaten oder Tomaten aus ungeheizten Gewächshäusern schmecken intensiver als Früchte aus geheizten Gewächshäusern. Das liegt an dem größeren Temperaturunterschied zwischen Tag und Nacht.
Moderne Klimasteuerungen erzeugen diesen großen Temperaturunterschied für eine kurze Zeitspanne auch in Gewächshausanlagen. Ganz gezielt wird einmal am Tag die Temperatur im Gewächshaus kräftig erhöht. Im Freiland und im ungeheizten Gewächshaus entsteht dieser Effekt auf ganz natürliche Weise durch die kühleren Nächte. Ein weiterer Klimaeffekt, den moderne Klimasteuerungen heute den Bedingungen im Freiland nachempfinden, ist die schnelle Absenkung der Temperatur

Während der Reife verändert Paprika seine Farbe von Grün bis Orange oder Rot. (Foto: Sabrina Werner)

am Abend. Nach einem warmen Tag wird am Abend die Wärme hinausgelüftet und erst nach Sonnenuntergang durch die Heizung wieder auf die gewünschte Nachttemperatur von ca. 16 °C angehoben. Das senkt die Luftfeuchtigkeit und hilft den Pflanzen, die am Tag mittels Fotosynthese gebildeten Stoffe bestmöglich zu verarbeiten.

Feldsalat aussäen

Anfang September ist die Zeit für die Aussaat des Feldsalats gekommen, der im Winter die Selbstversorgung mit frischem Salat sicherstellen soll. Wenn ein Teil der Paprikapflanzen und der Gurkenpflanzen bereits abgeerntet ist und geräumt werden kann, so ist dann eine Direktaussaat möglich. Dabei ist eine Reihensaat dem breitwürfigen Aussäen unbedingt vorzuziehen, denn zwischen den Reihen kann mit weniger Aufwand gehackt werden. Für die Gewächshausfläche, die zu diesem Zeitpunkt noch belegt ist, kann bis Ende September in Anzuchtkisten ausgesät werden. Die kleinen Feldsalatpflänzchen können vier Wochen in der Kiste heranwachsen, und sind Ende Oktober die letzten Tomatenpflanzen geräumt, können sie in kleinen Horsten gepflanzt werden. Sieben Pflänzchen pro Pflanzstelle sind ideal, die kleinen Horste werden dabei in einem Abstand von 10 x 10 cm gepflanzt.

Nach dem Pflanzen durchdringend gießen, dann ist die meiste Arbeit gemacht, und je nachdem, wie viel Helligkeit und Sonnenschein die Herbstmonate bereithalten, ist der Feldsalat schon Ende November erntereif. Die späteren Aussaaten überstehen die kalte Jahreszeit eingefroren auf dem Beet, erholen sich nach der größten Kälte schnell und kommen dann im Lauf des Februar und März zur Ernte. Ein Gartenvlies schützt den gefrorenen Feldsalat vor zu viel Sonne und hält die Temperaturen gleichmäßiger. Eine ständig leicht geöffnete Dachlüftung sorgt dafür, dass das Gewächshaus an sonnigen Wintertagen nicht zu warm wird und die Luftfeuchtigkeit den Pflanzen nicht zu sehr zusetzt.

So ist das Kleingewächshaus rund ums Jahr gut genutzt und versorgt eine ganze Familie mit frischem Gemüse der Saison. Und ganz nebenbei lernen auch die Kinder und Enkelkinder, dass der Paprika nicht in der Supermarktverpackung wächst ...

Kulturfolge und Fruchtwechsel

Freilandzierpflanzen wie Stauden und Gehölze scheinen viel geselliger zu sein als das wählerische Gemüse! Freilich pflanzt man sie vorzugsweise an einen passenden Standort mit passenden Nachbarn, an dem sie über Jahre hinweg wachsen. Trifft man die Vorlieben einer Art nicht auf Anhieb, wird das aber eher verziehen als von Möhre, Zwiebel oder Gurke. Denn Gemüse ist durchaus wählerisch bezüglich seiner Nachbarn und auch der „Vormieter" spielt eine große Rolle!

Bereit für die zweite Gartensaison: der Querbeetgarten. (Foto: Christina Stenz)

Gut geplant ist halb gewonnen!

Die Wintermonate sind ideal, um sich Gedanken zu machen, was im folgenden Jahr aus dem Garten auf den Teller kommen soll. Planungsgrundlage ist die vorhandene Fläche. Im Querbeetgarten bieten vier Beete à 13,5 m² insgesamt eine Anbaufläche von 54 m². Dazu kommen die beiden Hochbeete mit jeweils 3 m².
Wer neue Beete anlegen möchte, sollte mit einer Gemüsefläche von 40 m² pro Person planen, sofern eine Vollversorgung das Ziel ist. Kauft man regelmäßig auf dem Wochenmarkt ein oder geht mittags in die Kantine, genügen 25 m² pro Person.

Fruchtwechsel

Ist die Fläche festgelegt, schreibt man eine Liste mit Kulturen, die angebaut werden sollen. Die auserwählten Gemüsearten teilt man dann nach ihren Pflanzenfamilien in Gruppen. Stichwort Fruchtwechsel: Fruchtwechsel bezeichnet den aufeinanderfolgenden Anbau verschiedener Gemüse auf einer Fläche über mehrere Jahre hinweg. Gewächse aus derselben Pflanzenfamilie dürfen frühestens vier Jahre später auf der gleichen Fläche ausgepflanzt werden. Ansonsten kommt es zu stark schwindenden Erträgen oder dem Befall mit bodenbürtigen Krankheiten, die teilweise über Jahre hinweg im Boden überdauern! Wer auf Nummer sicher gehen möchte, sollte sogar sechs Jahre Pause machen, um die Selbstunverträglichkeit nicht herauszufordern. Außerdem gilt: Je vielseitiger der Fruchtwechsel, desto gesünder der Boden und desto besser die erzielten Anbauergebnisse!

Beispiel: Anbauplanung für den Hausgarten im 4-jährigen Fruchtwechsel

Beet 1	Beet 2	Beet 3	Beet 4
Starkzehrer	Mittelzehrer	Schwachzehrer	Gründünger
Mittelzehrer	Schwachzehrer	Gründünger	Starkzehrer
Schwachzehrer	Gründünger	Starkzehrer	Mittelzehrer
Gründünger	Starkzehrer	Mittelzehrer	Schwachzehrer

Kulturfolge

Das regelmäßige Wechseln der Pflanzenfamilie allein reicht aber nicht aus. Zusätzlich sollte man eine Kulturfolge einhalten. Als Kulturfolge bezeichnet man den Anbau unterschiedlicher Pflanzenarten auf ein und derselben Fläche innerhalb eines Vegetationsjahres. Kaum eine Kultur im Gemüsebau nimmt eine Fläche das ganze Jahr über ein, ausgenommen sind zweijährige Pflanzen wie Chicorée oder Dauerkulturen wie Erdbeeren und Rhabarber. Und wenn man schon beim Wechseln ist, sollte man gleichzeitig ein Auge auf die Nährstoffbedürftigkeit werfen. Immer Stark- mit Schwachzehrern abwechseln, damit der Boden nicht auslaugt! Der Einfachheit halber betreibt man quasi eine Zweifelderwirtschaft: Auf dem einen die „Schwachen", auf dem anderen Beet die „Starken". So schlägt man zwei Fliegen mit einer Klappe, denn auch auf die Düngung nimmt das Einfluss: Wer mit Mist düngt, braucht diesen dann nur in einer Hälfte des Gemüsegartens auszubringen: bei den Starkzehrern; Schwachzehrer reagieren zuweilen sehr empfindlich auf Mistgaben! Ausnahmen wie Sellerie oder Lauch, die zwar ganz untypisch zu den Starkzehrern zählen, zeigen aber, dass das nur eine Faustregel ist. Auf frisch mit Mist gedüngten Beeten leiden diese Kulturen schon einmal unter starkem Befall durch Schädlinge, bei Kompostdüngung bleiben diese Probleme allerdings aus. Dennoch düngt man auch hier nur das Starkzehrerbeet im Frühjahr mit 2 bis 3 l Kompost pro Quadratmeter. Bevor innerhalb eines Jahres auf das Beet der Starkzehrer Schwachzehrer gepflanzt werden, kann man ergänzend als Zwischenkultur einen Mittelzehrer anbauen. Als Anhaltspunkt gilt: Auf einem Beet können in unseren Breiten bis zu drei Kulturen jährlich angebaut werden.

Kohlrabi gehört zu den Mittelzehrern.
(Foto: Bernd Nitsche)

Wer gehört wohin und zu wem?*

Familie	Nährstoffbedarf: Stark	Mittel	Schwach
Kreuzblütler	Kopfkohl, Rotkohl, Blumenkohl, Brokkoli	Rosenkohl, Kohlrabi, Chinakohl, Rettich	Radieschen, Kresse
Nachtschattengewächse	Tomaten, Paprika, Kartoffeln	Auberginen	
Gänsefußgewächse	Mangold	Rote Bete	Spinat
Kürbisgewächse	Zucchini, Gurke, Melone, Kürbis		
Doldenblütler	Sellerie	Möhre, Petersilie, Liebstöckel, Fenchel	Kerbel, Kümmel, Koriander, Anis, Dill, Pastinaken
Liliengewächse	Lauch	Zwiebel, Knoblauch	Schnittlauch
Korbblütler	Artischocke, Chicorée	Endivie, Radicchio, Salate, Schwarzwurzel, Zuckerhut	
Schmetterlingsblütler		Puff- und Stangenbohnen	Buschbohne, Erbse
Süßgräser	Mais, Zuckermais		
Knöterichgewächse	Rhabarber		Buchweizen
Baldriangewächse			Feldsalat
Portulakgewächse			Portulak

* Die Tabelle liefert einen groben Überblick. Wer es genauer wissen möchte, sollte vertiefende Literatur zu Rate ziehen.

Das Gartentagebuch

Idealerweise legt man ein Gartentagebuch an, in dem festgehalten wird, welche Pflanze auf welcher Fläche wächst. Die Kulturen bleiben über die Jahre dieselben, und nur die Fläche, auf der sie stehen, rotiert. Im Idealfall ein Kreislauf aus Stark-, Mittel- und Schwachzehrern mit anschließender Gründüngung. Zugegeben, es steckt etwas Bastelarbeit in der Kulturplanung, aber im Winter haben Gärtner ohnehin nicht allzu viel anderes zu tun.

Badepralinen aus eigener Herstellung

Diese Pralinen sind nicht zum Naschen bestimmt.
(Foto: Marion Heinz)

„Ein Tag ohne Dufterlebnisse ist ein verlorener Tag“, lautet ein altägyptisches Sprichwort, und jeder Garten- oder Balkonbesitzer kann das bestätigen. Was gibt es Schöneres, als im Sommer den Duft der Blumen zu genießen? Die vielschichtigen Düfte betören uns, sind Seelenschmeichler und sorgen für eine ausgeglichene, entspannte Stimmung. Noch wohltuender für Körper und Geist ist der Genuss eines Vollbads in Kombination mit aromatischen Düften. Einfach abschalten, sich fallen lassen und genießen – vor allem im Winter ein Hochgenuss! Badepralinen zum Genießen kann man selbst herstellen.

Zutaten

- 57 g Natriumbicarbonat (Natron)
- 57 g Kakaobutter, pilliert
- 28 g Zitronensäure
- 3 gestrichene Esslöffel Speisestärke
- getrocknete Duftpflanzen (Rose, Lavendel, Thymian, Rosmarin usw.)

Rezept für Badepralinen

Als Erstes vermengt man die drei Grundzutaten Speisestärke, Natron und Zitronensäure miteinander. Direkt im Anschluss wird die Kakaobutter erhitzt. Dabei ist etwas Fingerspitzengefühl gefragt, denn die Kakaobutter soll nur schmelzen, in keinem Fall sieden! Ungeübte sollten die Wärmezufuhr eher gering halten und sich nach und nach an den Schmelzpunkt herantasten. Die Zugabe von Kakaobutter verleiht den Badepralinen eine rückfettende Wirkung und macht so die Haut geschmeidig. Ist die Kakaobutter flüssig, kann man sie zügig unter die Grundzutaten heben. Es entsteht eine geschmeidige Masse. In diese Masse gibt man nun nach Belieben Kräuter und Blüten in getrockneter Form. Wer keine Duftpflanzen im Garten hat, kann auch ätherische Öle aus der Apotheke oder dem Drogeriemarkt verwenden. Die Zitronensäure und die Kakaobutter gibt es ebenfalls in der Apotheke, Natron und Speisestärke im Supermarkt.

Die Masse muss nun rasch in eine Kautschuk- oder Silikonform gefüllt werden, aber auch Eiswürfelbehälter eignen sich für diesen Zweck. Anschließend kommen die Formen dann für etwa drei Stunden in den Kühlschrank. Danach sind die Badepralinen fertig und können aus der Form gelöst werden. Lagern sollte man die Badeschätze an einem kühlen und dunklen Ort, damit sie nicht schon vor Gebrauch schmelzen und ihren Duft verlieren.

Möchte man im Winter ein duftendes Vollbad genießen, gibt man einfach eine Badepraline ins einlaufende Badewasser und kann sich den Sommer herbeiträumen.

Pflanzenauswahl für Badepralinen

Königliche Rose

Die Königin der Blüten gehört zu den besten Aromaträgern für Badepralinen, zudem sehen die zarten Blütenblätter getrocknet auch noch sehr schön aus. Rosenduft wirkt verführerisch und sinnlich, soll die Konzentration steigern können und sich positiv auf das Gemüt auswirken.

Rosenduft zum Verwöhnen. Im Bild: 'Alfred Colomb'. (Foto: Sabrina Werner)

Profitipp
Barbara Krasemann

Blüten ernten und verarbeiten
Damit beim Trocknen von Blättern und Blüten möglichst viel Aroma erhalten bleibt, trockne ich meine Kräuter bei Temperaturen von 40 bis maximal 60 °C in meinem selbst gebauten Trockenofen. Man kann sie aber genauso gut im Backofen trocknen, bei gleichen Temperaturen und leicht geöffneter Tür. Grundsätzlich sollte man die Kräuter am späten Vormittag ernten, wenn die Pflanzen abgetrocknet sind. Zu dieser Zeit ist auch der Gehalt an ätherischen Ölen besonders hoch. Nach dem Ernten werden die Blätter oder Blütenblätter auseinandergezupft und einzeln auf die Darren oder das Backblech gelegt. Auf keinen Fall in Schichten übereinanderlagern, das verlängert die Trockenzeit und die Kräuter verlieren an Duft! Nach dem Trocknen und Auskühlen sollte man die Pflanzenbestandteile an einem dunklen und kühlen Ort lagern. Gut eignen sich dafür kleine Holzkisten, denn diese gleichen Klimaschwankungen aus.

Beruhigender Lavendel

Lavendel wirkt entspannend, beruhigend und schlaffördernd. Ein Bad mit diesem Kraut hilft bei Erschöpfung, niedrigem Blutdruck und chronischer Kreislaufschwäche. Auch bei Gliederschmerzen ist ein Bad mit Lavendel wohltuend. Der Duft des Lavendels ist am intensivsten, wenn gerade einige der kleinen Blüten geöffnet sind. Dann sollte man ernten.

Belebender Thymian

Sein Name ist griechischen Ursprungs: „thymos", das bedeutet Kraft und Mut. Er lindert Hustenbeschwerden und wirkt wohltuend bei Gliederschmerzen. Der ideale Zusatz also für ein Erkältungsbad. Ihm tut es im Übrigen gut, wenn er reichlich beerntet wird. Sein Wuchs wird dadurch buschiger und verzweigter. Bei Herz-Kreislauf-Erkrankungen oder Fieber sollte man allerdings lieber die Finger vom Thymian lassen!

Entspannende Zitronenmelisse

Zitronenmelisse wirkt entspannend, hilft bei Schlaflosigkeit, Erkältungskrankheiten, Magenleiden und Kopfschmerzen. In der Aromatherapie setzt man die Zitronenmelisse gegen Depressionen, Nervosität und Schlaflosigkeit ein. Ernten sollte man die Blätter der Zitronenmelisse kurz vor dem Aufblühen der Pflanzen, denn dann besitzen sie den höchsten Ölgehalt. Die Trocknung muss besonders schonend erfolgen und die Trockentemperatur darf 40 °C nicht übersteigen, sonst geht ein großer Teil des ätherischen Öls verloren. Den Badepralinen sollte man zu den getrockneten Blättern noch etwas ätherisches Öl hinzugeben.

Nervenstärkender Rosmarin

Rosmarin lindert Hautprobleme und Juckreiz, verbessert die Durchblutung und kurbelt den Stoffwechsel an. Darüber hinaus wirkt Rosmarin anregend bei Kreislaufschwäche und niedrigem Blutdruck. Rosmarinbäder sollte man deshalb nicht abends genießen, wenn man anschließend schlafen möchte. Rosmarin kann man im Prinzip das ganze Jahr über ernten, der Duft ist allerdings kurz vor und während der Blüte am intensivsten.

Narzissen im Januar

Ende Februar/Anfang März schieben die Narzissen ihre Blüten in die Höhe. Sind sie abgeblüht, vergilbt ihr Laub, und schließlich ist überhaupt nichts mehr von der Pflanze zu sehen. Narzissen zählen zu den Geophyten. Das sind Gewächse, die in Form von Rhizomen oder, im Fall der Narzissen, in Form von Zwiebeln unterirdisch den Winter überdauern. Die oberirdischen Teile wie Laubblätter oder Blüten bilden Geophyten jedes Jahr neu. Bei Zwiebelpflanzen geschieht das nicht erst mit dem Austrieb im Frühjahr. Morphologisch entsprechen Zwiebeln einer Knospe, bereits vor dem Winter steckt alles in ihnen, was sie benötigen, um sich zu einer blühenden Pflanze zu entwickeln. Blätter und Blütenknospe warten geschützt durch die Zwiebelschuppen nur darauf, bis das Winterende den Startschuss zum Austrieb gibt. Gärtner machen sich das zunutze: Gewusst wie, gaukeln sie den Zwiebeln ein vorgezogenes Frühjahr vor und bringen Narzissen für unsere Vasen und Frühlingsarrangements so schon im Januar zur Blüte. Doch wie funktioniert die Narzissentreiberei genau?

Die intensiv duftenden Narzissen sind die Frühlingsboten schlechthin.
(Foto: Sabrina Werner)

In der Theorie ...

Den Anfang macht das Ausgraben bzw. Roden der Zwiebeln. Die Ernte geschieht maschinell. Dann werden die Narzissenzwiebeln für 10 Wochen getrocknet. Wie die meisten Zwiebelpflanzen brauchen Narzissen einen Kältereiz für eine schnelle und gute Entwicklung. Nach dem Roden setzt man deshalb die Pflanzen einer Kühlphase aus. Die einzelnen Phasen können sich hierbei überschneiden. Die Länge der Kühlphase hängt dabei von der Sorte ab, der Zwiebelgröße und nicht zuletzt vom Treibtermin. Ist die Kühlphase abgeschlossen, wird die Temperatur erhöht, die Narzissen werden angetrieben.

... und in der Praxis

Für die meisten Narzissen findet die Treiberei in zwei Betrieben statt: Der eine kultiviert die Narzissen, rodet sie nach abgeschlossener Blütenanlage, trocknet und kühlt vor, der andere bewurzelt, kühlt und treibt. Egal ob unbehandelt oder vorgekühlt, angekommen beim Gärtner wird erst einmal gepflanzt: Die Narzissen kommen aufrecht auf eine 8 bis 10 cm dicke Schicht aus gutem wasser- und luftdurchlässigem Substrat. Auf die Erde kommen 2 bis 3 cm Sand. Jetzt geht es ab zum Bewurzeln: bei 9 °C für ca. 4 Wochen. Die Bewurzelungsdauer variiert je zugekaufter Partie um einige Tage nach vorn oder hinten. Diese Phase ist abgeschlossen, wenn die Wurzeln einmal die Runde im Topf geschafft haben.

Kühlen, aber richtig

Nächster Schritt: Das Kühlen für 1000 Stunden bzw. etwa 40 Tage bei 1 bis 3 °C ist die wichtigste Phase! Denn hier wird der Startschuss für die Blütenpracht abgegeben. Kühlt man zu kurz, bleiben die Knospen hocken, das heißt, die Pflanzen blühen im Laub. Nur wenn die Kühlphase lange genug andauert, schieben die Narzissen ihre Blüten so hoch, dass sie oberhalb der Blätter sitzen. Dann geht es ans Treiben, dafür werden die Narzissen wärmer gestellt, 8 bis 12 °C sind ideal. Je kürzer und wärmer es beim Treiben zugeht, desto schlechter das Ergebnis. Fester im Aufbau und langlebiger werden die Pflanzen, wenn 10 °C nicht überschritten werden. Kommen die Pflanzen aus der Kühlung, gibt es von Grün keine Spur! Die Austriebe zeigen allenfalls ein blasses Gelb. Das liegt daran, dass die Bildung von Chlorophyll – des Stoffes, der die Pflanzen grün macht und ihnen die Fotosynthese ermöglicht – lichtabhängig geschieht. Nach etwa fünf Tagen haben die Narzissen ausreichend Chlorophyll gebildet und sind saftig grün. Die Treibphase dauert ca. 14 Tage. Währenddessen dürfen die Wurzeln nicht austrocknen, Wurzelschäden führen zu einem Wachstumsstopp! „Reif" sind die Narzissen, wenn die Knospen Farbe zeigen, die sogenannte Spatha, die scheidenartige Blatthülle des Blütenstands, aufgerissen ist und die Blüte beginnt, sich leicht zu neigen.

Vom Profi abgeschaut!

Die Narzissentreiberei lässt sich leicht auf den Hausgarten übertragen. Entweder kauft man hierzu handelsübliche Narzissenzwiebeln oder man holt sich welche aus dem Beet. Die Schritte sind dieselben: Bewurzeln, Kühlen, Antreiben. Die Zwiebeln topft man zunächst, je nach Zwiebeldicke etwa fünf bis sieben Stück, in einen Topf mit 12 cm Durchmesser. Nach dem Angießen stellt man sie für etwa vier Wochen bei 9 °C auf. Zum Kühlen geht es für 40 bis 50 Tage ab in einen dunklen, kalten Raum mit 1 bis 4 °C, also den Keller oder vielleicht sogar in den Kühlschrank. Nach Abschluss der Kühlphase stellt man die Pflanzen langsam wärmer. Auch im eigenen Haus gilt: Je kühler der Ort zum Treiben, desto fester der Wuchs und desto haltbarer die Blüte. Über die Temperatur kann man das Aufblühen ideal steuern. Braucht man blühende Narzissen zu einem bestimmten Termin, sei es ein Geburtstag oder ein Familienfest, können schon drei bis sechs Tage bei Temperaturen über 20 °C ausreichen, um die Pflanzen zum Blühen zu bringen. In der Regel sollte man aber mit etwa 14 Tagen rechnen.

Steckbrief

Gelbe Narzisse

Narcissus pseudonarcissus

Familie:	Amaryllisgewächse (Amaryllidaceae)
Herkunft:	West-, Mittel- und Südeuropa
Wuchs:	ausdauerndes Zwiebelgewächs, 20–60 cm hoch
Blüte:	März bis Mai, nickend, je nach Sorte weiß, creme, gelb, gelborange, mehrfarbig
Standort:	sonnige Freiflächen, Boden mäßig feucht bis trocken
Pflege:	während der Blüte düngen, nach dem Einziehen welkes Laub entfernen
Vermehrung:	Aussaat, Tochterzwiebeln, Zwiebeln

Farbe ohne Blüten und Blätter – Rindenschmuck

Auch im Winter schön anzusehen: die Rinde von *Betula ermanii*. (Foto: Tobias Bode)

Von Blättern nichts zu sehen, von Blüten keine Spur. Eigentlich haben die meisten laubabwerfenden Bäume und Sträucher von Herbstbeginn bis zum Austrieb im Frühjahr ihre Schuldigkeit fürs Auge getan. Nicht ganz! Viele Gehölze haben erst dann ihren großen Auftritt. Denn was im Sommer eher verborgen war, kommt nun so richtig zum Vorschein: die Rinde bzw. Borke. Tiefrissig bei den Eichen, knallrot beim Hartriegel oder mehrkantig beim Pfaffenhütchen. Mit der richtigen Pflanzenauswahl kann man auch im winterlichen Garten attraktive Blickfänge setzen.

Was genau ist die Rinde?

Die Rinde bzw. Borke als äußerste Schicht bei Gehölzen ist in etwa vergleichbar mit einer Schutzhaut. Sie schützt die Pflanze vor der Witterung, tierischen Schädlingen und Pilzen. Aber wie genau kommt es nun zu den unterschiedlichen Mustern? Die Antwort findet man bei einem Blick ins Innere der Gehölze: Während des Wachstums bildet das Kambium neue Zellen, der Baum nimmt an Umfang zu und muss deshalb Platz schaffen für die nachwachsenden Schichten. Je nach Gehölzart reißt dabei die Rinde auf, dehnt sich oder bildet tiefe, markante Furchen.

Bäume und Sträucher mit sehenswerter Rinde

Botanischer Name	Deutscher Name	Rinde	Wuchs	Standort/ Boden
Acer capillipes	Roter Schlangenhaut-Ahorn	Olivgrüne Zweige, weiße Längsstreifen	bis 9 m hoch, 4–5 m breit, Großstrauch	Sonnig/humose, durchlässige Böden
Acer griseum	Zimt-Ahorn	Zimtbraun, ältere Rinde rollt sich in Streifen ab	bis 12 m, mehrstämmig, lockerer Wuchs	Sonnig/durchlässiger, frischer Boden
Acer palmatum 'Sangokaku'	Korallenrinden-Ahorn	leuchtend rot	bis 6 m hoch, Strauch	Sonnig bis halbschattig, geschützt/humose, durchlässige Böden
Acer rufinerve	Rotnerviger Ahorn	Olivgrün, weiße Längsstreifen	bis 10 m hoch, kleiner Baum oder Großstrauch	Sonnig bis absonnig/ humos und durchlässig
Alnus incana 'Aurea'	Gold-Erle	Junge Triebe gelb bis orange	bis 12 m hoch, kleiner Baum	Sonnig bis lichter Schatten/anspruchslos, bevorzugt eher kalkhaltige Böden
Betula albosinensis	Kupfer-Birke	Kupferfarben bis bräunlich orange, rollt sich ab	bis 8 m hoch, kleiner Baum mit pyramidaler Krone	Sonnig/normaler Gartenboden

Botanischer Name	Deutscher Name	Rinde	Wuchs	Standort/ Boden
Betula ermanii	Gold-Birke	Cremeweiße abrollende Rinde	bis 20 m hoch, meist mehrstämmiger Baum	Sonnig/normaler Gartenboden
Betula nigra	Schwarz-Birke	Rotbraun, im Alter schwarzbraun, gekräuselte Rinde verbleibt am Stamm	bis 15 m hoch, ausladender Baum	Sonnig bis absonnig/anspruchslos, bevorzugt eher feuchtere Standorte
Betula papyrifera	Papier-Birke	Hellweiß, löst sich ab, darunter rötlich	bis 20 m hoch, 10–15 m breit, großer Baum mit pyramidaler Krone	Sonnig/anpassungsfähig, bevorzugt eher feuchte Standorte
Betula utilis 'Doorenbos'	Himalaja-Birke	Weiß, dünn abrollend	bis 10 m hoch, mehrstämmiger Baum	Sonnig/normaler Gartenboden
Cornus alba 'Kesselringii'	Tatarischer Hartriegel 'Kesselringii'	Schwarzbraun	3–4 m hoch und breit	Sonnig bis halbschattig/normaler Gartenboden
Cornus alba 'Sibirica'	Tatarischer Hartriegel 'Sibirica'	Leuchtend rot	bis 3 m hoch und breit	Sonnig bis halbschattig/normaler Gartenboden
Cornus pumila	Hartriegel	Leuchtend rot	bis 1 m hoch, Zwergstrauch	Sonnig bis halbschattig/normaler Gartenboden
Cornus sericea 'Flaviramea'	Gelbholz-Hartriegel	Helles Grüngelb	2–4 m hoch und breit, Strauch	Sonnig bis absonnig/normaler Gartenboden
Cytisus scoparius	Besenginster	5-kantig, grün	bis 2 m hoch und breit	Sonnig/sandig-humos, anspruchslos, mag keine nassen Standorte
Elaeagnus angustifolia	Schmalblättrige Ölweide	Silbrig bis graubraun	bis 6 m hoch, Strauch	Volle Sonne/anspruchslos, verträgt sowohl feuchte als auch trockene Standorte
Euonymus alatus	Flügel-Spindelstrauch	Grünlich braun, kantige Korkleisten	2–3 m hoch, Strauch	Sonnig bis halbschattig/normaler Gartenboden
Jasminum nudiflorum	Winter-Jasmin	4-kantig, grün bis hellbraun	bis 3 m hoch, Kletterpflanze	Sonnig bis leicht schattig, geschützt/lockerer Gartenboden
Kerria japonica	Ranunkelstrauch	grün	bis 2 m hoch und breit	Sonnig bis schattig/normaler Gartenboden
Liquidambar styraciflua	Amerikanischer Amberbaum	Im Alter tief gefurchte Borke mit Korkleisten	bis 20 m, Baum	Volle Sonne/durchlässiger, nährstoffreicher Boden
Lonicera caerulea	Blaue Heckenkirsche	Rotbraun bis schwarzbraun	bis 3 m hoch und breit	Sonnig bis halbschattig/normaler Gartenboden
Platanus x *hispanica*	Platane	Im Alter ablösende Schuppenborke, hinterlässt Camouflage-artiges Muster	bis 30 m, Großbaum	Sonnig bis absonnig/anspruchslos, normaler Gartenboden
Prunus serrula	Mahagoni-Kirsche	Bräunlich glänzend	bis 9 m hoch, kleiner Baum oder Strauch	Sonnig bis absonnig/anspruchslos, normaler Gartenboden
Stewartia pseudocamellia	Scheinkamelie	Graubraun bis rotbraun, platanenartig ablösend	bis 6 m hoch, Großstrauch	Absonnig, geschützt/feuchter, aber durchlässiger Boden, schwach sauer
Tamarix parviflora	Kleinblütige Tamariske	Rotbraun bis schwarz	bis 4 m hoch, Großstrauch	Sonnig/anspruchslos, normaler Gartenboden

Nicht nur für Naturgärtner – der Elfen-Krokus

Krokusse breiten sich gern flächig im Garten aus. (Foto: Sabrina Werner)

Wenn Rasenflächen unter Gehölzen ab Februar violette Flecken bekommen, ist ziemlich sicher der Elfen-Krokus *(Crocus tommasinianus)* am Werk. Er gehört zu den ersten Farbtupfern in dieser sonst noch recht blütenarmen Zeit. Sein Hang zum Verwildern macht den Elfen-Krokus zum idealen Kandidaten für naturnahe Anlagen. Denn hat er sich einmal im Garten etabliert, bildet er im Lauf der Jahre durch Selbstaussaat und Nebenknöllchen große Bestände. An den Boden hat er keine großen Ansprüche, er kommt mit fast jedem Gartenboden zurecht. Während der Blütezeit kann man ihm bei Bedarf mit etwas Dünger auf die Sprünge helfen. Wohl fühlt er sich an sonnigen bis halbschattigen Stellen unter Sträuchern, besonders aber auch in schütteren Rasenflächen.

Ab in den Boden

Die beste Zeit, um die Knollen in den Boden zu drücken, ist im September, weil er sich dann am besten etablieren kann. Besonders natürlich wirkt es, wenn man eine Handvoll Knollen locker auf den Boden wirft und sie dort einpflanzt, wo sie liegen bleiben. Ruhig breitwürfig streuen, zwischen den Pflanzen sollten 6 bis 8 cm Platz bleiben. Und dann die Knollen 5 cm tief einsetzen.

Crocus tommasinianus braucht nach der Blüte genug Zeit, um Nährstoffe aus den Blättern in die Knollen zu ziehen. Denn die benötigt die Pflanze im kommenden Jahr für den Austrieb. Für Krokuswiesen bedeutet das: Erst mähen, wenn die Blätter vergilbt sind.

Für Hummeln und Falter

Der Elfen-Krokus ist mit seiner frühen Blüte ein gefundenes Fressen für Insekten. Während Bienen nur den Pollen der Pflanze sammeln, sind Hummeln und Tagfalter in der Lage, mit ihren langen Rüsseln den Nektar aus der Blütenröhre zu ziehen.

Sorten

- **'Albus'**: weiß
- **'Barr's Purple'**: violettrosa
- **'Lilac Beauty'**: hell violett, rubin-purpurrot
- **'Roseus'**: rosa
- **'Ruby Giant'**: rubin-purpurrot, 15 cm hoch
- **'Whitewell Purple'**: violett, reich blühend, 15 cm hoch

Steckbrief

Elfen-Krokus oder Dalmatiner Krokus

Crocus tommasinianus

Familie:	Schwertliliengewächse (Iridaceae)
Herkunft:	Ungarn, Kroatien, westliches Balkangebirge
Wuchs:	10 cm hoch
Blüte:	hellviolett, Februar bis März/April
Standort:	sonnig bis halbschattig, frisch bis mäßig trockener Gartenboden
Pflege:	zur Blütezeit bei Bedarf düngen, sonst keine Pflege nötig
Vermehrung:	vermehrt sich durch Selbstaussaat, Nebenknöllchen

Tropischer Himmelsstürmer – *Monstera deliciosa*

In ihrer Heimat, den tropischen Regenwäldern Südamerikas, klettert *Monstera deliciosa* auf der Suche nach Licht an Bäumen in die Höhe. Nach oben geht es mit sogenannten Luftwurzeln, mit denen die Pflanze zudem Niederschlagswasser und Nährstoffe aufnimmt. Im Vordergrund stehen bei diesem Aronstabgewächs die Blätter, die an älteren Exemplaren bis zu einem Meter messen können. Um bei starken Regenfällen nicht zerfetzt zu werden, sind die Blätter tief geschlitzt. So kann das Wasser ablaufen und der Wind hat weniger Angriffsfläche. Zudem gelangt auch Sonnenlicht an die tiefer gelegenen Blätter. Junge Blätter sind in der Regel noch ungeteilt.

Der Platz in der Wohnung

Im Zimmer bietet man *Monstera deliciosa* am besten einen Topf mit Kletterhilfe. Diesen platziert man an einer hellen Stelle ohne direkte Sonneneinstrahlung. Wie bei vielen Zimmerpflanzen gilt auch bei *Monstera:* Sorten mit panaschierten Blättern mögen es heller; grünblättrige Sorten vertragen auch schattigere Plätze. Allgemein zählt *Monstera deliciosa* zu den robusten Zimmerpflanzen. Sie bevorzugt Temperaturen zwischen 15 und 25 °C. Kurzfristig kann sie auch kälter stehen, dann wächst sie allerdings schlechter. Als Regenwaldbewohner liebt das Fensterblatt feuchte Luft, unter 60 % sollte die Luftfeuchtigkeit daher nicht fallen. Zur Pflege besprüht man ihre Blätter regelmäßig mit Regenwasser und wischt im gleichen Zug Staub ab. So ist sichergestellt, dass der Gasaustausch der Pflanze einwandfrei funktioniert. Den Ballen hält man feucht, aber nicht zu nass. Zweimal im Monat gibt man einen Grünpflanzendünger, bei Bedarf wird alle zwei Jahre im Frühjahr umgetopft.

Beeindruckende Blätter, die in der Wohnung gelegentlich abgestaubt werden müssen. (Foto: Bernd Nitsche)

Nachwuchs

Um das Fensterblatt zu vermehren, schneidet man einen Steckling samt Luftwurzel. Diesen Steckling lässt man in einem Topf mit feuchter Erde bewurzeln.

Sorten

- **'Variegata':** cremefarbig panaschierte Blätter
- **'Borsigiana':** schwach wachsend und somit auch für kleinere Räume geeignet

Gute Luft

Gerade große Exemplare des Fensterblatts sind in der Lage, der Raumluft Schadstoffe zu entziehen, etwa Formaldehyd und Ammoniak.

Steckbrief

Fensterblatt
Monstera deliciosa

Familie:	Aronstabgewächs (Araceae)
Herkunft:	Mexiko, Südamerika, Waldbewohner
Wuchs:	kletternd, bis zu 7 m hoch
Blüte:	Kolben, der von weißem Hüllblatt umgeben ist
Standort:	grünblättrige Sorten halbschattig, buntblättrige heller, keine direkte Sonne
Pflege:	Alle 1–2 Wochen Grünpflanzendünger, im Winter seltener; Ballen feucht halten, Blätter regelmäßig besprühen und abwischen
Vermehrung:	Stecklinge, Abmoosen

Erstfrühling

Was jetzt zu tun ist

Gut für alle

- Pflanzenschutz
  - Schädlinge bekämpfen: Dickmaulrüssler, Kirschblattlaus, Lilienhähnchen
  - Pilzkrankheiten bekämpfen: Apfelmehltau, Amerikanischer Stachelbeermehltau
- Junge Gemüsepflanzen vor Nachtfrösten schützen
- Kompostmieten umsetzen, Kompost sieben
- Regelmäßig immergrüne Gehölze gießen

Obst und Gemüse

- Zeit zum Säen
  - In Haus oder Frühbeet: Kohlgewächse, Kürbisse, Kräuter, Paprika und Chili
  - Im Garten: späte Möhren, Rote Bete, Erbsen, Mangold, Bleichsellerie und Petersilie
- Beikräuter vor Samenreife entfernen
- Veredeln von Obstgehölzen
- Weinreben pflanzen
- Erziehungs-/Erhaltungsschnitt von Pflaumen, Mirabellen und Aprikosen
- Beeriges: Erdbeeren und Beerensträucher pflanzen

Fürs Auge

- Gartenteich in Schuss bringen: Algen abfischen; Wasser- und Sumpfpflanzen einsetzen
- Gehölze und Stauden pflanzen, hohe Stauden (z. B. Rittersporn) vorsorglich mit Stützen versehen
- Zeit zum Säen: einjährige Sommerblumen
- Winterschutz von Ziergräsern entfernen und diese zurückschneiden
- Herbstblühende Zwiebeln stecken: Herbstzeitlose und Herbstkrokusse
- Robuste Kübelpflanzen vor die Tür: Feige, Oleander, Lorbeer – vor frostigen Nächten schützen
- Ende langer Frostperioden: Stauden von Mulchschicht befreien
- Zimmerpflanzen umtopfen, düngen, auf Schädlings- und Krankheitsbefall kontrollieren
- Frühjahrskur für Rosen: Rückschnitt, Kompost und außerdem Hornspäne ausbringen

Ernte

- Aus der Natur: Vogelmiere, Brunnenkresse, Lindenblätter, Löwenzahn, Knoblauchsrauke
- Aus dem Garten: Feldsalat, Spinat, Rhabarber, Liebstöckel, Radicchio

Der Garten im Erstfrühling

Die gelben Blüten der Forsythie kündigen den Erstfrühling an. Zeit, einen Blick auf die Beete zu werfen und genau hinzuschauen, was sich dort an ungebetenen Gästen angesiedelt hat. Ampfer, Löwenzahn und Vogelmiere können im Lauf des Gartenjahrs zur hartnäckigen Konkurrenz für Nutz- und Zierpflanzen werden. Da heißt es, so früh wie möglich jäten, möglichst noch vor dem Abblühen der Beikräuter. Noch ist auch Zeit, Ziersträucher auszulichten und trockene Zweige zu entfernen. Beachtet man dabei die Wuchsformen der Pflanzen, hat man lange Freude an ihnen. Im Gemüsebeet wird Winterportulak und Feldsalat geerntet, die auch frostige Nächte vertragen, wenn man sie mit einem Vlies schützt. Plagt einen in dieser Erkältungszeit noch ein Kratzen im Hals, helfen vielleicht selbst gemachte Bonbons aus getrockneten Salbeiblättern, die mit wenigen Handgriffen zubereitet sind. Beginnen Löwenzahn und Süßkirschen zu blühen, neigt sich der Erstfrühling dem Ende entgegen.

Gehölze schneiden von Stefan Ludwig

Der Perlmuttstrauch bildet im Frühjahr üppige Blütenwolken.
(Foto: Sabrina Werner)

Wie jedes Lebewesen auf diesem Planeten unterliegen auch Pflanzen einem Alterungsprozess. Allerdings kann man das Vergreisen von Gehölzen mithilfe einiger Maßnahmen verlangsamen und den Pflanzen so zu neuer Vitalität verhelfen. Eine dieser Möglichkeiten ist der Rückschnitt. Doch warum verhelfen Schnitt und Ausputzen der Pflanze zu neuer Wuchs- und Blühfreudigkeit?
Beinahe jedes Gehölz strebt von Natur aus in Richtung Sonne. Damit treibt es auch nur an Stellen, die ausreichend mit Licht versorgt sind. Ein typischer vergreister Strauch besitzt oben ein dichtes Astwerk, während der untere Teil unschön kahl und nackt ist. Wird nun der für das Sonnenlicht undurchdringliche Schirm aus Astwerk durch gezieltes Herausnehmen einiger Triebe aufgelockert, gelangt wieder mehr Licht an den Fuß der Pflanze. Dies fördert den Neuaustrieb aus den unteren, bisher kahlen Astpartien und das Gehölz wird sich über die nächsten Jahre wieder zu einem attraktiven, dicht belaubten Blickfang entwickeln.
Mit richtigem und regelmäßigem Rückschnitt wird aber auch die Blühfreudigkeit gefördert. Grund dafür ist, dass sich Blüten nur an jungen, gut mit Säften versorgten Trieben bilden. Diese streben dem Licht zu und liegen damit im unmittelbaren Anflugbereich vieler Insekten, die wichtig für die Bestäubung und damit auch die spätere Fruchtbildung sind.
Der regelmäßige Rück- und Auslichtungsschnitt von Gehölzen hat noch einen weiteren, nicht zu unterschätzenden Pluspunkt, er dient der Vorbeugung von Krankheiten. Vor allem alte, schwache und abgestorbene Triebe locken Schadinsekten und -pilze an. Diese finden hier optimale Lebensbedingungen, nisten sich in und auf der Pflanze ein und können sie unter Umständen komplett befallen. Daher sollte vor allem Totholz immer wieder sauber und gewissenhaft entfernt werden. Mit Schadpilzen wie z. B. der Rotpustel befallene Pflanzenteile sollten in der Biotonne landen. Sie dürfen nicht auf den Komposthaufen, da Pilzsporen durch den Verrottungsvorgang nicht zerstört werden und dadurch der gesamte Kompost infiziert wird. Eine konsequente „Pflanzenhygiene“ ist somit ein ganz entscheidender Beitrag zu einem gesunden und ansehnlichen Gehölz.

Der optimale Schnittzeitpunkt

Jeder Schnitt, der an einer Pflanze gesetzt wird, und ist er noch so fachmännisch ausgeführt, bedeutet auch immer eine Wunde. Um den Gehölzen die Chance zu geben, diese so gut wie möglich wieder verheilen zu lassen, ist der richtige Schnittzeitpunkt entscheidend. Bis auf einige Ausnahmen können Bäume und Sträucher, außer in der Zeit von November bis Januar, immer geschnitten werden.

Doch warum kein Schnitt in diesen Monaten? Gehölze haben Möglichkeiten, sich gegen Verletzungen und die damit verbundenen Risiken zu wappnen. Diese stehen ihnen jedoch nur während der Vegetationszeit und nicht im Winter zur Verfügung. Zum einen sind sie in der Lage, Wunden gut und in kurzer Zeit durch die Bildung von Kallus zu verschließen. Der Impuls zur Bildung dieses Wundverschlussgewebes erfolgt durch die Verletzung des Kambiums. Dieses ist eine Schicht sehr teilungsfähiger Zellen, die direkt unter der Rinde der Pflanze sitzt und für das Dickenwachstum des Sprosses verantwortlich ist. Eine Verletzung kann beispielsweise ein Schnitt oder auch das Herausbrechen eines Astes sein. Zum anderen kann ein Gehölz Wunden, kranke und beschädigte Pflanzenteile abschotten. Darunter versteht man die Bildung einer chemischen Barriere innerhalb des gesunden Holzes. Diese Barriere erschwert das Eindringen von Pilzen und Bakterien in die verbliebenen gesunden Pflanzenteile. Abgeschottete Triebe sterben mit der Zeit ab, da sie von der Pflanze nicht weiter mit Nährstoffen versorgt werden.

Keine Angst vor dem „Ausbluten“ der Pflanze

Schneidet man Bäume und Sträucher, so ist des Öfteren zu beobachten, dass aus der Schnittstelle teilweise über einen längeren Zeitraum Saft austritt. Dies findet vor allem im Ausgang des Winters statt, wenn die Pflanzen damit beginnen, ihre Säfte verstärkt in Richtung der Knospen zu schicken. Die Befürchtung, dass das Gehölz dadurch „ausbluten“ und damit absterben könnte, ist jedoch unbegründet. Der Saftfluss kann sogar von Vorteil sein, denn zum einen stoppt er nach einiger Zeit von selbst und zum anderen werden dadurch, wie bei einer blutenden Wunde beim Menschen, Pilzsporen, Keime und Bakterien aus der Wunde gespült. Der eingetrocknete Saft bildet zusätzlich einen dünnen Film auf der Schnittstelle, der Schadorganismen das Eindringen in Holz und Leitungsbahnen zusätzlich erschwert.

Rückschnitt – lieber früh als spät

Schnittmaßnahmen sollten in Abständen von zwei bis drei Jahren durchgeführt werden. Zunächst einmal wirkt ein Eingriff in Form eines Rückschnitts schon rein optisch um einiges weniger radikal als ein Beinahekahlschlag und ein solcher wird jedoch fast zwangsläufig erfolgen müssen, wenn ein Strauch über viele Jahre nicht gepflegt wurde und nun endgültig zu groß und aus der Form geraten ist. Des Weiteren kann sich bereits innerhalb kurzer Zeit im Gehölz eine Menge Totholz bilden, und das zieht Krankheiten geradezu magisch an und wirkt wenig ansprechend. Zu guter Letzt liegt das Bestreben stets darin, Schnittwunden so klein wie möglich zu halten. Besonders an Bäumen lassen sich große Wunden vermeiden, wenn auffällige Äste entfernt werden, bevor sie eine stattliche Stärke erreicht haben.

Sommerflieder wird jedes Jahr kräftig zurückgeschnitten.
(Foto: Bernd Nitsche)

Die fachliche Definition

Der Fachmann unterscheidet drei Arten von Schnittmaßnahmen:

- **Erziehungs- oder Aufbauschnitt:** findet in den ersten Jahren nach der Pflanzung statt und dient dazu, den sogenannten „voll funktionsfähigen Zustand“ der Pflanzung zu erreichen. Das kann bedeuten, dass eine Hecke ihre volle gewollte Höhe und Dichte erreicht, ein Obstbaum sein Hauptastgerüst bekommt oder der Kronenansatz eines Baums auf die gewünschte Höhe gebracht wird. Die dafür nötigen Schnittmaßnahmen sollten mindestens einmal jährlich erfolgen.
- **Verjüngungs- oder Erhaltungsschnitt:** dient dem Erhalt des „voll funktionsfähigen Zustands“. Hier werden Schere und Säge alle zwei bis drei Jahre angesetzt, um Form und Vitalität der Pflanze langfristig durch gleichmäßige Schneidemaßnahmen zu erhalten. Dabei wird bis zu einem Drittel der Masse eines Gehölzes entfernt.
- **Auf Stock setzen:** Diese Art des Rückschnitts verkraften nur einige stockausschlagfähige Pflanzen wie z. B. Haselnuss oder Liguster. In diesem Fall wird etwa alle 15 bis 20 Jahre die komplette Pflanzung bis auf eine Höhe von maximal 50 cm über dem Boden heruntergeschnitten. Diese Maßnahme findet überwiegend in Feldhecken und Gehölzflächen in der freien Landschaft statt. Dabei sind die örtlichen Naturschutzbestimmungen zu beachten!

Der Schnitt in der Praxis

Der Schnitt einer Pflanze bedeutet einen direkten Eingriff in deren Lebensablauf. Die negativen Auswirkungen, die sich daraus für das Gehölz ergeben, können jedoch durch richtige Handhabung von Schere und Säge um einiges reduziert werden. Einen Ast nicht bis kurz vor den nächsten abzweigenden Trieb oder das nächste Auge zurückzunehmen ist einer der häufigsten Fehler. Diesen Punkt erkennt man an der Rinde, an einem Knöpfchen oder einem Punkt. Die verbliebenen Aststummel trocknen ein, beginnen zu faulen und ziehen so z. B. Schadpilze an. Daher ist ein Ast, egal welcher Größe, stets bis auf etwa 1 cm vor den nächsten anstehenden Trieb oder das nächste Auge zurückzunehmen.

Wichtig: sauberer Schnitt

Der Schnitt sollte immer so erfolgen, dass die Verletzung der Pflanze so gering wie möglich ausfällt. Optimal ist, die Klinge nach Möglichkeit im rechten Winkel zum Spross anzusetzen. Je schräger der Schnitt, desto größer, unsauberer und schlechter verheilend fällt die Wunde aus. Ist ein Trieb zu stark, um ihn mit der Hand- oder Astschere zu durchtrennen, sollte die Säge zu Hilfe genommen werden. Gewaltsames Hebeln und Drücken mit der Schere führt zwangsläufig zu einem unsauberen Schnitt und kostet zusätzlich eine Menge Kraft.

Der Entlastungsschnitt

Müssen größere, vor allem stark überhängende Zweige abgetrennt werden, empfiehlt sich zusätzlich die Durchführung eines Entlastungsschnitts. Dabei wird ein Großteil des Triebs durch Abtrennen mindestens 20 bis 30 cm vor der eigentlichen Schnittstelle entfernt. So wird ein Einklemmen von Schere und Säge vermieden. Viel wichtiger jedoch ist, dass dadurch das Risiko eines Einreißens der Rinde minimiert wird. Werden ganze Äste auf einmal entfernt, kann es leicht geschehen, dass diese kurz vor dem endgültigen Durchtrennen abbrechen und einen Teil der Rinde rund um die Schnittstelle gleich mit herunterreißen. Die Folge ist eine unsaubere, schlecht heilende Wunde.
Auch dürfen Schnittmaßnahmen nicht bei Temperaturen unter -5 °C durchgeführt werden. Bei Kälte wird Holz schnell spröde und kann dann beim Schnitt splittern.

Die Arbeit beginnt

Bevor der erste Schnitt gesetzt wird, gilt es das Gehölz im Detail näher zu betrachten, um festzustellen, wo genau Schneidebedarf besteht. Hängt der Strauch z. B. stark über und behindert die Nutzung eines Weges oder der Terrasse? Ist er einseitig gewachsen, oder müssen ab- oder ausgebrochene Triebe abgenommen werden? Entfernt werden müssen außerdem Triebe, die so dicht gewachsen sind, dass sie aneinander reiben und sich dadurch gegenseitig schädigen. Auch Äste, die quer von einer Seite des Ge-

Das richtige Werkzeug erleichtert den Schnitt von Sträuchern.
(Foto: Sabrina Werner)

hölzes zur anderen wachsen, werden entnommen. Besonderes Augenmerk muss auf vergreiste oder gar abgestorbene Pflanzenteile gelegt werden.

Mesotonie und Basitonie

Zunächst einmal wird damit begonnen, gezielt einzelne starke, wenig vitale und schlecht gewachsene Triebe komplett zu entnehmen. Auch Totholz wird im gleichen Schritt mit ausgeputzt. Es muss nicht zwingend sofort alles Astwerk, das nachlassende Vitalität erkennen lässt, entfernt werden. Dies kann über mehrere Jahre geschehen. So gibt man der Pflanze die Möglichkeit, immer wieder neuen Austrieb zu bilden, und die Schnittmaßnahme wirkt optisch weniger radikal. Ob man diese Triebe nun ein gutes Stück oberhalb der Erdoberfläche oder direkt am Boden abtrennt, hängt davon ab, ob ein Strauch mesoton oder basiton austreibt. Die meisten Gehölze sind mesoton: Sie treiben aus dem mittleren Teil der älteren Sprosse. Daher werden diese in versetzter Höhe etwa einen halben Meter bis einen Meter über dem Boden abgeschnitten. Basitone Sträucher wie Haselnuss, Blut-Johannisbeere oder Berberitze treiben aus dem Erdreich und können deshalb direkt über dem Boden gekappt werden. Weist ein mesotoner Strauch jedoch eine sehr hohe Dichte an Trieben direkt aus dem Boden auf, ist es durchaus sinnvoll, einige davon komplett zu entnehmen. Diese werden dann nicht mehr durchtreiben, was dazu führt, dass der Gehölzaufbau wieder durchlässiger und luftiger wird. Dass zuerst die großen Triebe entnommen werden, hat übrigens einen einfachen Grund: Beim Herausziehen dieser kräftigen Äste lässt sich nicht vermeiden, dass einige kleinere Triebe mitbeschädigt werden. Sie werden erst am Ende der Schneidearbeit sauber entfernt.

Letzte Korrekturen

Sind die großen Äste entnommen, wirkt das Gehölz deutlich lockerer. Es gelangt wieder mehr Licht in die Pflanze, und das regt den Neuaustrieb an, vor allem im Bereich der unteren Astpartien. Was nun folgt, ist die Feinarbeit. Dabei werden einzelne überhängende oder durch die Schneidemaßnahme beschädigte Sprossteile zurückgenommen. Auch einseitiger Wuchs kann jetzt noch korrigiert werden, indem störende Triebe sauber auf eine der nächsten Verzweigungen abgesetzt werden.

Blütenbildung anregen

Ein Grund für den Schnitt von Sträuchern ist die Anregung zu maximaler Blütenbildung. Für das Festlegen des Schnittzeitpunkts ist jedoch unbedingt zu beachten, an welchem Holz das Gehölz blüht. Der Schmetterlingsflieder beispielsweise blüht am diesjährigen Holz. Das bedeutet, er sollte für reichen Blütenansatz unbedingt bis zum Neuaustrieb zurückgeschnitten sein. Blüten werden dann an den Trieben erscheinen, die sich bis zur Blütezeit im Juli gebildet haben. Anders der Flieder: Er blüht am einjäh-

Sommerflieder zieht Schmetterlinge aller Art geradezu magisch an.
(Foto: Sabrina Werner)

rigen Holz. Das heißt, die Blütenbildung erfolgt nur am Neuaustrieb des letzten Jahres. Daher sollten alle Gehölze dieser Art erst unmittelbar nach der Blüte geschnitten werden, da ansonsten die blütentragenden Astpartien dem Schnitt zum Opfer fallen.

Mangelnde Schnittverträglichkeit

Nicht jedes Gehölz verträgt einen Rückschnitt problemlos. Da wären zunächst einmal Sträucher, aber auch Bäume mit schlechter Wundheilung. Schneidemaßnahmen schaden hier eher, da diese Pflanzen nicht oder nur schlecht in der Lage sind, Wunden zu verschließen, was zu einem Befall mit allerlei Schaderregern führen kann. Rückschnitt fördert den Neuaustrieb. Dieser kann bei einigen Gehölzen jedoch derart stark ausfallen, dass sich regelrechte Besen bilden, die kaum mehr in den Griff zu bekommen sind. Zu guter Letzt gibt es noch Pflanzen, die den Rückschnitt ins sogenannte alte Holz schlecht vertragen. Wird in diesen mehrere Jahre alten Astpartien ein Schnitt gesetzt, regt das anders als im Regelfall keinen Neuaustrieb an. Der verbliebene Trieb trocknet ein und stirbt ab.

Beispiele für Gehölze mit Blüte am diesjährigen/einjährigen/mehrjährigen Holz

	Blüte		
	diesjährig	einjährig	mehrjährig
Amelanchier lamarckii – Kupfer-Felsenbirne			X
Buddleja alternifolia – Sommerflieder		X	
Buddleja davidii – Schmetterlingsstrauch	X		
Chaenomeles japonica – Zierquitte		X	
Cornus mas – Kornelkirsche		X	
Cotinus coggygria – Perückenstrauch	X		
Deutzia – Deutzie in Arten und Sorten			X
Forsythia x *intermedia* – Forsythie			X
Hamamelis mollis – Zaubernuss		X	
Hibiscus syriacus – Hibiskus	X		
Hydrangea paniculata – Hortensie	X		
Kerria japonica – Ranunkelstrauch	X		
Kolkwitzia amabilis – Kolkwitzie		X	
Laburnum anagyroides – Goldregen			X
Philadelphus coronarius – Bauernjasmin			X
Potentilla fruticosa – Fünffingerstrauch		X	
Rosen in Arten und Sorten	X		
Spiraea bumalda – Spiere	X		
Spiraea x *arguta* und *vanhouttei* – Spiere		X	
Syringa vulgaris in Sorten – Flieder		X	
Viburnum – Schneeball in Arten und Sorten		X	
Weigela florida – Weigelie		X	

Beispiele für Gehölze mit schlechter Schnittverträglichkeit

	Grund
Amelanchier lamarckii – Kupferfelsenbirne	Besenbildung
Cotinus coggygria – Perückenstrauch	schlechter Austrieb aus altem Holz
Hamamelis mollis – Zaubernuss	schlechter Austrieb aus altem Holz
Laburnum anagyroides – Goldregen	Wundheilung
Magnolia – Magnolie	Besenbildung
Salix – Weide	Besenbildung
Prunus cerasifera 'Nigra' – Blutpflaume	Besenbildung

Kein Strauchschnitt mit der Heckenschere

Beim Schnitt von Sträuchern ist die Heckenschere tabu. Ein Gehölz auf diese Weise zu schneiden, mag auf den ersten Blick attraktiv erscheinen. Es geht schnell und das Ergebnis ist ein Strauch, der in seiner äußeren Form zumindest noch entfernt an das natürlich gewachsene Original erinnert. Allerdings wird mit jedem Schnitt, vor allem bei stark treibenden Gehölzen wie der Forsythie, der Austrieb angeregt. Werden die Astpartien jedes Jahr aufs Neue mit der Heckenschere bearbeitet, entsteht dadurch binnen weniger Jahre ein „Schirm“, durch den praktisch kein Licht mehr an den Fuß der Pflanze gelangt. Dies hat zur Folge, dass das Gehölz in den oberen Bereichen zwar ein sehr dichtes, grünes Geflecht aus Ästen bildet, die unteren Partien jedoch komplett verkahlt sind.

Gartenscheren sollen gut in der Hand liegen und ohne viel Kraftaufwand zu bedienen sein.
(Foto: Sabrina Werner)

Die Wahl des Werkzeugs

Beim Gehölzschnitt kommen verschiedene Werkzeuge zum Einsatz. Wer sie kennt und weiß, wie man sie richtig einsetzt, kann sich eine Menge Mühe und unnötige Anstrengung ersparen. Vom Einsatz einer Kettensäge - auch wenn dies oft verlockend wirkt - sollte abgesehen werden, da sie einen unsauberen Schnitt erzeugt.

Handschere

Mit ihr wird im Feinastbereich, d.h. bis zu einer Triebstärke von etwa 1 cm gearbeitet. Es gibt sie individuell für Rechts- und Linkshänder. Außerdem besitzen einige Modelle einen Rollgriff, der das Arbeiten ebenfalls erleichtert. Unterschieden wird nach Amboss- und Bypass-Scheren. Der Schneidevorgang erfolgt bei Amboss-Scheren über das Drücken der Scherenklinge von oben durch das Holz, welches auf dem sogenannten Amboss aufliegt. Bei Bypass-Scheren wird der Schnitt von zwei Klingen geleistet, welche aneinander vorbeilaufen. Dadurch bieten Bypass-Scheren ein sehr sauberes Schnittbild, denn damit wird im Vergleich zur Amboss-Schere der Trieb nicht gequetscht, sondern geschnitten.

Astschere

Sie kommt beim Schnitt dickerer Triebe zum Einsatz. Je nach Modell können mit ihr bis zu 4 cm starke Äste durchtrennt werden. Auch hier gilt das Amboss- und Bypass-Prinzip. Einige Modelle verfügen zusätzlich über eine Untersetzung. Diese ermöglicht das Schneiden noch stärkeren Holzes mit geringerem Kraftaufwand.

Sägen

Sie helfen dann, wenn die Astschere versagt. Unterschieden werden zwei Arten von Sägen: Die Bügelsäge arbeitet effizient, hat aber den Nachteil, dass mit ihr, aufgrund ihrer relativ sperrigen Bauart, schlecht in engen Bereichen des Gehölzes gearbeitet werden kann. Auch lässt sie sich bei längerem Gebrauch, zum Beispiel bei Arbeiten auf Leitern, nicht am Gürtel tragen. Die Zugsäge erzeugt einen sehr sauberen Schnitt und ist zudem so kompakt, dass man mit ihr problemlos an engen Stellen arbeiten kann. Die Zugsäge verrichtet ihre Arbeit, wie der Name bereits sagt, während der Zugbewegung. Diese wird in erster Linie vom Bizepsmuskel verrichtet, der im Vergleich zum Trizepsmuskel, welcher für die Druckbewegung beansprucht wird, wesentlich mehr Kraft besitzt. Dadurch arbeitet diese Säge, was den Kraftaufwand angeht, sehr effizient.

Werkzeug pflegen

Hochwertiges Werkzeug kann, wenn es richtig gepflegt wird, viele Jahre seinen Dienst tun. Die Gelenke sollen regelmäßig geschmiert werden, dazu reicht ein einfaches Öl. Mit ein wenig Übung können Klingen mit Wetzstein, Feile oder Abziehstahl leicht selbst geschärft werden. Nur scharfe Klingen und Sägeblätter leisten einen sauberen Schnitt! Stumpfe Sägeblätter müssen ausgetauscht werden, denn sie lassen sich in der Regel nicht wieder schärfen. Schneidewerkzeuge, die länger nicht benutzt werden, sollten durch einen dünnen Ölfilm, der mit einem Lappen aufgetragen wird, vor Rost geschützt werden.
Scheren und Sägen, mit denen von Krankheiten befallene Pflanzen geschnitten wurden, muss man vor der weiteren Verwendung desinfizieren, am besten durch gründliches Abwischen mit einem in reinem Alkohol getränkten Lappen. Auf diese Weise nimmt man Pilzen, Bakterien und Keimen die Möglichkeit, sich weiterzuverbreiten.

Winterportulak und Feldsalat

Für eine erfolgreiche Ernte von Winterportulak und Feldsalat hat man die Weichen bereits im Herbst gestellt. Übrig gebliebenes Gemüse wandert zum Einlagern in die Erdmiete oder in den Keller. Leer stehen müssen die Beete den Winter über aber nicht. Blattgemüse wie Winterportulak und Feldsalat trotzen auch tiefen Temperaturen und sorgen für Farbe im winterlichen Gemüsegarten! Sie beide sind die ideale Vor- bzw. Nachkultur im Hausgarten und füllen die winterliche „Salatlücke".

Winterportulak
Claytonia perfoliata

Winterpostelein, Tellerkraut, Kubaspinat - drei Namen, dieselbe Pflanze: *Claytonia perfoliata,* der Winterportulak. Die Pflanze ist angenehm mild im Geschmack und ein idealer Vitaminspender im Winter. Sie enthält Vitamin C, aber auch Calcium und Eisen. Winterportulak schmeckt leicht säuerlich und nussig.

Botanik

Die Pflanzen werden nicht höher als 20 cm und bilden eine grundständige Rosette. Das junge Laub ist pikförmig, später wachsen dann jeweils zwei Blätter unterhalb des Blütenansatzes zusammen, sie bilden die Hochblätter. Diese Hochblätter brachten dem Winterportulak den botanischen Artnamen *perfoliata* ein. *Perfoliata* bedeutet „mit durchwachsenen Blättern". Auch der deutsche Name Tellerkraut rührt vom Aufbau dieser Hochblätter her. Die eigentlichen Blüten sind klein, weiß und sternförmig.

Leere Gewächshäuser im Winter?

Ursprünglich stammt *Claytonia perfoliata* aus den Küstenregionen Nordamerikas; dank seiner geringen Ansprüche an Boden und Klima ist Winterportulak aber vom Herbst an „Lückenbüßer" in vielen deutschen Gemüsebaubetrieben. Kein Wunder, denn zum Keimen benötigt Winterportulak Temperaturen von unter 12 °C. Auch in der Wachstumsphase gibt er sich mit 4 bis 8 °C zufrieden, sogar Temperaturen um -15 °C führen nicht zu Ernteausfällen! Im Herbst ausgesät, findet *Claytonia perfoliata* in unseren Breiten also ideale Wachstumsbedingungen.

In Hochbeeten, Blumenkästen oder Töpfen kann man Winterportulak auch in den heimischen Garten oder auf der Terrasse pflanzen! Am wohlsten fühlt er sich im Kleingewächshaus oder im Frühbeet. Beim Freilandanbau sollte man bei anhaltenden Frösten auf jeden Fall ein Vlies zum Abdecken zur Hand haben. Nach der Keimung wachsen die Pflanzen eher spärlich. Steigen die Temperaturen auf 4 bis 8 °C, setzt das Wachstum wieder voll ein.

Winterportulak im Überblick

- **Aussaattermin:** ganzjährig, außer von Juni bis August
- **Reihenabstand:** 10–20 cm
- **Abstand in der Reihe:** 10–20 cm
- **Saattiefe:** 0,5 cm
- **Ansprüche:** Schwachzehrer, feuchter Boden, Halbschatten bis Schatten
- **Keimdauer:** 7–14 Tage
- **Kulturdauer:** 2–4 Monate

Blätter, Stängel und Blüten des Winterportulak sind essbar.
(Foto: Floramedia)

Portulak ernten

Ernten kann man, je nach Aussaattermin, von November bis April. Wichtig ist nur, dass man das Herz der Pflanze stehen lässt. Dann wachsen die Blätter nach und einer Mehrfachernte ist nichts im Weg. Auch im blühenden Stadium ist Winterportulak noch essbar. Um eine Selbstaussaat zu verhindern, sollte man ihn allerdings vor der Samenreife abgeerntet haben.

Feldsalat enthält besonders viel Vitamin C. (Foto: Bernd Nitsche)

Feldsalat

Valerianella locusta

Ähnlich verhält es sich mit Feldsalat, der eigentlich die wichtigste Gewächshauskultur für den Gemüsebauern im Winter ist. Bei 15 bis 20 °C und gleichmäßiger Bodenfeuchte keimt ausgesäter Feldsalat schon nach zehn Tagen. Tiefere Temperaturen sind kein Problem, wärmere Temperaturen über 25 °C verzögern die Keimung.

Botanik

Feldsalat ist ein mehrjähriges Baldriangewächs. Die Blüten werden erst im zweiten Jahr gebildet. Temperaturen von bis zu -15 °C verträgt er problemlos. Doch auch Feldsalat, mancherorts Rapunzel genannt, kann man bei anhaltenden Kahlfrösten abdecken. Wenn *Valerianella locusta*, wie der Feldsalat botanisch heißt, doch einmal Frost abbekommt, färben sich seine Blätter rötlichviolett.

Steigen die Temperaturen auf 5 bis 8 °C, beginnt auch der Feldsalat wieder zu wachsen. Das erste Mal ernten kann man ihn etwa acht Wochen nach der Aussaat.
In Sachen Vitamingehalt steht *Valerianella locusta* Winterpostelein in nichts nach! Er enthält mehr Vitamin C als viele andere Salate, zusätzlich auch Carotinoide, Vitamin B_6, Folsäure, Eisen und Kalium.

Feldsalat im Überblick

- **Aussaattermin:** Mitte September für die Ernte im Winter und im Frühjahr
- **Reihenabstand:** 10–15 cm
- **Abstand in der Reihe:** 10 cm
- **Saattiefe:** 1 cm
- **Ansprüche:** Schwachzehrer, Staunässe vermeiden, Sonne
- **Keimdauer:** 7–21 Tage
- **Kulturdauer:** 3 Wochen nach der Aussaat

Das gefällt Rapunzel nicht!

Feldsalat ist relativ konkurrenzschwach, Unkraut sollte daher weitestgehend schon vor der Aussaat entfernt werden. Trockenheit sollte unbedingt vermieden werden. Feldsalat benötigt einen gleichmäßig feuchten Boden. Wird es zu trocken, stellen die Pflanzen das Wachstum ein. Auch zu viel Salz im Boden wird nicht vertragen.

Ernte

Wer nur einmal ernten möchte, sollte die Pflanzen so weit unten abschneiden, dass die Rosette nicht zerstört wird. Die Weiterverarbeitung fällt dann leichter. Ist eine mehrmalige Ernte erwünscht, verhält es sich genau umgekehrt: Man darf nicht zu weit unten schneiden, da sonst kein Neuaustrieb einsetzt. Eine dritte Möglichkeit: der satzweise Anbau im Abstand von ein bis zwei Wochen. So kann man mehrmals ernten, die Blattrosetten bleiben aber trotzdem intakt.

Salbeibonbons – mehr als nur Naschwerk!

Salbei hält, was er verspricht. Sein Name leitet sich vom Lateinischen (salvare = heilen) ab.
(Foto: Bernd Nitsche)

Steckbrief

Salbei
Salvia officinalis

Familie: Lippenblütler (Lamiaceae)
Herkunft: stammt aus dem Mittelmeerraum
Wuchs: immergrüner Halbstrauch, bis 80 cm hoch und ebenso breit
Blütezeit: von Mai bis in den Juli, je nach Standort und Alter
Standort: sonnig und warm, auf durchlässigen, mageren und kalkhaltigen Böden
Pflege: regelmäßiger Rückschnitt fördert die Verzweigung und den kompakten Wuchs
Vermehrung: über Kopf- und Teilstecklinge im Frühjahr und Sommer

„Cur moriatur homo cui Salvia crescit in horto?" – „Warum sollte ein Mensch sterben, in dessen Garten Salbei wächst?", lautete früher ein Ausspruch der mittelalterlichen Ärzteschule von Salerno.
Es ist ein Lob auf eine Pflanze, deren wertvolle Inhaltsstoffe schon vielen Menschen geholfen haben und noch heute helfen. Salbei, botanisch *Salvia officinalis,* weist um die 60 verschiedene Inhaltsstoffe auf. Heilend wirkt der Salbei nicht aufgrund eines einzelnen Stoffes, sondern wegen des enthaltenen Wirkstoffkomplexes. Für den intensiven Duft sind vor allem Thujon und Kampfer zuständig, für den leicht bitteren Geschmack ist das Carnosol verantwortlich. Zwei Flavone (Apigenin und Luteolin) sind unter anderem für die entzündungshemmende Wirkung des Salbeis verantwortlich; damit seien nur einige dieser besonderen Inhaltsstoffe erwähnt.
Häufig wird Salbeitee bei Erkältungen und Infekten der oberen Atemwege eingesetzt, aber auch als Wirkstoff in einem Hustenbonbon hat er schon vielen Menschen Linderung verschafft. Doch Bonbons aus Salbei muss man nicht kaufen, man kann sie mit ein wenig Aufwand verbunden selbst herstellen.

Rezept für Salbeibonbons

Als Erstes hackt man die Salbeiblätter sehr fein, je kleiner, desto intensiver und angenehmer der Geschmack.

Zutaten

- 10 g frische Salbeiblätter
- 100 g Zucker (hochwertiger Vollrohrzucker)

Hat man keine frischen Salbeiblätter, kann man auch auf getrockneten Salbei zurückgreifen. 5 g getrocknete Blätter sind die ausreichende Menge für die 100 g Zucker.

Getrocknete Blätter gibt man in einen Mörser und pulverisiert das Pflanzenmaterial. Ein Backblech mit Backpapier auslegen und bereitstellen, denn ist der Zucker erst mal erwärmt, geht alles ganz schnell.
Den Zucker in einen möglichst kleinen Topf geben und bei geringer Hitze langsam erwärmen. Zuerst schmilzt er sehr langsam; ab dem Moment, in dem der Zucker zu schmelzen beginnt, ist jedoch Vorsicht geboten! Meist schmilzt der Rest sehr schnell und bei zu großer Hitze besteht dann die Gefahr, dass der Zucker verbrennt. Gerührt wird so lange, bis er ganz geschmolzen ist, dann wird er braun und karamellisiert. Dies ist der Moment, in dem man die Kräuter zügig und gründlich unter die Zuckermasse rührt. Nicht erschrecken – bei frischen Kräutern zischt und brodelt die Masse. Danach muss man den Topf sofort von der Kochplatte nehmen und die Zucker-Kräuter-Mischung auf ein mit Backpapier belegtes Backblech tropfen lassen, sodass kleine „Fladen" in Bonbongröße entstehen. Sobald diese „Bonbonfladen" erkaltet sind, kann man sie vom Backpapier lösen. Wer lieber runde Bonbons mag, kann die noch warmen „Fladen" nehmen und in den Handflächen zu kleinen Kugeln formen.
Während des gesamten Vorgangs sollte man sehr vorsichtig und behutsam arbeiten, denn die Zuckermasse ist äußerst heiß und schon kleine Spritzer können zu schmerzhaften Verbrennungen führen.
Aufbewahren kann man die hausgemachten Bonbons anschließend in dicht schließenden Blechdosen oder Vorratsgläsern.

Bonbons nach Lust und Laune!

Natürlich kann man das Bonbonrezept abwandeln und nach eigenem Geschmack ergänzen. Hier noch einige andere Bonbonvarianten – als Faustregel gilt: Immer 10 g frische oder 5 g getrocknete Pflanzenbestandteile verwenden.

Aktivbonbons

- **Rosmarin (1 Teil)**: ist herzstärkend, hat bei Erschöpfung eine positive Wirkung aufs Nervensystem und kurbelt den Kreislauf an
- **Pfefferminze (2 Teile)**: schmeckt erfrischend, löst Blähungen, beseitigt Appetitlosigkeit und Unwohlsein
- **Brennnesselfrüchte (2 Teile)**: enthalten viele Mineralien, wirken leistungssteigernd
- **Zitronenmelisse (1 Teil)**: schmeckt fruchtig und sorgt für gute Laune
- **100 g Zucker** (hochwertiger Vollrohrzucker)

Erkältungsbonbons

- **Salbei (2 Teile)**: wirkt entzündungshemmend und mildert den Hustenreiz
- **Thymian (1 Teil)**: ist gut für die Bronchien, hat eine schleimlösende Wirkung
- **Zitronensaft (1 Teil)**: für den Geschmack der süß-sauren Mischung
- **Eine Prise Meersalz (wer möchte)**: wirkt leicht schleimlösend und entzündungshemmend
- **100 g Zucker** (hochwertiger Vollrohrzucker)

Kräuterbonbons

- **Spitzwegerich (1 Teil)**: wirkt hustenreizlindernd und antibakteriell
- **Zitronenverbene (2 Teile)**: leicht stimmungshebend und nervenstärkend
- **Honig (1 Teil)**: Honig wirkt ebenfalls antiseptisch und lindernd
- **Basilikum (2 Teile)**: wirkt verdauungsfördernd und fiebersenkend
- **100 g Zucker** (hochwertiger Vollrohrzucker)

Kräuterbonbons aus eigener Herstellung schmecken besonders gut.
(Foto: Sabrina Werner)

Unerwünschte Kräuter

Eigentlich sind Löwenzahn und Vogelmiere gesunde und schmackhafte Wildkräuter. Machen sie sich allerdings in den Gartenbeeten breit, werden sie zu „Unkräutern", die dem Gemüse und den Zierpflanzen den Platz rauben. Damit es gar nicht erst so weit kommt, sollte man so früh wie möglich und regelmäßig jäten – spätestens aber zur Blütezeit der Unkräuter. Denn haben sie erst einmal Samen gebildet, ist es meist schon zu spät: Sie breiten sich dann unaufhaltsam im ganzen Garten aus. Einige ungebetene Pflanzengäste sind auch in den Gemüsebeeten des Querbeet-Gartens aufgetaucht. Es gilt: Das komplette Unkraut muss raus. Bei Flachwurzlern wie Klee oder Vogelmiere leistet die Hacke gute Dienste, im Fall anderer Gewächse reicht hacken nicht aus. Je nach unerwünschter Pflanze geht man beim Jäten mit verschiedenen Techniken vor.

Mit dem Stecher

Stumpfblättriger Ampfer *(Rumex obtusifolius)* und Löwenzahn *(Taraxacum* sect. *Ruderalia)* bilden eine Pfahlwurzel, die tief in den Boden dringt. Diese gilt es vollständig zu entfernen. Oberirdisches Abschneiden würde etwa beim Löwenzahn nicht zum gewünschten Erfolg führen, da er aufs Neue austreibt. Und das kann sich rächen: Denn ein Löwenzahn bildet bis zu 5000 Samen. Mit dem Unkrautstecher sticht man direkt neben der Pflanze in den Boden, bewegt ihn leicht hin und her und zieht das Gewächs vorsichtig mit kompletter Wurzel aus dem gelockerten Boden.

Löwenzahn ist ein Überlebenskünstler, der dem Gärtner das Leben schwer machen kann.
(Foto: Sabrina Werner)

Alles muss raus – auf breiter Fläche!

Befragt man Gärtner, welche Unkräuter zu den größten Plagegeistern im Garten gehören, werden ziemlich sicher Quecke *(Agropyron repens)* und Giersch *(Aegopodium podagraria)* genannt. Beide schieben sich mit ihren Rhizomen, das sind unterirdische Sprossachsen, durch den Boden und treiben dann an zahlreichen Stellen aus. Hier hilft nur noch eins: die Pflanzen komplett aus dem Boden entfernen. Und das mit großer Präzision, denn Quecke und Giersch besitzen ein hohes Regenerationsvermögen und treiben auch aus dem kleinsten Teilstück wieder aus.

Besonders hartnäckige Kräuter sind die Zaunwinde *(Calystegia sepium)* und die Ackerwinde *(Convolvulus arvensis)*. Unermüdlich treiben sie aus, ranken an Gemüse und Zierpflanzen empor und nehmen diesen so das Licht. Hier heißt es am Ball bleiben und so früh wie möglich jäten. Denn eine von der Winde eroberte Pflanze lässt sich nur schwer wieder von dieser befreien.

Einen Versuch wert: Entdeckt man junge Windenpflänzchen, kann man ihnen einen Holzspieß als Rankhilfe anbieten. Die umstehenden Pflanzen werden verschont und nach einiger Zeit lässt sich die Winde samt Wurzel aus dem Boden ziehen.

Filigran und zäh – der Straußenfarn

Jung genossen, sind die Triebe des Straußenfarns eine Delikatesse. (Foto: Sabrina Werner)

Steckbrief

Straußenfarn
Matteuccia struthiopteris

Familie:	Wimperfarngewächse (Woodsiaceae)
Herkunft:	in Auwäldern Mitteleuropas heimisch
Wuchs:	80–120 cm hoch, die Blätter bilden eine trichterförmige Rosette
Standort:	schattig bis sonnig (nur bei ausreichender Feuchtigkeit)
Pflege:	kaum notwendig
Vermehrung:	über Sporen und Ausläufer, wandert sehr stark

Der beste Pflanzzeitpunkt für den Straußenfarn ist im zeitigen Frühjahr. Der Pflanzort sollte schattig bis halbschattig sein und ausreichend Platz bieten. Denn Platz ist eines der wichtigsten Kriterien, wenn man diesen Farn im Garten ansiedeln möchte. An einem Standort unter Bäumen und Sträuchern fühlt er sich besonders wohl, er gedeiht aber auch an sonnigen Plätzen, wenn die Wasserversorgung stimmt. Der Boden sollte humos, eher nährstoffreich und feucht sein. Ein bis zwei Pflanzen braucht man pro Quadratmeter, dichter sollte das Gewächs nicht gepflanzt werden. In den ersten Jahren nach dem Pflanzen zaubert der Straußenfarn mit seinen hellgrünen Blättern Lichtpunkte in schattige Gartenbereiche. Hat er sich allerdings erst einmal etabliert, kann es durchaus passieren, dass er „Füße" bekommt und regelrecht durch den Garten „läuft". Gemeint sind damit die vielen Ausläufer, mit deren Hilfe der Straußenfarn sich verbreitet. Deshalb sollte man vor dem Pflanzen überlegen, wie viel Platz man dem urtümlichen Gewächs einräumt und wie weit er verwildern darf. Für kleine Gärten eignet sich der Straußenfarn aus diesem Grund nur bedingt.

Kleine „Schnecken" zum Essen

Hat man einen kräftigen Bestand des Straußenfarns im Garten, kann man im Frühjahr durchaus mal zur Schere oder zum Messer greifen. Denn die jungen Blätter des Farns sind nicht nur schön fürs Auge, sie schmecken auch! Der richtige Erntezeitpunkt ist kurz vor dem vollständigen Entfalten der Blätter, wenn die Spitzen noch wie kleine Schnecken eingerollt sind. Ältere Blätter entwickeln viele Bitterstoffe und sind nicht mehr genießbar. Bedenken, dass man dem Farn mit der Ernte schadet, braucht man nicht zu haben, denn schon nach kurzer Zeit treibt die Staude neue Blätter aus. Genießen kann man das zarte Gemüse, dessen Geschmack etwas an Brokkoli erinnert, eingelegt oder auch gedünstet.

Gemüse mit Biss – Mexikanische Minigurken

In Nahaufnahmen sehen sie Wassermelonen mit ihrer weiß-grünen Schalenmaserung durchaus ähnlich, nur sind sie viel kleiner. Verwandt sind Wassermelonen und Mexikanische Minigurken allerdings tatsächlich miteinander, denn beide Pflanzen gehören zur Familie der Kürbisgewächse. Doch während Wassermelonen durchaus mehrere Kilo auf die Waage bringen, schaffen die Mexikanischen Minigurken gerade einmal wenige Gramm.

Profitipp
Sabrina Werner

Anzucht auf der Fensterbank

So wie viele Kürbisgewächse braucht auch die Mexikanische Minigurke eine Keimtemperatur von etwa 20 °C. Vorziehen kann man die Pflanzen ab Mitte April auf der Fensterbank. Gesät wird direkt in 9er-Töpfchen oder in sogenannte Torfpresstöpfe, die mit nährstoffarmer Aussaaterde gefüllt sind. Nach sieben bis zehn Tagen zeigen sich die ersten Pflänzchen. Sie sollten jetzt direkt am Fenster stehen und viel Licht bekommen. Sind die Pflanzen 10 cm groß, beginnt man mit dem Abhärten. Dazu stellt man die Mexikanischen Minigurken an warmen Tagen nach draußen an einen geschützten Platz. Am Abend kommen sie dann wieder in einen temperierten Raum. Die ersten Tage an der frischen Luft sollten die Jungpflanzen nicht in der vollen Sonne verbringen, sondern eher im Halbschatten, sonst droht Sonnenbrand.

Einen Platz an der Sonne ...

... bekommt die Mexikanische Minigurke ab Mitte Mai. Denn nun kann man sie in den Garten pflanzen. Der Boden sollte humos und nährstoffreich sein, das Rankgerüst stellt man gleich mit auf. Gut lassen sich die Mexikanischen Minigurken auch an Zäunen hochleiten. Am Balkon reicht ein Topf mit 30 cm Durchmesser völlig aus, um zahlreiche Früchte ernten zu können. Besonders rasch wachsen die Pflanzen im Kleingewächshaus oder im Folientunnel, hier beginnt die Ernte bereits im Juni. Im Freiland kann man meist im August mit der Ernte beginnen. Mit dem Pflücken sollte man nicht zu lange warten, denn bei einer Fruchtgröße von 2 bis 3 cm schmecken die Mexikanischen Minigurken besonders fein. Ältere Früchte haben größere Kerne und schmecken nicht mehr so zart und frisch. Mexikanische Minigurken sind sehr aromatisch, säuerlich frisch und können für Salate oder zum Einlegen verwendet werden.

Steckbrief

Mexikanische Minigurke
Melothria scabra

Familie:	Kürbisgewächse (Cucurbitaceae)
Herkunft:	aus den Tropen Mittel- und Südamerikas
Wuchs:	kletternd, braucht ein Rankgerüst oder eine Kletterhilfe
Blütezeit:	je nach Aussaatzeit, von Mai bis in den Herbst
Standort:	sonnig und warm, geschützt vor rauen Winden, gerne im Kleingewächshaus
Pflege:	regelmäßig wässern und düngen, Blätter trocken halten
Vermehrung:	durch Aussaat im April/ Mai, im Haus vorziehen

Mexikanische Minigurken bringen Abwechslung ins Gurkenglas.
(Foto: Floramedia)

Robuster Zimmerfarn – *Nephrolepis*

Der Schwertfarn, von Botanikern *Nephrolepis exaltata* genannt, stammt ursprünglich aus tropischen Gegenden. An den Naturstandorten gedeiht er sowohl in der Erde (terrestrisch) als auch aufsitzend auf anderen Pflanzen (epiphytisch).

Schwertfarn gedeiht im Zimmer prächtig, solange die Luftfeuchtigkeit stimmt.
(Foto: Sabrina Werner)

Der Platz in der Wohnung

Der Schwertfarn gilt als sehr robustes Gewächs – für einen Farn. Er verzeiht zwar gelegentliches Austrocknen, am besten bekommt es ihm allerdings, wenn man ihn mit weichem Wasser mäßig feucht, aber nicht zu nass hält. Als Substrat eignet sich gewöhnliche Blumenerde. Normale Zimmertemperatur ist ideal, unter 18 °C sollte das Thermometer aber nicht über längere Zeit fallen. Von der Luftfeuchte her liegt der optimale Bereich zwischen 50 und 60 %, ein regelmäßiges Besprühen befreit die Blätter von Staub und erhöht die Luftfeuchtigkeit. Je nach Sorte können die Wedel des Schwertfarns über einen Meter lang werden. Ein schöner Platz ist daher auf einem Hocker oder in einem hängenden Topf, so kommen seine Blätter besonders gut zur Geltung.

Steckbrief

Aufrechter Schwertfarn
Nephrolepis exaltata

Familie:	Nephrolepisgewächse (Nephrolepidaceae)
Herkunft:	tropische Gebiete
Wuchs:	Wedel, die dem Rhizom entwachsen
Standort:	hell, ohne direkte Sonne
Pflege:	mäßig feucht halten, während der Wachstumsphase im Sommer ein- bis zweimal wöchentlich düngen, im Winter nicht
Vermehrung:	Ausläufer, Sporen (nur einige Sorten)

Düngen und umtopfen

Während der Hauptwachstumszeit im Sommer braucht der Schwertfarn Nährstoffe, daher gießt man alle ein bis zwei Wochen mit im Gießwasser gelöstem Grünpflanzendünger. Je nach Wachstum des Farns topft man alle zwei bis drei Jahre um, bester Zeitpunkt ist im Frühjahr oder im Sommer. Ein Umtopfen ist dann nötig, wenn das Pflanzgefäß vollständig durchwurzelt ist.

Nachwuchs

Am einfachsten lässt sich der Schwertfarn über Ausläufer vermehren, die direkt aus dem Rhizom wachsen. Sobald die Ausläufer mit Erde in Berührung kommen, bilden sie Wurzeln. Die dann entstehenden neuen Pflanzen trennt man ab und topft sie ein.

Sorten

Gängige Sorten, die sich in Form und Farbtönen der Wedel unterscheiden:
'Atlanta', 'Bostoniensis', 'Maassii', 'Teddy Junior', 'Veronica Lace'

Vollfrühling

Was jetzt zu tun ist

Was jetzt zu tun ist

Gut für alle

- Pflanzenschutz
  - Schnecken absammeln und bekämpfen, Unterschlupfmöglichkeiten reduzieren
  - Kulturschutznetze gegen Möhren-, Rettich- und Kohlfliege auflegen
  - Vorsicht, Zwiebelfliege: Lauch und Steckzwiebeln mit Schutznetzen abdecken
  - Für starke Pflanzen: Jauchen ansetzen mit Schachtelhalm und Brennnessel
- Bodenproben ziehen und analysieren lassen

Obst und Gemüse

- Junges Gemüse im Gewächshaus pflanzen: Tomaten, Paprika, Gurken, Melonen
- Zeit zum Säen: Schwarzwurzel, Sommerrettich, Chicoree, Mais, Brokkoli und Mangold, Freilandgurken, Petersilie
- Strohabdeckung bei Erdbeeren während der Blüte auftragen
- Rankhilfen für Erbsen und Bohnen anbringen
- Naschgarten am Balkon mit Obst und Gemüse bestücken
- Maibeeren ernten

Fürs Auge

- Nadelgehölze bei bedecktem Himmel pflanzen
- Baumscheiben düngen
- Teiche zur Zeit der Fliederblüte anlegen
- Rasenneuanlage
- Pflanzzeit für nicht winterharte Zwiebeln und Knollen direkt ins Beet: Gladiolen, Montbretien, Freesien
- Abgeblühte Zwiebelpflanzen zurückschneiden, Laub stehen lassen
- Forsythien nach der Blüte auslichten und verjüngen
- Polsterstauden teilen

Ernte

- Aus der Natur: Waldmeister, Löwenzahn, Birkenblätter, Brennnesseln, Giersch, Bärlauch
- Aus dem Garten: Estragon, Spargel, essbare Blüten, Radieschen, erste Salate

Der Garten im Vollfrühling

Mit der Apfelblüte bringt sich der Vollfrühling in Stellung. Die Natur scheint ab jetzt aus allen Nähten zu platzen! Frühlingsblüher verwandeln Balkons und Terrassen in farbenprächtige Zimmer im Freien. Bei der Pflanzenauswahl müssen es nicht immer alte Bekannte sein, denn ständig kommen neue Züchtungen hinzu. Wir geben einen Überblick über besonders empfehlenswerte Gewächse. Noch sind Zäune und Rankgerüste kahl. Das kann sich aber rasch ändern, wenn man, sobald keine Fröste mehr zu erwarten sind, die Samen einjähriger Kletterpflanzen aussät. Bis zum Sommer entwickeln sich daraus blühende Wände. Die Blüten von Löwenzahn und Duftveilchen sehen nicht nur hübsch aus, für Kinder sind sie ein toller Ersatz für Buntstifte: Mit ihren Blüten lässt sich hervorragend malen. Der Vollfrühling verabschiedet sich mit den Blüten der Himbeeren und des Wiesen-Fuchsschwanzes.

Frühjahrsblüher für Balkon, Terrasse und Garten

von Eva-Maria Geiger

Pericallis ist pflegeleicht, mag aber nicht in der prallen Sonne stehen. (Foto: Sabrina Werner)

Kaum locken im ausgehenden Winter die ersten Sonnenstrahlen, sprießen im Garten die Winterlinge, dann bepflanzen geschickte Gärtnerhände Balkonkästen, Gefäße und Beete mit bunten Kissenprimeln, Stiefmütterchen und Hornveilchen. Gerade nach den tristen Wintermonaten ist unser Bedürfnis nach Pflanzen mit leuchtenden Blüten besonders groß. Nicht umsonst zählen Viola zu den meistverkauften Beet- und Balkonpflanzen und übertreffen nach der Anzahl der verkauften Pflanzen die sommerblühenden Geranien *(Pelargonium-*Sorten) bei Weitem.

So mancher Freizeitgärtner würde am liebsten bereits im März nach den ersten wärmeren Sonnentagen zu Geranien greifen und diese in Gefäße auf Balkon und Terrasse pflanzen. Doch halt! Vor Ende April haben Geranien und andere Sommer-Balkonpflanzen bei unseren Klimaverhältnissen nichts im Freien zu suchen. Zwar können die Tage bereits sehr warm werden, doch die Nächte sind noch bitterkalt und bleiben nicht frostfrei. Empfindliche Pflanzen reagieren mit gelben bzw. rötlichen Blättern und mit Fäulnis. Nicht selten gibt es in den Ostertagen auch noch Schnee, wie z. B. im Frühjahr 2012, was einem Todesurteil für Geranien & Co. gleichkommen kann.

Neue Züchtungen

Pflanzenzüchter und Jungpflanzenfirmen haben die Bedürfnisse der Freizeitgärtner nach üppigen, attraktiven Frühjahrsblühern erkannt und bieten für die Frühjahrsmonate März bis Mai inzwischen neue und bekannte, aber auch fast vergessene Arten in neuer Form für einen reichen Blumenschmuck auf Balkon und Terrasse an. Die Pflanzen sind temperaturtolerant und können bei ausreichender vorhergehender Abhärtung Temperaturen um 0 °C und teilweise sogar leichte Minusgrade vertragen. Auch ihre Anzucht in den heimischen Gärtnereien ist sehr umwelt- und klimafreundlich, dort entwickeln sie sich im Winterhalbjahr in frostfrei gehaltenen bzw. nur gering beheizten Gewächshäusern. Durch die natürliche Sonneneinstrahlung im Frühjahr heizen sich die Gewächshäuser ohne zusätzlichen Energiebedarf auf und die Pflanzen beginnen ab Mitte März zu blühen.

Meine Topfavoriten

Zu meinen persönlichen Favoriten für das Frühjahr zählen die neuen *Pericallis*-Hybriden, die auch Gärtner-Cinerarien genannt werden. So mancher Leser wird nun möglicherweise vorbelastet sein und bei Cinerarien an die samenvermehrten altbekannten Korbblütler denken, die früher auch als „Aschenblumen“ oder noch weniger vorteilhaft als „Läuseblumen“ bezeichnet wurden und bisher meist als winterblühende Zimmerpflanzen angeboten wurden. Der Name Läuseblume rührt daher, dass die Pflanzen, die eher kühle Temperaturen bevorzugen, oft in unpassend warmen Zimmern standen und an den Blättern sitzende Blattläuse sich explosionsartig schnell vermehren konnten. Gegenwärtig aber kommen aufregende neue Züchtungen auf den Frühjahrsmarkt, die sich nicht nur für kühle Innenräume, sondern auch für das Freiland eignen. Diese neuen Sorten werden vegetativ, das heißt über Stecklinge vermehrt und sie unterscheiden sich deutlich durch den andersartigen Pflanzenaufbau, die Blütenfarben und Blütengrößen von den Saatgutsorten. Die Pflanzen erinnern eher an große, üppig wachsende Stauden, und die Strahlenblüten können einen Durchmesser bis zu 9 cm aufweisen.

Züchter auf der ganzen Welt lassen das Sortiment an Frühjahrsblühern ständig anwachsen. (Foto: Sabrina Werner)

Innovatives aus Japan

Bahnbrechend für die Zucht vegetativ vermehrter *Pericallis*-Hybriden war vor allem die 'Senetti'-Serie aus einem japanischen Züchterhaus. Übrigens stammen auch die bekannten 'Surfinia'-Hängepetunien aus demselben Züchtungsunternehmen. Weitere neue Serien tragen die Namen 'Todaisy' oder 'Spring Touch', eine Züchtungsserie aus Israel. Den Wildformen von *Pericallis* begegnet man an feuchten, halbschattigen Standorten der kühleren Höhenregionen auf Madeira und vor allem auf den Kanarischen Inseln. Die Gattung umfasst 15 Stauden und Halbsträucherarten mit eher struppigem Wuchs und oft fein behaarten Laubblättern, deren Rand leicht gesägt ist. Die kleinen Blütenkörbchen tragen rosafarbene bis violette Strahlenblüten. Die Urformen sind optisch bei Weitem nicht so reizvoll wie die neuen Züchtungen. Diese können bis 40 cm hoch und ebenso breit werden, die Laubblätter sind mattgrün und am Rand gesägt. Die großen Blüten erinnern an Margeriten, sie sind je nach Farbsorte zartrosa, purpurfarben, hell fliederblau, violett oder azurblau. Ein besonderer Hingucker sind die zweifarbigen Sorten in Violett und Weiß bzw. Weiß und Blau.

Ansprüche und Pflege

Die neuen Serien sind nicht nur als Zimmerpflanzen attraktiv, sondern eignen sich auch sehr gut für die Bepflanzung von Balkonkästen, größeren Gefäßen und Beeten. An geschützten Standorten, z. B. an Hauswänden und in Hauseingangsbereichen, können die Pflanzen nach vorausgegangener Abhärtung auch Temperaturen um den Gefrierpunkt gut wegstecken. Die starkwüchsigen Sorten benötigen reichlich Wasser und Dünger, leiden jedoch bei übermäßiger Nässe. Als Pflanzerde eignet sich Petunienerde, da diese den Pflanzen nicht nur einen guten Nährstoffvorrat für die ersten Wochen bietet, sondern auch einen niedrigen pH-Wert aufweist. Dieser bewahrt die Pflanzen vor hässlichen gelben Chlorosen an den jüngeren Laubblättern, die durch Eisenmangel hervorgerufen werden. Ein solcher Eisenmangel tritt bei hohen pH-Werten in der Pflanzerde auf, z. B. infolge des Gießens mit sehr kalkhaltigem Wasser.
An sonnigen Standorten, wenn die Temperaturen über 15 °C steigen, verblassen gegen Ende des Frühjahrs die Blütenfarben und das Laub beginnt zu vergilben. Nun ist es an der Zeit, die Pflanzen zurückzuschneiden und ihnen eine Chance für die Entwicklung eines neuen Blütenflors zu geben oder die Pflanzen durch Sommerblumen wie Geranien und Petunien zu ersetzen.

Neues von Pantoffelblumen

Unter den neuen Frühjahrsblühern begeistern mich zudem die neuen 'Calynopsis'-Calceolaria-Hybriden, Pantoffelblumen im XXL-Format. Bei Pantoffelblumen denkt der erfahrene Profi- oder Freizeitgärtner an eine Gruppe von Sämlings-Hybriden, die einjährig gezogen werden und in Sommerblumenrabatten ihren Platz finden. Diese samenvermehrten Beetsorten stammen ursprünglich von drei chilenischen Arten ab. Die gelb, orange, rot und zweifarbig blühenden Pflanzen werden meist nur 15 bis 45 cm hoch und ertragen heißes, trockenes Wetter nur schlecht. Trotz der leuchtenden Blütenfarben ihrer bauchigen „Pantoffelblüten" sind die Rachenblütler daher in Vergessenheit geraten. Tatsächlich hat die Gattung der Pantoffelblumen wesentlich mehr zu bieten. In Südamerika, von Mexiko bis Feuerland, gibt es über 300 Wildarten, die dort als einjährige Pflanzen, als Stauden, Sträucher und Kletterpflanzen heimisch sind. Typisch für alle ist die Blüte, bei der die untere Lippe einem aufgewölbten Pantoffel gleicht. So mancher Pantoffelblumenstrauch *(Calecolaria integrifolia)* wächst bis zu 2 m hoch, ist locker im Aufbau und trägt von Frühjahr bis Herbst hellgelbe Blüten an den ausladenden Zweigenden.

Frühblüher

Ein Stuttgarter Jungpflanzenunternehmen hat sich auf die Zucht der Pantoffelblumen spezialisiert und ein neues Sortiment für das Frühjahr entwickelt, das so manchen Freizeitgärtner aus dem Winterschlaf reißen wird. Die neuen Hybridsorten werden über Stecklinge vermehrt und in kühlen, nur gering beheizten Gewächshäusern der heimischen Gärtnereien

Ein Schmuckstück für Balkon und Beet ist diese Pantoffelblume.
(Foto: Sabrina Werner)

im Winterhalbjahr angezogen. Ab Mitte März kommen die Pflanzen zum Blühen. Da die Streckung der Blütenstiele in Zusammenhang mit der Tageslänge steht und durch eine lange Lichtphase gefördert wird, können Profigärtnereien durch Zusatzbelichtung, z. B. mit Energiesparlampen, den Blütezeitpunkt auf einen bestimmten Termin hin, wie z. B. das Osterfest, vorbestimmen. Die Pflanzen wachsen sehr üppig, bilden sehr große Laubrosetten und lange Blütenstiele mit großen, leuchtenden Pantoffelblüten. Selbst in der Anzucht verlangen die Pflanzen bereits ein größeres Kulturgefäß und stellen so die bescheiden im 9-cm-Topf wachsenden Primeln in den Schatten. Je nach Farbsorten tragen die 'Calynopsis'-Pantoffelblumen an bis zu 20 cm langen Blütenstielen leuchtend gelbe, orangefarbene, rote und zweifarbige rot-gelbe Blüten.

Pflanzen und pflegen

Eine Augenweide sind die 'Calynopsis' in höheren Solitärgefäßen, als Gruppe gepflanzt, oder auch in Kombination mit anderen Frühjahrsblühern wie Primeln und Hornveilchen. Als Pflanzerde eignet sich eine gute Einheitserde vom Gärtner. Die großen Laubblätter verdunsten viel Wasser, sie sind daher auch ein Zeichen für hohen Nährstoffbedarf. Bei gleichmäßiger Bewässerung und wöchentlicher Düngung ab der 4. Pflanzwoche entwickeln sich die Pflanzen prächtig. Nach dem Einwurzeln sollen die Pflanzen auch leichte Minusgrade tolerieren können. Mit 'Calynopsis'-Sorten bepflanzte Balkonkästen und Gefäße kann man im Frühjahr gut in sonnigen Lagen aufstellen. Ab Mitte Mai sollten die Gefäße dann in den Halbschatten gerückt werden, da die Pantoffelblumen gegenüber zu hohen Temperaturen empfindlich reagieren und dann nur noch verhalten bzw. in kleineren Schüben nachblühen.

QUER BEET

Klassiker: Veilchen

Frühjahrsblüher Nr. 1 sind zweifellos die Veilchen *(Viola)*. Die bekannte und beliebte Gattung der ein- und mehrjährigen Pflanzen umfasst 500 Arten, die in der Regel in den gemäßigten Regionen der Erde beheimatet sind. Typisch sind die herz- oder nierenförmigen Blätter und die charakteristisch geformten Blüten, die aus fünf Kronblättern und einem kurzen Blütensporn bestehen. Viel beschrieben sind vor allem die Duftveilchen, zu denen sich sowohl Aphrodite in der griechischen Mythologie sowie auch der bekannte Kaiser Napoleon Bonaparte besonders hingezogen fühlten. Einige *Viola*-Arten aus Europa und Asien wurden sehr oft miteinander gekreuzt und ergaben so die vielen Gartenhybriden, bekannt als Stiefmütterchen, die meist als einjährige Pflanzen angezogen werden. Auch kleinblütige Hornveilchen, *Viola cornuta*, machen in den letzten Jahren Karriere. Hierbei handelt es sich um Stauden aus den Pyrenäen, die von Frühjahr bis zum Hochsommer hin schöne Blütenteppiche bilden. Durch Kreuzung der Hornveilchen mit Stiefmütterchen-Hybriden entstanden viele Serien von sogenannten Miniaturveilchen.

Veilchen im Gewächshaus

Veilchen gelten nicht nur in der Literatur als bescheidene Pflanze, sie sind es auch in der gärtnerischen Kultur. Im Herbst ausgesät, wachsen sie im Winterhalbjahr in frostfreien oder unbeheizten Gewächshäusern und entwickeln ihre freundlichen Blütengesichter mit der natürlichen Frühjahrssonne. Gesunde Jungpflanzen, strukturstabile Pflanzerden, gute Durchlüftung des Bestandes, reduzierte Luftfeuchtigkeit im Gewächshaus durch sparsame Wassergaben und kontinuierliche Düngung sind die Basis für eine umweltfreundliche, energiearme Produktion der beliebten Frühjahrsblüher.

Ampelveilchen

Während die meisten *Viola*-Hybriden aufrecht bis polsterartig wachsen, machen in jüngerer Zeit sogenannte Ampelviola von sich reden. In der Regel handelt es sich hier auch um Miniaturviola-Hybriden, die sich durch einen kissenartigen, überhängenden Wuchs auszeichnen und in Ampeln sogar Längen von 50 bis 60 cm einnehmen können. Sie eignen sich nicht nur für Balkonkästen, für Ampeln oder als Unterpflanzung von

Hornveilchen sind vielseitig einsetzbar und begeistern mit ihrer Blütenfülle. (Foto: Sabrina Werner)

Solitärpflanzen, sondern auch sehr gut als schnelle Bodendecker für Beete oder Gräber.
Auch amerikanische und europäische Züchtungen von Ampelviola aus Samen bieten im Frühjahr ein reiches Blütenmeer. Neu für 2013 ist die samenvermehrbare 'Cool Wave'-Serie. Sie gilt als sehr starkwüchsig und ist mit einem Blütendurchmesser von 4 cm eher als großblumige Serie einzuordnen. Diese besteht aus mehreren Farbsorten in Gelb, Weiß, Violett und Hellblau. Die vitalen Pflanzen können eine Länge bis zu 70 cm in Ampeln erreichen. Die Züchter ordnen diese Serie eher *Viola* x *wittrockiana* (Gartenstiefmütterchen) zu, obwohl die Serie als mehrjährig gilt. Diese Serie soll zudem eine ausgezeichnete Frosthärte aufweisen. Pflanzen, die bereits im Oktober ausgepflanzt wurden, können nach dem Winter erneut zur Blüte gelangen und dann bis in den Sommer hinein blühen.
Grundsätzlich sollte für alle Ampelviola gute Pflanzenerde (Einheitserde) vom Gärtner gewählt werden. Vier Wochen nach der Pflanzung kann man mit einer wöchentlichen, leichten Düngung die Pflanzenentwicklung fördern. Je üppiger sich die Pflanzenampel entwickelt, umso höher darf der ausgewogene Mehrnährstoffdünger konzentriert werden. Profis düngen ihre Viola-Ampeln ab Mai mit 1 g/2 l Gießwasser sogar bei jedem Gießen.
An sich gelten Ampelviola als sehr pflegeleicht. Bei der Standortwahl sollte man Halbschatten wählen/bevorzugen. Die Pflanzen blühen auch an vollsonnigen Standorten, jedoch ist das Blühzeitfenster kleiner. Hohe Temperaturen und direkte Sonneneinstrahlung bringen den Blütenreichtum im Sommer zum Versiegen.

Japanische Züchtungen

Eine besonders starkwüchsige Serie stammt aus japanischer Züchtung, die 'Friolina'-Serie. Die ausgewählten Farbsorten werden über Stecklinge vermehrt und stehen im Wachstum so mancher Hängegeranie in nichts nach. Die Serie gibt es in neun Farbsorten, darunter sind Hellblau, Kobaltblau, Violettblau, Weiß, Gelb, Orange, Rosa-Weiß, Blau-Gelb und Weiß-Blau. In Ampeln entwickeln sich die Pflanzen kaskadenartig und sind bedeckt mit vielen kleinen Veilchenblüten. Hierfür werden z. B. fünf bis sieben kleine Viola-Jungpflanzen in eine Ampel mit 30 cm Durchmesser gesetzt. Der Blühreichtum dauert an halbschattigen Standorten bis in den Sommer an und versiegt erst bei sehr hohen Temperaturen.

Schaumblüten

Eine wunderbare Kombinationspartnerpflanze für die typischen Frühjahrsblüher ist Tiarella, die Schaumblüte. Das winterharte Steinbrechgewächs mit Wildarten aus Nordamerika und den Wäldern Ostasiens lässt sich nicht nur als hübsche Blattschmuckpflanze in Kombination zu Blütenpflanzen wie Primeln, Viola und Schöterich (*Erysimum*-Sorten) verwenden, sondern bezaubert auch durch die filigranen 15 bis 30 cm hohen Blütentrauben bzw. Rispen. Diese entstehen ab Ende März und sind je nach Sorte von zahlreichen kleinen weißen bis zartrosa gefärbten Einzelblüten besetzt. Die grundständigen moosgrünen und fein behaarten Laubblätter sind herzförmig gelappt, z. T. fingerförmig tief eingeschnitten und tragen eine dunkle Zeichnung entlang der Mittelrippe. Da sich die Arten gut untereinander kreuzen lassen, sind in den letzten Jahren viele Sorten mit unterschiedlicher, dekorativer Blattform und -zeichnung und mit verschiedenen Blütenfarben entstanden. Das Laub ist meist wintergrün mit schöner Herbst- und Winterfärbung. Wenn sie nicht blühen ähneln die Pflanzen der *Heuchera*, dem Purpurglöckchen.

Vermehrung und Standort

Tiarella gelten als ausgezeichnete Bodendecker für kühlere, halbschattige bis schattige Standorte mit leicht feuchtem, möglichst kalkfreiem Untergrund. Sie breiten sich über Ausläufer gut aus und können so dichte Teppiche bilden. Durch Teilung im Frühjahr und Herbst lassen sich die Pflanzen vermehren. *Tiarella* werden sowohl in Staudengärtnereien wie auch in guten Zierpflanzengärtnereien im Rahmen des Frühjahrsblüher-Sortiments angeboten. Die sehr gut winterharten Pflanzen können so zunächst als Kombinationspflanzen für Gefäße gemeinsam mit anderen Frühjahrsblühern und anschließend als ausdauernde Pflanze an einem schattigen Standort im Garten angesiedelt werden.

Lebender Zaun aus bunten Blüten

Kapuzinerkresse wächst rasch, Blüten, Blätter und auch Samen sind essbar. (Foto: Sabrina Werner)

Beinahe so, als würde ihnen die Zeit davonlaufen, vollbringen einjährige Kletterpflanzen in einem Jahr das, wozu andere Pflanzen die vielfache Zeit zur Verfügung haben. Teilweise haben die Kletterer einen Jahreszuwachs von sage und schreibe 5 m. Sie entwickeln sich vollständig in einer Saison; aus dem Samen wird eine ausgewachsene, blühende Pflanze; und das Ausbilden von Früchten und reifen, keimfähigen Samen steht auf ihrem Plan. So gesehen hören sich die 5 m auf einmal gar nicht mehr so viel an!

Direkt an den Ort des Geschehens

In vielen Gärtnereien werden im Frühjahr vorgezogene Jungpflanzen angeboten. Prunkwinde, Kapuzinerkresse und Schwarzäugige Susanne lassen sich aber auch leicht selbst aus Samen ziehen. Die beste Zeit für die Aussaat im Freiland ist ab Mitte Mai, nach den Eisheiligen. Zwar könnte man die Pflanzen in Töpfen vorziehen, doch auch dann geht es für sie erst im Mai ins Freiland. Ist es im Haus zu dunkel, besteht die Gefahr, dass die Gewächse lange Peitschentriebe bilden. Die Direktsaat ist also meist die bessere Variante. Es sei denn, man hat ein Kleingewächshaus, in dem vorgezogen werden kann.

Starthilfe leisten!

Von allein wachsen die Pflanzen nicht gen Himmel. Man muss etwas Starthilfe leisten und ihnen den Weg weisen, mit Klettergerüsten aus Bambus, Schnüren, Drähten oder, wie im Querbeetgarten, mithilfe eines Zauns. Steht das Klettergerüst nicht dauerhaft im Garten, tut man sich einen Gefallen, wenn man auf verrottbare Materialien wie Hanf, Jute, Kokos oder dergleichen zurückgreift. Die können dann einfach mit auf den Kompost wandern. Das üppige Wachstum der Einjährigen sorgt dafür, dass selbst das scheußlichste Gerüst hinter bunten Blüten verschwindet. Ist also vom Hausbau noch ein Baustahlgitter übrig geblieben, immer her damit! Wer möchte, kann sich auch im Flechten üben und aus Weidenruten seine eigene Kletterhilfe basteln, etwa eine Pyramide oder einen Tunnel.

Was klettert, kann auch hängen!

Wer keinen Garten, dafür aber einen Balkon hat, muss nicht auf den farbenfrohen Sommer verzichten. Auch in Kübeln und Kästen gedeihen einjährige Kletterpflanzen. Hoch hinaus müssen sie dabei nicht immer, denn was klettert, kann auch hängen! Dazu einfach auf die Rankhilfe verzichten und die Pflanzen sich selbst überlassen. Sie wachsen dann nach unten und verhüllen die Balkonbrüstung wie ein bunter Vorhang.

Wachsen macht hungrig!

Bei so enormem Wachstum ist es nicht verwunderlich, dass die Kletterpflanzen einen hohen Bedarf an Wasser und Nährstoffen haben. Pflanzt man zu dicht, kann es schnell zu Ausfällen kommen. Die eine Pflanze setzt sich schlicht gegen die andere durch. Also gebührenden Abstand einhalten und nur ähnlich wüchsige Arten kombinieren. Vor allem wenn sich alles auf engem Raum wie dem Balkonkasten abspielen soll. In Sachen Substrat wollen es die Kletterer eher leicht sauer. Auf Salz reagieren die Wurzeln empfindlich. Zwar stehen die Pflanzen nur ein Jahr im Kübel oder Kasten, strukturstabil muss das Substrat aber trotzdem sein. Hat man noch etwas Blumenerde übrig, kann man diese einfach mit ca. 30 % Blähton aufmischen und so auch normale Blumenerde zum Topfen verwenden. Die Salzempfindlichkeit macht den Verzicht auf Blaukorn notwendig. Besser ist es, 1- bis 2-mal pro Woche flüssig zu düngen, mit gängigen, ausgewogenen Mehrnährstoffdüngern. Zusätzlich kann man schon beim Pflanzen/Säen Depotdünger ins Substrat geben. Auch bei der Direktsaat ins Freiland schadet es nicht, etwas größere Pflanzlöcher auszuheben, diese mit gutem Substrat und etwas Depotdünger aufzufüllen und auch hier regelmäßig flüssig nachzudüngen.

Blütenpracht für einen Sommer verspricht die Schwarzäugige Susanne. (Foto: Tanja Küblböck)

Und der richtige Standort?

Die meisten Kletterpflanzen stammen aus tropischen Gefilden, wollen es also auch bei uns kuschelig warm und hell. Manche Arten kommen aber auch mit weniger Licht zurecht und gedeihen selbst im Halbschatten prächtig. Das Gute an der einjährigen Begrünung ist die Abwechslung. Man kann experimentieren und ausprobieren. Jedes Jahr andere Farben, andere Kombinationen und andere Standorte im Garten! So ist es nicht allzu schlimm, wenn man nicht auf Anhieb die richtige Stelle auswählt.

Sonnenkinder

- **Schwarzäugige Susanne** *(Thunbergia alata)*: gelb bis orangefarben mit schwarzem Auge oder ohne (Blütezeit: Juli bis Oktober); volle Sonne, evtl. geschützt; ggf. anbinden und in Gruppen pflanzen; ca. 2 m hoch
- **Wicken** *(Lathyrus*-Arten): weiß, rosa, rosarot, violett (Blütezeit: Juni bis September); gleichmäßig feucht halten; windgeschützt; bis 2 m
- **Zierkürbisse** *(Cucurbita pepo)*: gelb (Blütezeit: Juli-September); Fruchtschmuck im Herbst; tiefgründiger Boden; bis 5 m

Halbschatten und Schatten

- **Trichterwinden/Prunkwinden** *(Ipomoea*-Arten): blau, weiß oder rosa und nur morgens (Juni bis Oktober); wirken in Gruppen attraktiver; eher anspruchslos; geschützter Standort; ca. 3 m hoch
- **Kapuzinerkresse** *(Tropaeolum majus)*: orange, gelb, rot, Zwischentöne (Juni bis Oktober); humoser, gleichmäßig feuchter Boden; je Standort 1,5 bis 3 m
- **Glockenrebe** *(Cobaea scandens)*: erst gelblich weiß, dann blauviolett (Juli bis Oktober); durchlässiger Boden 1,5 bis 2 m

Ringelblumen – schön und nützlich!

„Zeigt morgens die Ringelblume ihr Gesicht, sie einen schönen Tag uns verspricht; doch hält sie ihr Antlitz verborgen, bereitet das Wetter dem Landmann oft Sorgen.“ – So lautet eine altbewährte Bauernregel. Die Ringelblume ist, wie in der Regel beschrieben, in der Lage, ihre Blüten bei Regen und schlechtem Wetter zu schließen und damit zu schützen.

Heilpflanze mit Tradition: die Gemeine Ringelblume *(Calendula)*. (Foto: Tanja Küblböck)

Kommt nach einem Regenschauer die Sonne wieder hervor, öffnen sich auch die Blüten der Ringelblume schnell. Ursprünglich stammt die Ringelblume wohl aus dem Mittelmeerraum, verbreitete sich aber rasch in ganz Europa. In jedem Bauerngarten hat sie ihren festen Platz. Bei vielen Völkern gilt die Ringelblume zudem als Symbol für die Unvergänglichkeit und für die Sonne, weil sie scheinbar unermüdlich neue Blüten zeigt, die aussehen wie die Sonne.

Ringelblumen gedeihen überall ...

... im Garten ebenso wie in Staudenrabatten oder im Kübel auf dem Balkon. Aussäen kann man die Ringelblume ab Mitte April im Kleingewächshaus oder auf der Fensterbank. Die Samen keimen rasch und können

Steckbrief

Ringelblume
Calendula officinalis

Familie:	Korbblütler (Asteraceae)
Herkunft:	Mittelmeerraum, heute weit verbreitet
Wuchs:	einjährige Pflanze, bis 50 cm hoch, stark verzweigt
Blütezeit:	von Juni bis in den Herbst
Standort:	sonnig, nährstoffreicher und humoser Boden
Pflege:	Sämlinge bei zu dichtem Stand vereinzeln, Jungpflanzen regelmäßig gut wässern
Vermehrung:	durch Samen, Aussaat ab April/Mai je nach Standort

nach etwa 14 Tagen in 9er-Töpfe pikiert werden, Mitte Mai kann man sie dann ins Freiland pflanzen. Auch eine Direktsaat ins Beet oder die Blumenrabatte ist möglich, dann brauchen die Pflanzen aber meist etwas länger, bis sie zur Blüte kommen. Ringelblumen mögen einen humosen und durchlässigen Boden, kommen aber auch auf fast jedem anderen Boden zurecht. Auf dem Balkon kann man die Ringelblumen mit anderen Sommerblumen oder auch mit Kräutern kombinieren. Regelmäßiges Ernten fördert die Nachblüte und verhindert, dass die Pflanze zu viel Kraft in die Samen steckt. Möchte man die Ringelblume jedoch dauerhaft im Garten ansiedeln, sollte man im Spätsommer einige Blüten stehen und die Samen ausreifen lassen. Diese fallen im Lauf des Herbst und Winters zu Boden, und im Frühjahr keimen die Pflanzen dann von alleine; die Ringelblume wandert auf diese Weise regelrecht durch den Garten.

Profitipp
Prof. Christa Habrich

Pflanze mit Heilkraft
„Ringula" nannte im Mittelalter Hildegard von Bingen die Blume und vertraute schon damals den heilenden Kräften der Pflanze. Heute sind die Inhaltsstoffe wissenschaftlich erforscht, und so setzt man die Ringelblume bei vielen Beschwerden ein. Zu ihren wertvollen Inhaltsstoffen zählen unter anderem ätherisches Öl, Cumarine, Triterpensaponine, Flavonoide, Triterpenalkohole und Carotinoide. Die Ringelblume wirkt schweiß- und harntreibend, krampfstillend, fiebersenkend, entzündungshemmend und desinfizierend. Studien haben gezeigt, dass Ringelblumen bei Verbrennungen und Geschwüren erfolgreich eingesetzt werden können. Voll erblühte Ringelblumenblüten werden für die Herstellung von verschiedenen Präparaten und Arzneien verwendet. Apotheker nennen die getrockneten und gereinigten Blüten der Ringelblume nach dem amtlichen Arzneibuch Calendulae flos.

Ringelblumensalbe

Die Blütenblätter von den Blütenköpfen abzupfen und in einen Topf geben. Für die Salbe braucht man etwa zwei bis drei Esslöffel voll Blütenblätter. Anschließend werden die Blütenblätter im Pflanzenöl erwärmt, dabei darf das Öl allerdings nicht zu heiß werden. Deshalb vorsichtig erhitzen und das Öl nur kurz aufschäumen lassen. Dann sofort die Hitze wegnehmen und die Masse über Nacht durchziehen lassen. Am nächsten Tag erwärmt man das Gemisch erneut und filtert anschließend die Pflanzenbestandteile über ein Sieb ab. Bei niedriger Hitze wird nun das Bienenwachs dazugegeben, geschmolzen und gut verrührt. Dann muss man die Salbe nur noch in kleine Tiegel oder Töpfe abfüllen und vollständig abkühlen lassen.
Die Salbe kann bei trockener und rissiger Haut besonders an den Händen lindernd wirken, sowie auch bei oberflächlichen Verletzungen, bei leichten Quetschungen und Ausschlägen und auch bei leichten Brandwunden. Bei schwereren Verletzungen und schlecht heilenden Wunden sollte ein Arzt konsultiert werden. Von Selbstheilungsversuchen wird dringend abgeraten!

Zutaten

- 1 Handvoll frische Ringelblumenblüten
- 200 ml Olivenöl (es geht auch Sonnenblumenöl)
- 40 g reines Bienenwachs

Ringelblumen-Ölauszug

Der Ölauszug lässt sich sehr leicht herstellen. Man nimmt die abgezupften Ringelblumenblüten und gibt sie in ein Gefäß. Anschließend wird das Olivenöl über die Blüten gegossen. Ringelblumen in dem Olivenöl einlegen und an einem warmen Ort für ca. drei Wochen ruhen lassen. Danach einfach abfiltern und fertig ist ein Ringelblumen-Ölauszug. Wie die Salbe wirkt auch der Ringelblumen-Ölauszug schmerzlindernd, entzündungshemmend und leicht antibakteriell.

Zutaten

- 10 g Ringelblumenblüten
- 200 g Olivenöl

Farben vom Wegesrand

Ein Frühlingsspaziergang durch die Natur macht Lust auf Entdeckungen. Hier ein Veilchen, dort ein Löwenzahn und oben die zartgrünen Blätter der Bäume – monatelang musste man auf diesen Anblick warten. Die anregenden Farben, die die Natur jetzt zeigt, kann man mit nach Hause nehmen und damit z. B. Grußkarten und Bilder gestalten. Kinder ab vier Jahren kreieren solche Kunstwerke mit Naturmaterialien meist selbstvergessen, ruhig und sehr konzentriert. Denn neben den Farben kann man den Duft der Pflanzen erleben und die Konsistenz der Pflanzenbestandteile erspüren.

Farbpalette der Natur

Doch erst einmal heißt es Augen auf, und los geht die Schatzsuche. Erschnuppert die Nase einen süßen Geruch, ist meist das Duftveilchen nicht weit entfernt. Die kräftig violetten Blüten bringen einen schönen Blauton aufs Papier, fünf bis zehn Blüten sollte man einsammeln. Das Gewitterblümchen, auch Ehrenpreis genannt, ergibt ein zartes Blaulila. Das Sammeln der 5 bis 10 mm großen Blüten ist zwar aufwendig, lohnt sich aber. Kinder verwenden den Farbton gern zum Malen des Himmels.
Mit den gelben Blüten von Löwenzahn und Huflattich malen Kinder besonders gern Sonnenstrahlen aufs Papier, denn sowohl Farbe als auch Form der Blüten erinnern an die Sonne. Eine Handvoll Blüten dürfen hier mit in den Korb, denn meist gibt es diese Pflanzen im Überfluss. Gänseblümchen eignen sich ebenfalls fürs Malen, das Farbergebnis variiert je nach Sorte. Besonders intensiv sind die gefüllten, dunkelroten Gänseblümchen. Auch die rosaroten Blüten der Taubnessel sollte man mit einsammeln, denn auch sie lassen sich gut aufs Papier bringen. Die Farbe Grün bekommt man im Frühling in jeder Schattierung, hier sollte man einfach ganz verschiedene Pflanzen sammeln, die einem begegnen. Das ist zugleich eine gute Gelegenheit, die Pflanzenkenntnisse zu schulen.

Kräftige Farben aus Blüten bringen nicht nur Kinder zum Staunen.
(Foto: Sabrina Werner)

Pinsel braucht man keinen ...

... denn „gemalt“ wird direkt mit den Blüten. Man nimmt diese fest zwischen die Finger und verreibt sie auf dem Papier. Dabei lösen sich die Farbstoffe mit dem Pflanzensaft aus den Blüten. Als Papier eignet sich besonders eierschalenfarbener Tonkarton in einer Stärke von 250 bis 300 g. Zu dünnes Papier sollte man nicht verwenden, denn es weicht zu schnell durch und bekommt dann beim Zerreiben der Blüten Löcher. Schöne Motive für solche Bilder sind Ostereier, Nester und Landschaften – der Fantasie sind jedoch keine Grenzen gesetzt. Ist das Bild fertig, sollte man es gut durchtrocknen lassen, anschließend kann man es in einem Fotorahmen aufhängen.

Ehrenpreis: Ein Unkraut als Heilpflanze

Jeder kennt es, dieses niedrig wachsende Kraut mit den niedlichen Blüten in verschiedenen Blautönen, die vom Blütenaufbau her ans Vergissmeinnicht erinnern. Man sieht es am Waldessaum, an Wegrändern und manchmal auch in Mauerritzen. Es ist der Echte oder Wald-Ehrenpreis, *Veronica officinalis.* Mancherorts kennt man *Veronica officinalis* als „Bauernhungerblumenkraut", „Grundheilkraut", „Grindheil", „Heil aller Schäden" oder „Steh' auf und geh' weg".

Es lohnt sich, die fein gezeichneten Blüten des Ehrenpreises einmal aus der Nähe anzuschauen. (Foto: Bernd Nitsche)

Artenreiche Gattung

Über 30 verschiedene Arten von *Veronica* sind bekannt. Gerade einmal 10 bis 15 cm hoch wächst der Acker-Ehrenpreis. Aber auch nur zur Blütezeit, wenn seine Stiele sich in die Höhe schieben. Das restliche Jahr kriecht er vor sich hin, wächst bodendeckend und schafft es durch seine Ausläufer sich stark auszubreiten. Den Echten Ehrenpreis kann man leicht vom Acker-Ehrenpreis *(Veronica agrestis)* unterscheiden: Letzterer kriecht, der Echte Ehrenpreis wächst straff aufrecht und treibt auch aus den Blattachseln Blüten. Bewusst wird oft der Garten-Ehrenpreis in unsere Gärten gepflanzt, *Veronica longifolia,* eine große, langlebige Staude, die erst auf den zweiten Blick ihre Verwandtschaftsverhältnisse preisgibt. In Gärten fühlt er sich an sonnigen Standorten wohl, der Boden sollte nährstoffreich und durchlässig sein. In voller Blüte ist *Veronica longifolia* eine wahre Insektenweide.

Stille Wasser sind tief!

„Allerweltsheil" nannte man den Echten Ehrenpreis im Mittelalter. Schon damals wusste man um die Heilwirkung der Pflanze. Und auch der wissenschaftliche Artname *officinalis* deutet darauf hin. Äußerlich angewendet soll der Wald-Ehrenpreis Juckreiz lindern, in Form von Tee soll er unseren Stoffwechsel ankurbeln. Man sagt ihm eine schweiß- und harntreibende, gleichzeitig aber auch eine schleimlösende Wirkung nach. Er findet unter anderem Anwendung bei Erkältungen, Durchfall, Appetitlosigkeit, Gicht, Rheuma oder Neurodermitis.

Profitipp
Prof. Christa Habrich

Ehrenpreis sammeln
Zur volksmedizinisch traditionellen Anwendung wird stets das blühende Kraut gesammelt. Es enthält unter anderem Aucubin, Flavonoide, Bitter- und Gerbstoffe, Kaffeesäure, Triterpensaponin-Derivate. Sammeln kann man *Veronica officinalis* von Juni bis September.

Steckbrief

Echter Ehrenpreis
Veronica officinalis

Familie:	Braunwurzgewächse (Scrophulariaceae)
Herkunft:	Europa, Vorderasien, Amerika
Wuchs:	bis 20 cm hoch, bildet Bodenausläufer
Blüte:	Blautöne, vierzählig, ab Mai
Standort:	Halbschatten, Waldsaum und Wegrand
Vermehrung:	Ausläufer, Samen
Pflege:	Wildpflanze, keine Pflege

Schachbrettblume – *Fritillaria meleagris*

Dem charakteristischen Muster der Blüten verdankt die Schachbrettblume ihren Namen. (Foto: Julia Schade)

Gewöhnliche Schachbrettblume

Steckbrief

Fritillaria meleagris

Familie:	Liliengewächse (Liliaceae)
Herkunft:	Europa, Kaukasus
Wuchs:	eintriebige Zwiebelpflanze, 15–30 cm hoch, das Blatt zieht bald nach der Blüte ein
Blüte:	April bis Mai, purpurrosa und mit weißem Schachbrettmuster, gelbe Staubblätter
Standort:	licht- bis halbschattig, feuchter Lehmboden, Feuchtwiesen
Pflege:	gelegentliche Humusgaben, keine Bodenarbeiten im Bereich der Pflanzen
Vermehrung:	Brutzwiebeln, Selbstaussaat

Fritillaria meleagris, die Schachbrettblume, zeigt ihre charakteristischen Blüten von April bis Mai. Das bis zu 30 cm hohe Zwiebelgewächs kommt in großen Gruppen am besten zur Geltung, denn jedes Exemplar bildet meist nur eine Blüte, die gerade einmal fünf Tage hält.

Wiesen aus Fritillaria

Fritillaria meleagris überdauert mit haselnussgroßen Zwiebeln im Boden, die man von Ende August bis November pflanzen kann. Vor dem Pflanzen die Zwiebeln kurz ins Wasser legen und dann 10 cm tief in einem Abstand von 5 cm einsetzen. Für ein gutes Anwachsen kann man Sand in das Pflanzloch geben und darauf die Zwiebel betten. Das Loch anschließend locker verschließen und gut angießen. Die Schachbrettblume benötigt einen feuchten, nährstoffreichen Standort und kommt mit konkurrenzstarken Begleitpflanzen nur schlecht zurecht. An ihr zusagenden Wiesenstandorten kann die Schachbrettblume allerdings verwildern – entweder durch Brutzwiebeln oder durch Samen. Das aber nur, wenn man die Wiese erst nach der Samenreife der Pflanzen Ende Juni mäht. So kann die Schachbrettblume zudem Nährstoffe aus den Blättern in die Zwiebel ziehen, um im folgenden Jahr wieder austreiben zu können.

Heimisch, aber selten

Die Schachbrettblume gedeiht in Deutschland in der Natur auf Feuchtwiesen. Da diese Standorte aber immer seltener werden, verschwindet so auch die Schachbrettblume. Sie steht daher auf der Roten Liste der gefährdeten Arten. Im Garten darf man deshalb nur gezüchtete Schachbrettblumen pflanzen.

Vorsicht, giftig!

Die Schachbrettblume ist in allen Pflanzenteilen giftig. Vor allem in der Zwiebel kommt das als Herzgift bekannte Alkaloid Imperialin vor.

Sorten

- **'Aphrodite'**: reinweiß
- **'Emperor'**: grau-violett gescheckt
- **'Alba'**: reinweiß

Blütenpracht im Zimmer – Indische Azaleen

Zimmerazaleen bevorzugen einen kühlen und hellen Platz in der Wohnung.
(Foto: Marion Heinz)

Die Azalee *(Rhododendron simsii)* gedeiht am besten an einem hellen Platz ohne direkte Sonneneinstrahlung. Um Blütenknospen zu bilden, braucht die Pflanze Temperaturen von 5 bis 12 °C. Mit Beginn der Blüte verträgt sie höhere Temperaturen, über 18 °C sollte das Thermometer aber nicht steigen. Allgemein gilt für *Rhododendron simsii,* dass die Blüten an kühleren Plätzen länger halten, bei einigen Sorten kann das bis zu zwei Monate der Fall sein. Die blütenlose Zeit im Sommer kann die Indische Azalee auf Balkon und Terrasse verbringen, im lichten, geschützten Schatten ohne direkte Sonneneinstrahlung und mit guter Luftbewegung.

Wässern und düngen mit Augenmaß

Als Heidekrautgewächs ist *Rhododendron simsii* empfindlich gegen Kalk, er benötigt ein saures Substrat. Der ideale pH-Wert liegt zwischen 3,5 und 4,5. Zum Gießen verwendet man weiches Wasser, wenn möglich Regenwasser. Auch wenn die Indische Azalee einen gleichmäßig feuchten Ballen benötigt, Staunässe verträgt die Pflanze überhaupt nicht, die Wurzeln würden faulen. Verwendet man einen Übertopf, kann man dessen Boden mit Blähton füllen und die Pflanze daraufstellen. So stehen die Wurzeln nicht direkt im Wasser und die Luftfeuchte um die Pflanze erhöht sich.

Hat man das Gießen einmal vergessen, taucht man den kompletten Wurzelballen so lange in Regenwasser, bis keine Luftbläschen mehr aufsteigen. Die Luftfeuchte sollte für die Azaleen über 50 % liegen. Bei zu trockener Luft können Knospen und Blätter abfallen. Während des Wachstums düngt man alle zwei bis drei Wochen mit einem speziellen Rhododendrondünger, in der Blütezeit allerdings nicht. Nach der Blüte gönnt man der Pflanze eine mehrwöchige Ruhepause, ohne Dünger und mit nur gelegentlichen Wassergaben. Das fördert den Knospenansatz. Sind die Knospen zu sehen, stellt man die Pflanzen kühler und düngt und gießt wieder.
Verblühtes knipst man regelmäßig ab, um Fäulnis zu verhindern. Kurz bevor die Pflanze für den Sommer ins Freie kommt, entfernt man zudem alle Samenstände. So kann die Pflanze ihre ganze Kraft ins Wachstum stecken.

Indische Azalee

Rhododendron simsii

Steckbrief

Familie:	Heidekrautgewächse (Ericaceae)
Herkunft:	China und Taiwan
Wuchs:	immergrüner Strauch, bis 45 cm hoch
Blüte:	je nach Sorte von August bis April, Weiß-, Rot- und Rosatöne bis Violett
Standort:	hell, ohne direkte Sonne, während der Blüte nicht umstellen
Pflege:	alle 1–2 Jahre nach der Blüte umtopfen
Vermehrung:	Kopfstecklinge

Frühsommer

Was jetzt zu tun ist

Gut für alle

- Gründünger auf offen liegende Beete aussäen: *Phacelia*, Raps, Klee, Tagetes
- Pflanzen auf Schädlinge und Pilzbefall kontrollieren
- Vermehrung: Stecklinge, Absenker von Gehölzen jetzt schneiden/bewurzeln

Obst und Gemüse

- Zeit zum Säen: Pflück- und Eissalat, Winterporree, Kerbel, Rote Bete, Erbsen und Bohnen
- Ins Freiland pflanzen: Wärme liebendes Gemüse (Paprika, Aubergine); Rosenkohl, Grünkohl
- Tomaten im Gewächshaus ständig ausgeizen
- Spaliergehölze in Form bringen
- Beerenobst düngen mit Kompost und Hornspänen
- Rhabarberblüten entfernen
- Rhabarber und Spargel nur bis Johanni (24.06.) ernten
- Obstgehölze: Wasserschosser entfernen, Sommerschnitt

Fürs Auge

- Rosen, Stauden und Sträucher düngen
- Abgeblühte Tulpen düngen für neue Zwiebelbildung
- Staudenpflege: welke Blätter entfernen, mehrmals blühende Pflanzen zurückschneiden
- Bei bedecktem Himmel Buchs in Form schneiden
- Sommerblumen regelmäßig ausputzen
- Blütengehölze: Abgeblühtes entfernen

Ernte

- Aus der Natur: Holunderblüten, Brennnessel, Sauerampfer, Wegwarte, Sauerklee
- aus dem Garten: Erdbeeren, Salat, Kräuter, Kirschen, Rosenblüten, Taglilien

Der Garten im Frühsommer

Holunder und Robinie blühen und der Mohn streut rote Tupfer in die Felder des reifenden Getreides. Der Frühsommer ist da. Die Tage werden länger und laue Nächte stehen bevor. Zeit, den Garten einfach mal nur zu genießen. Salate und Joghurt lassen sich beispielsweise mit den Blüten der Lakritz-Tagetes würzen, Cocktails kann man mit zitronig duftenden Blüten der Feinblatt-Studentenblume garnieren. Wenn an heißen Tagen der Weg ins Schwimmbad oder zum nächsten See zu weit sind, schafft eine Gartendusche Abkühlung. Diese selbst zu bauen ist keine Hexerei. Um die bevorstehende Obsternte zu sichern, kann man die gesamte Anbaufläche bis zum Herbst alle zwei bis drei Wochen mit einer Brühe aus Schachtelhalm besprühen. Das stärkt die Pflanzen im Kampf gegen Schädlinge und Pilze. Hat man einen harten Tag im Garten hinter sich, lockert ein Wärmekissen die verspannten Muskeln. Füllen kann man ein solches Kissen beispielsweise mit den Kernen der ersten reifen Süßkirschen, die das Ende des Frühsommers einläuten.

Mit einem Klein(en)garten gut versorgt

von Angelika Feiner
für den Landesverband
Bayerischer Kleingärtner e.V.

Traum vieler Menschen: das kleine Paradies im Grünen. (Foto: Archiv LBK)

Zitronenmelisse und Rosmarin duften, Kohlrabi und Radieschen sind knackig, die Tomaten sonnengereift und die Erdbeeren schmecken süß und saftig – so lieben wir Gemüse, Obst und Kräuter. Vor allem, wenn sie genügend Zeit zum Wachsen und Reifen hatten, entfalten sie ihren Geschmack und ihre gesunden Inhaltsstoffe. Unter diesen Voraussetzungen und bei sorgfältiger Pflege erhalten wir Produkte höchster Qualität aus dem eigenen Garten, die bedenkenlos frisch verzehrt werden können – und ohne dass sie lange transportiert werden müssen. Wir Garteneigner besitzen damit ein wertvolles Gut! Auf dem Land und in der Stadt dürfen wir im Freien unserem Hobby frönen und die Jahreszeiten hautnah miterleben. Daneben versorgt uns der Garten das ganze Jahr über mit frischen, naturbelassenen Lebensmitteln.

Das Gartenjahr beginnt

Geht es Ihnen nicht auch so? Nach den langen Wintermonaten freuen Sie sich über das erste Grün aus dem Garten und schwärmen von den knackigen Radieschen und Rettichen. Dazu gesellt sich im Frühling und Frühsommer frischer Kohlrabi, Feldsalat, Spinat und Bärlauch. Im Sommer schöpfen Sie aus dem Vollen mit Salat, Erbsen, Zucchini, Gurken, Tomaten, Bohnen, Mangold, Fenchel, Paprika, Spitzkohl, Blumenkohl, Brokkoli, Fenchel und vielem mehr. Im Obstgarten stehen Johannisbeeren, Stachelbeeren, Jostabeeren, Kirschen und die ersten Sommeräpfel zur Ernte bereit.
Dann der Herbst: Nun ist die Haupterntezeit im Garten: Wir ernten Feldsalat, Spinat, Kürbisse, Tomaten, Weißkraut, Rotkohl, Lauch, Rote Bete, Äpfel, Birnen und Zwetschgen. Im Winter wird nur noch Weniges in unseren Klein(en)gärten geerntet, wie beispielsweise Lauch, Rosenkohl, Grünkohl und Feldsalat. Dafür stehen uns bei geschickter Vorratshaltung eine große Menge an gelagertem und tiefgefrorenem Obst und Gemüse für die Winterzeit zur Verfügung: Chicoree, Zuckerhut, Endiviensalat, Rosenkohl, Grünkohl, Porree, Zwiebeln, Kürbis, Möhren, Rote Bete, Winterrettich, Knollensellerie, Pastinaken, Schwarzwurzeln, Weißkraut, Blaukraut, Äpfel, Birnen und Kartoffeln.

Qualität, die überzeugt

Sicherlich werden Sie zustimmen: Tomaten, Gurken & Co. aus dem eigenen Klein(en)garten schmecken einfach besser als die gekaufte Ware. Mag es nun an der Sorte, an der Frische oder an der intensiven Zuwendung beim Anbau liegen, die Gründe sind vielfältig. Und doch stellt sich

so mancher die Frage: Rentiert sich ein Klein(er)garten überhaupt? Im Supermarkt gibt es das ganze Jahr über Obst und Gemüse billig zu kaufen. Wenn man einiges beachtet, dann ist die eigene Ernte aber günstiger. Ein Grundsatz ist, nur Obst und Gemüse anzubauen, das wirklich gern verzehrt wird. Ein zweiter ist, reifes Obst und Gemüse zu verzehren oder zu verwerten. Landet ein Zuviel an Gemüse und Obst auf dem Komposthaufen, ist die eigene Produktion dann tatsächlich teurer, als wenn man sie in geringen Mengen im Supermarkt kaufen würde.
Die folgenden Beispiele zeigen, dass sich der Eigenanbau immer noch rentiert, vorausgesetzt, Sie lieben Ihren Garten und die Gartenarbeit.

Salat im Eigenbau

Salat wird meistens ab Mitte März bis in den Herbst gesät, gepflanzt und geerntet. Um auf Pflanzenschutzmittel verzichten zu können und somit auch Geld zu sparen, sollten Sie von vornherein Sorten auswählen, die resistent sind. Resistente Sorten sind widerstandsfähig gegen diverse Krankheiten und Schädlinge. Eine bewährte Sorte ist beispielsweise der Kraussalat 'Smile', ein blattlausresistenter Salat, der zudem Resistenzen gegen den Falschen Mehltau aufweist. Diesen Salat kann man sowohl als Kopfsalat oder den ganzen Sommer über als Pflücksalat ernten. Eine Portionstüte mit 120 Samen kostet ca. 2,90 €. Aber auch viele andere Sorten bereichern den Gemüsegarten des Kleingärtners. Neben der Läuseresistenz sollte man für den Sommeranbau schossfeste Salatsorten bevorzugen, wie beispielsweise die läuseresistenten Kopfsalatsorten 'Monique', 'Gisela' und 'Veronique' oder die Eissalatsorten 'Barcelona', 'Fortunas' und 'Elenas'.

Aussaat

Für die Aussaat empfiehlt sich gekaufte Aussaaterde. In dieser Erde kann der Samen erfolgreich keimen. Aussaaterde kostet je nach Qualität ca. 0,40 € pro Liter. Für die Anzucht von 20 Salatköpfen werden ca. 4 Liter Aussaaterde benötigt.
Um hohe Kosten zu vermeiden, können bei der Aussaat gebrauchte Schalen, Töpfe usw. verwendet werden. Nach dem Auflaufen werden die Keimlinge sehr tief pikiert, und zwar bis zu den Keimblättern; ein Einkürzen der Wurzeln ist nicht nötig.

Pflanzung ins Freiland

Sind die Jungpflanzen kräftig entwickelt und besitzen etwa vier bis sechs Blätter, werden diese ins Freie gepflanzt. Auf einen Quadratmeter rechnet man zehn bis zwölf Pflanzen; mit Beginn Anfang März bis Ende August wird alle zwei Wochen ausgepflanzt. Setzen Sie Ihre Salatjungpflanzen so, dass der Erdballen nur bis zur Hälfte in der Erde ist, denn Salat möchte im Winde wehen. Das schützt die Pflanzen vor einen Befall mit Pilzkrankheiten wie Grauschimmelfäule (Botrytis). Bei einer zeitigen Pflanzung kann die Verwendung eines Frostschutzvlieses notwendig werden. Ein Frostschutzvlies kostet im Gartencenter ca. 0,50 €/m²; es leistet viele Jahre wertvolle Dienste.

Salat aus dem eigenen Frühbeet hilft Geld sparen. (Foto: Sabrina Werner)

Weitere Arbeiten

Um fachgerecht zu düngen, sollte alle drei bis vier Jahre durch eine Bodenprobe die Nährstoffsituation geprüft werden. Die Düngung erfolgt dann nach den Ergebnissen dieser Bodenuntersuchung. Dabei entstehen beim Anbau von Salat oftmals keine oder nur geringe Kosten, da sich die meisten Sommersalate im Übergangsbereich von Schwach- zu Mittelzehrern befinden.
Die Unkrautbekämpfung im Klein(en)garten erfolgt meistens mechanisch; Schnecken werden in der Regel mit der Hand abgesammelt. Vergleicht man den Anbau im eigenen Garten mit dem Erwerbsgartenanbau, muss man feststellen, dass die konventionellen Erwerbsgärtner Pflanzenschutzmittelspritzungen gegen verschiedene Krankheiten und Schädlinge einkalkulieren. Arbeitsintensiv ist die Ernte von Kopfsalat per Hand. Salatköpfe müssen, wenn sie für den Handel bestimmt sind, sofort in kostenintensive Kühlräume gebracht werden. Zum Teil müssen sie aus hygienischen Gründen in Folien eingepackt werden. Diese Kosten entstehen beim Anbau im Kleingarten nicht.
Wer die Gartenarbeit als Hobby liebt, sieht das Absammeln von Schnecken, das Unkraut jäten sowie das Bewässern nicht als Arbeit, sondern als eine ausgleichende, sinnvolle Tätigkeit an. Und das Beste dabei: Wir ernten gesundes Grün.
Schließlich kommt bei dieser Anbauweise ein Salatkopf auf ungefähr 0,20 € Materialeinsatzkosten ohne Arbeitskosten. Nun stellt sich die Frage, die jeder Leser selbst beantworten muss: Bekommt man Obst und Gemüse in dieser Frische und Qualität zu diesem Preis im Supermarkt?

Das filigrane Laub der Möhren hat auch dekorativen Wert. (Foto: Sabrina Werner)

Lohnen sich Möhren?

Wie sieht der Anbau von Möhren aus? Im Erwerbsgartenbau erfordert der Anbau von Möhren eine teure Anbaumechanisierung und Aufbereitungstechnik. Möhrensamen werden von März bis Juni mit Einzelkornsägeräten ausgebracht, dabei werden 150 bis 200 Pflanzen pro Quadratmeter angestrebt. Sehr zeitaufwendig ist die Unkrautbekämpfung, da sie wie im Kleingarten per Hand erfolgt und somit hohe Lohnkosten nötig macht. Geerntet werden die Möhren von Juni bis November. Dabei werden Schwingsieb- oder Siebketten-Roder eingesetzt. Neben der Ernte verursacht auch die Aufbereitung für den Handel hohe Kosten, die im Kleingarten nicht anfallen. So müssen Beimengungen abgetrennt werden, die Möhren nach Größe und Qualität sortiert, gewaschen, gewogen und handelsüblich abgepackt werden. Für das Aufbereiten von Möhren ohne Laub stehen Sortier- und Waschstraßen mit Transport- und Verlesebändern, Sortiermaschine, Abfüllgeräte, Wiegeeinrichtungen und Verpackungsanlagen zur Verfügung.

Qual der Wahl

Wie sieht das nun im Vergleich im Kleingarten aus? Die Auswahl an Sorten ist riesengroß – von sehr frühen Sorten wie ' Zian F1', 'Cabana F1' über 'Ingot F1' und 'Flyaway' bis hin zu späten Sorten wie 'Monanta' oder 'Krakow'. Aufgrund ihrer geringen Keimansprüche können Möhren ab März in tiefgründige, leichte Böden gesät werden. Wenige Plusgrade und die Winterfeuchte genügen, um die Keimung in Gang zu bringen. Sind die Jungpflanzen ca. 5 cm hoch, werden die Reihen ausgedünnt, sodass sich die Möhren gut entwickeln können. Auch in diesem Fall werden die Möhren nach den Ergebnissen der Bodenprobe gedüngt. Möhren sind Mittelzehrer und benötigen die Düngergaben vor allem in der zweiten

Möhren aus eigenem Saatgut anzuziehen ist kinderleicht. (Foto: Sabrina Werner)

Hälfte der Kulturdauer. Das Unkraut muss von Hand gejätet werden und bei Trockenheit wird häufig gegossen. Sind die Möhren nach ca. 16 Wochen erntereif, nimmt man sie mit dem Spaten vorsichtig heraus, je nach Bedarf einige wenige oder aber alle und ob groß oder klein, und verarbeitet sie am liebsten gleich nach der Ernte oder lagert sie im Spätherbst in Erdmieten ein. Die Kosten für das Saatgut betragen ca. 2,90 € für ca. 130 Samenkörner, hinzu kommen Düngemittel und ein Insektenschutznetz gegen die Möhrenfliege, das mit ca. 1,70 €/m^2 zu Buche schlägt, aber viele Jahre wertvolle Dienste leistet. Das Insektenschutznetz kann in den kommenden Jahren Kohlgewächse vor Schäden durch Kohlfliegen und den Lauch vor Befall mit der Lauchmotte schützen. Ein Kilo geerntete naturbelassene Möhren kostet somit ca. 0,60 €, auch hier wird Geld gespart.

Eigenes Saatgut hilft Kosten senken

Dass sich ein Klein(er)garten rentiert und man damit Geld sparen kann, berichtet auch Valentina Beller, Kleingärtnerin im Stadtverband der Kleingärtner Amberg e.V. Während die meisten Freizeitgärtner Saatgut gewöhnlich einfach kaufen, vermehrt sie ihr Saatgut selbst. So entstehen ihr keine Kosten für den jährlichen Bedarf an Saatgut. Ob Rote Bete, Gurken, Paprika, Kürbis, Mangold, Gelbe Rüben, Sellerie, Zucchini, Porree oder Radieschen – alle Samen werden von Valentina Beller selbst vermehrt, auch ihre geliebten Tomatenpflanzen. Aus Russland hat Valentina Beller 42 Tomatensorten mit nach Deutschland gebracht, von denen nach vielen Jahren immer noch 23 übrig geblieben sind. Aus dieser Auswahl werden jedes Jahr fünf Sorten angebaut, die anderen müssen warten. ‘Gigant’, ‘De Barao’, ‘Bärentatze’, ‘Kaki’, ‘Stierherz’, ‘Hildares’, ‘Zitronengigant’, ‘Mobil’, ‘Solaris’ oder ‘Marchotskaja Dolde’ (mit ihren 20 eigroßen Tomatenfrüchten pro Dolde) heißen die Tomatensorten, die sorgfältig beschriftet in einfachen Papiertüten aufbewahrt werden. Eines ist allen Samen gemeinsam: Sie sind sortenrein und können zur Vermehrung verwendet werden. Im Gegensatz dazu können die oftmals im Handel erhältlichen F1-Hybriden nicht zur Vermehrung verwendet werden.

Samen aufbewahren

Von den reifen Tomaten wählt Valentina Beller jeweils eine Frucht pro Pflanze aus und bewahrt die Samen für die kommenden Jahre auf. Eine Vermischung der Sorten kommt nach ihrer Aussage in der Regel nicht zustande. Auch von den Zucchinipflanzen entnimmt sie im Herbst eine Frucht, die sie über den Winter im Zimmer aufbewahrt und deren Samen sie im nächsten Jahr verwendet. Interessant und relativ leicht ist die Vermehrung von Möhren, Pastinaken und Rote Bete. Gelbe Rüben, Pastinaken und Rote Bete lagert Frau Beller im Sand. Sobald die Erde im Februar aufgetaut ist, pflanzt Valentina Beller zwei solcher überwinterter Gelber Rüben aus und lässt sie blühen. Nur zwei Blütenstängel dürfen an der

QUER BEET

Pflanze bleiben und ihre Samen entwickeln. Auf die gleiche Art und Weise werden auch Pastinaken und Rote Bete vermehrt. Die reifen Samen werden wie gehabt in kleinen Papiertütchen aufbewahrt.

Obst und Gemüse haltbar machen

Ein weiterer wichtiger Aspekt, um mit einem Klein(en)Garten Geld zu sparen, ist das Haltbarmachen von Obst und Gemüse. Was Valentina Beller nicht sofort selbst verzehren kann oder direkt verschenkt, wird für die Herbst- und Wintermonate konserviert. Beispielsweise kann Valentina Beller von ihren 15 Gurkenpflanzen so viele Früchte ernten, dass sie sechs 10 l-Eimer Gurken einmachen kann – und zwar milchsauer vergoren. Wie das geht? Zunächst werden die geernteten Einlegegurken gewaschen und zwei bis drei Stunden in kaltes Wasser gelegt. Dann füllt man einen Tonbehälter abwechselnd mit Gurken und einer Kräutermischung aus Meerrettichwurzeln, Meerrettichblättern, Knoblauch, Blättern der Schwarzen Johannisbeere und Dill. Nun füllt man den vollen Tonbehälter mit Salzwasser auf, wobei 500 g Salz auf 10 l Wasser gegeben werden. Die letzte Schicht bilden Meerrettichblätter oder alternativ Weißkrautblätter, zum Schluss streut man Senfpulver darüber. Die Gurken müssen nun vollständig mit Wasser bedeckt sein. Nach einer Woche kann man die ersten Gurken verzehren, haltbar sind sie aber über viele Monate.

Auch Tomaten lassen sich mit wenig Aufwand konservieren. (Foto: Sabrina Werner)

Mehr Tipps aus der Praxis

Auch die Tomaten schmecken vorzüglich und werden auf ähnliche Weise haltbar gemacht. Mehr als zehn 5-l-Gläser mit reifen Tomaten hat Frau Beller eingelegt. Als Gewürze dienen in diesem Fall klein geschnittene Meerrettichwurzeln, Knoblauchzehen und Blätter von der Sauerkirsche. Die Salzlösung ist in diesem Fall konzentrierter, nämlich 600 g Salz auf 10 l Wasser. Auch hier dient das Bestreuen mit Senfmehl zur Vorbeugung vor Schimmelpilzbildung. Nach acht Wochen können die ersten leckeren eingelegten Tomaten verzehrt werden. Haltbar sind sie einige Monate lang.

Ideale Bedingungen für die Lagerung von Gemüse bietet der kühle Keller.
(Foto: Sabrina Werner)

Erdmiete

Aber nicht nur milchsauer vergorene Sommerfrüchte stehen in den Wintermonaten zur Verfügung. Valentina Beller schlägt Spätgemüse wie Gelbe Rüben, Rote Bete und Schwarzen Winterrettich im Herbst in Sand ein und kann diese so den ganzen Winter über entnehmen und verwenden. Falls Sie einen Frühbeetkasten oder ein unbeheiztes Gewächshaus besitzen, heben Sie die Erde ca. zwei Spaten tief aus dem Kasten heraus. Die Größe der Erdmiete ist abhängig von der Menge, die Sie einlagern wollen. Nun bringen Sie zum Schutz vor Mäusen ein engmaschiges Drahtgeflecht aus. Nach einer Schicht aus Stroh und Erde oder Sand füllt man das nicht gewaschene Wurzelgemüse lagenweise in die Erdmiete ein und umhüllt jede Schicht mit etwas Stroh und Erde oder Sand. Zum Schluss schließt man das Drahtgeflecht und deckt mit Stroh und Erde ab. Die Öffnung sollten Sie markieren, damit Sie sie wiederfinden.

Tipp: Waschmaschine

Haben Sie eine alte, unbrauchbare Waschmaschine? Eine alte Waschmaschinentrommel eignet sich ebenso gut zum Lagern von Wurzelgemüse. Graben Sie die Waschmaschinentrommel im Gemüsebeet ein und verfahren Sie wie oben beschrieben, indem Sie abwechselnd Sand – Wurzelgemüse – Sand usw. einfüllen. Die letzte Schicht muss aus Sand bestehen. Wussten Sie, dass Sie einige Blattgemüse wie Chinakohl, Endivien, Radicchio, Weißkohl, Wirsingkohl oder Lauch einige Wochen auch in Kisten an einem dunklen, kühlen, aber trockenen Ort lagern können.
Was Valentina Beller im Supermarkt oder auf dem Bauernmarkt zukauft, sind hauptsächlich Fleisch, Kartoffeln, Kaffee, Milch, Zucker, Mehl, Eier, saure Sahne und Quark. Gekocht wird, was der Kleingarten liefert: Zudem achtet sie auf eine preiswerte Zubereitung. Gemüse und Obst sind die Hauptbestandteile der Rezepte.

Mulchen hilft sparen

Ihren Garten bewirtschaftet Frau Beller nach naturnahen Aspekten, und auch dabei lässt sich einiges an Geld sparen: Ihr Augenmerk liegt unter anderem auf dem Mulchen der Gemüsebeete. Das liefert Nährstoffe und hält den Boden feucht und krümelig. So reicht das Regenwasser, das gesammelt wird, für die Bewässerung von Gurken und Tomaten aus. Als Düngemittel verwendet sie neben dem eigenen Kompost Branntkalk, Thomasmehl und Hornspäne, die zugekauft werden müssen. Pflanzenschutzmittel finden in ihrem Klein(en)garten keine Verwendung, und somit entstehen hierfür auch keine weiteren Kosten.
Probieren Sie es selbst aus: Gehen Sie ihrem Hobby nach und sparen Sie dabei noch Geld! Bauen Sie Obst und Gemüse in Hülle und Fülle an und freuen sich über gesunde Nahrungsmittel mit dem Prädikat „Herkunft bekannt“. Und ein Tipp zuletzt: Verschenken Sie doch das nächste Mal anstelle eines gekauften Blumenstraußes Blumen aus Ihrem Garten! Auch selbst gemachte Gelees, Liköre, Weine und Marmeladen sind willkommene Geschenke und liegen voll im Trend.

Die Gartendusche – ideale Abkühlung für den Sommer

Eine Dusche im Garten sorgt für Erfrischung an heißen Sommertragen. (Foto: Bernd Nitsche)

An heißen Sommertagen ist nichts so willkommen wie eine Abkühlung. Nur, manchmal ist der See einfach zu weit weg oder das Schwimmbad schlichtweg zu überfüllt. Geld und Platz für einen Pool hat auch nicht jeder. Die Lösung: eine Gartendusche!

Nicht einfach drauflospflastern!

Erst mal heißt es buddeln und eine ca. 80 cm tiefe Grube ausheben. Die schüttet man dann gleich wieder zur Hälfte zu, mit Rollkies in der Körnung 16/32. Der Rollkies dient später als Dränage. Durch ihn kann das Wasser gut abfließen und das Duschbecken wird nicht unterspült. Auf den planierten Rollkies anschließend 5 cm dick erdfeuchten Estrichbeton schichten. Zunächst aber nur dort, wo später die Palisaden für die Umrandung sitzen sollen.

Der Rahmen

35 cm lange Palisaden säumen das Becken unserer Gartendusche. Dieses Maß entspricht in etwa der späteren Tiefe des Beckens. Die Palisaden stehen 15 bis 20 cm vom Rand der ausgehobenen Grube entfernt. So kann man sie besser hinterfüttern. Also beim Ausheben daran denken, die Grube breiter und länger zu machen, als es das tatsächliche Becken später sein soll! Für gerade Kanten spannt man parallel zum Boden, von der einen zur anderen Beckenecke, eine straffe Schnur zur Orientierung. Jetzt mit der Kelle 5 cm Beton am Grubenrand auftragen, er bildet dann das Bett für die Palisaden. Dieses Bett sollte nach Augenmaß eingeebnet werden. Jetzt geht es an die Palisaden. Zu Beginn dürfen sie ruhig etwas über die Schnur hinausragen, ihre Endhöhe ist entscheidend. Man schlägt sie mit dem Gummihammer in den Boden, bis sie bündig mit der Schnur abschließen. Die Wasserwaage hilft bei dieser Prozedur. Jetzt kommt die nächste Palisade, je nach gewünschter Fugenbreite, daneben. Sind alle Palisaden gesetzt, hinterfüttert man sie mit einem Betonkeil. Dafür mit der Kelle Beton in einer Höhe von ca. 5 bis 10 cm zwischen Mutterboden und Palisaden aufbringen.

Boden und Ablauf

Vor dem Verlegen der Bodenplatten planiert man den Rollkies erneut. Dann kommt darauf die nächste Betonschicht: dasselbe Material, dieselbe Dicke. Später sollte die Dicke der Betonschicht unter den Platten ungefähr 4 bis 5 cm betragen. Beim Verlegen der Platten baut man ein leichtes Gefälle zur Mitte des Beckens hin ein, so kann das Wasser später leichter abfließen. Zum Festklopfen einen Gummihammer verwenden, sonst können die Platten auseinanderbrechen. Verlegt wird von außen nach innen, und in die Mitte kommt ein Sinkkasten, sprich ein Ablauf. Er besteht aus einem Betonring und einem Gussteil mit Rahmen und Gulli. Der Betonring muss unbedingt waagrecht auf dem Rollkies sitzen, auch sollte er den aufgetragenen Beton nicht berühren. Auf den Ring kommt nun der Rahmen, der mittig über der Öffnung ausgerichtet wird. Zum Schluss noch den Gulli obendrauf und dann die restlichen Platten anzeichnen, zuschneiden und verlegen.

Den Rahmen für die Dusche bilden Steinpalisaden, die entlang einer gespannten Schnur ausgerichtet werden. (Foto: Bernd Nitsche)

Die Fugen

Vor dem Verfugen gibt es erst einmal eine Pause: 24 Stunden lässt man den Beton aushärten. Dann die Fugen der Palisaden am Rand mit Mörtel auffüllen. Hierbei häuft man den Mörtel auf eine große Kelle und streicht ihn mit einer kleineren von außen in die Fugen. Ist der Fugenrand abgedichtet, füllt man die eigentlichen Fugen auf. Je nach Wetter sollte man die Palisaden zuvor anfeuchten. Ist es zu heiß, würden sie dem Mörtel sofort die ganze Feuchtigkeit entziehen und er begänne zu bröckeln. Für beide Arbeitsschritte verwendet man ein Mörtelgemisch aus drei Teilen Quetschsand und einem Teil Zement. Zum Aufgießen der Zwischenräume mischt man diesen dann mit so viel Wasser, dass er sich leicht in die Fugen einbringen lässt. Jetzt dem Mörtel etwa 30 min Zeit zum Anziehen geben, dann die Mörtelreste mit der Wasserbrause und einem Handfeger entfernen. Einfach stückchenweise etwas wässern und die Fugen abkehren, bis der Stein wieder sauber ist.

Der Wasseranschluss

Das Verlegen einer Wassersteckdose ist der erste Schritt zum feuchten Glück. Diese Dose ist eine unterirdische Wasserentnahmestelle, die durch eine Anschlussdose direkt mit der Wasserleitung verbunden ist. Das Rohr von der Anschlussdose zur Entnahmestelle besteht aus mehreren kleinen Abschnitten, die mit Muffen verbunden werden. Nachdem feststeht, wo das Wasser aus dem Boden kommen soll, schneidet man die Verlegerohre mit dem Teppichmesser auf die passende Länge zu und verbindet anschließend die Systemteile. Die Rohre werden etwa einen Spatenstich tief in den Boden verlegt. Den ausgestochenen Rasen gibt man ganz zum Schluss wieder über den Rohrkanal; die Wunde wird schnell verheilen.

Die Dusche

Die Dusche besteht aus einem Stativ und der eigentlichen Brause. Das dreibeinige Stativ wird fest im Boden verankert, so hat die Dusche später besonders guten Halt. Wer einen Wasserhahn einbaut, kann später einen Schlauch daran anschließen und muss also keine Gießkannen mehr für die Bewässerung des Gartens schleppen! Auf den Hahn kommt das Rohr mitsamt dem Duschkopf. Alle Einzelteile sollten aus verzinktem Stahlblech bestehen, denn dieses Material ist besonders witterungsbeständig. Bevor die einzelnen Komponenten aufeinandergeschraubt werden, umwickelt man die Gewinde mit Teflonband oder Hanffasern, das sorgt für die nötige Abdichtung.

Profitipp
Stefan Ludwig

Tipps aus der Praxis

- Glatt geschliffene Palisaden lassen sich zwar einfacher handhaben, die mit bruchrauer Oberfläche wirken aber natürlicher.
- Der ideale Bodenbelag sind geflammte Natursteinplatten: Sie haben eine leicht raue Oberfläche und bieten somit sichereren Stand.
- Natursteinplatten immer mit dem Gummihammer festklopfen und nicht auf die Ecken klopfen. Die Platten könnten sonst brechen und nach Jahren der Benutzung dazu neigen, sehr wackelig zu werden.
- Wer sich den Gang zur Regentonne sparen möchte, darf beim Aufbau der Dusche den Wasserhahn nicht vergessen. Auf halber Höhe angebracht, kann man über ihn Wasser entnehmen oder hier sogar einen Schlauch anschließen.

Wärmekissen selbst gemacht

Gut getrocknete Kirschkerne eignen sich bestens zur Füllung von Wärmekissen.
(Foto: Fotolia/ Gerhard Paukstat)

„Wer Rücken- und Lendenschmerzen hat, lege in Wasser gekochte Weizenkörner warm über die schmerzende Stelle, und des Weizens Wärme wird die Macht dieses Siechtums brechen." Dieses Heilmittel soll Hildegard von Bingen schon vor 900 Jahren ihren Mitmenschen empfohlen haben. Wärmetherapien gehören zu den ältesten medizinischen Verfahren und sind weit verbreitet; in der konventionellen Medizin ebenso wie bei Naturheilverfahren und in der chinesischen Medizin. Ob wärmende Bäder, Saunagänge, Infrarottherapie, Schlammpackungen oder Dampfbäder – Wärme wirkt wohltuend, entspannend und zugleich belebend. Verspannte, schmerzende Muskeln lockern sich, der Stoffwechsel wird angekurbelt und die Stimmung steigt.

Füllmaterialien

- **Kirschkerne:** Gartenbesitzer mit einem Kirschbaum im Garten bekommen dieses Füllmaterial nahezu gratis und frei Haus – nur etwas Arbeit muss man investieren. Hat man die frisch gepflückten Kirschen für einen Kuchen oder die Marmelade entsteint, weicht man die Kerne in einem Eimer mit Wasser ein. Nach einiger Zeit werden sie in ein Edelstahlsieb geschüttet und unter fließendem Wasser kräftig durchgerieben, dabei löst sich bereits viel von dem noch anhaftenden Fruchtfleisch. Anschließend gibt man die Kerne in einen großen Topf mit Wasser und kocht sie für einige Minuten. Nach dem erneuten Abseihen werden die Kirschkerne nochmals abgerubbelt und müssen dann nur noch trocknen. Dazu gibt man sie einlagig auf einige ausgebreitete Geschirrtücher und legt sie an einen sonnigen Platz. Werden die Kirschkerne alle paar Stunden gewendet, sind sie nach einigen Tagen gut durchgetrocknet. Auch im Backofen kann man die Kirschkerne trocknen, bei 60 °C und leicht geöffneter Tür.

- **Traubenkerne:** Traubenkerne eignen sich ebenso gut wie Kirschkerne als Füllung für die Wärmekissen. Hier wäre die eigenhändige Säuberung und Trocknung jedoch zu aufwendig. Traubenkerne bekommt man in Reformhäusern oder auch über den Internethandel. Kissen, die mit Traubenkernen gefüllt sind, sind durch die wesentlich feinere Körnung anschmiegsamer und nachgiebiger als Kirschkernkissen – gerade für Kleinkinder und Säuglinge ein wichtiger Aspekt. Beim Herstellen eines eigenen Wärmekissens sollte man jedoch darauf achten, dass man das Kissen möglichst in Kammern einteilt, damit die Füllung nicht zu sehr verrutschen kann.

- **Rapssamen:** Aufgrund ihres hohen Ölgehalts haben Rapssamen eine höhere Wärmespeicherzeit als Kirschkerne oder auch Dinkel. Die sehr feine Körnung macht auch diese Kissen besonders anschmiegsam und weich. Wie bei den Traubenkernen sollte man auch hier das Wärmekissen in Kammern unterteilen und die Nähte sehr fein setzen, sonst mogeln sich schon einmal einige Rapskörner aus dem Kissen. Rapssamen für Wärmekissen bekommt man über den Internetversandhandel. Man sollte großen Wert auf eine gute Qualität legen.

- **Dinkelkörner:** Dinkel wird seit mehreren Tausend Jahren in Europa angebaut. Dieses Urgetreide gedeiht im Gegensatz zu Weizen auch auf kärgeren Böden, ist anspruchslos und widerstandsfähig gegenüber Schädlingen. Dinkelkörner eignen sich hervorragend als Füllung für Wärmekissen, denn sie geben eine leicht feuchte Wärme ab. Aus hygienischen Gründen sollte man die Dinkelfüllung, je nach Häufigkeit der Benutzung, regelmäßig komplett austauschen.

Profitipp
Prof. Christa Habrich

Wärmetherapie im Kleinen
In den eigenen vier Wänden kann ein Wärmekissen beim Entspannen der Muskulatur helfen, und auch bei Erkältungen und Unterleibsschmerzen kann ein solches Kissen Linderung bringen. Wärmekissen bestehen aus einer wärmespeichernden Füllung und einem Überzug aus Stoff. Am bekanntesten sind Kirschkern- und Dinkelkissen. Darüber hinaus kann man solche Kissen aber auch mit Traubenkernen, Rapssamen, Leinsamen oder Weizenkörnern und vielem anderen füllen. Jedes dieser Materialien ist in der Lage Wärme lange zu speichern und erst nach und nach abzugeben. Bei akuten Entzündungen sollte man sie nicht anwenden.

Dinkelkissen selbst genäht

Am besten eignet sich ein Naturstoff wie Leinen oder Baumwolle für das Kissen. Kunstfasern sollten in den Stoffen nicht enthalten sein, denn diese könnten bei der Erwärmung schmelzen und zu Verbrennungen führen. Je nach Anwendungsbereich kann man sich sein Kissen nach eigenen Vorlieben selbst gestalten: als schmales Nackenkissen, in Tierform oder auch rund. Der Stoff wird doppelt gelegt und dann die Form aufgezeichnet. Ausgeschnitten wird der Stoff dann etwa 1 cm breiter als die aufgezeichneten Umrisse. Nun näht man die beiden Kissenseiten zusammen, bis auf eine etwa 4 cm große Lücke. Dann stülpt man das Kissen um, damit die Nähte innen liegen, und füllt durch die verbleibende Lücke die Körner ein. Bei feinen Samen erleichtert ein Trichter das Einfüllen. Wie stark das Kissen gefüllt wird, ist abhängig vom Füllmaterial und vom persönlichen Empfinden. Der Kisseninhalt sollte in jedem Fall noch gut beweglich und nicht „gepresst" sein. Bei feinem Füllmaterial kann man nun noch Zwischennähte einziehen und damit das Kissen in einzelne Kammern unterteilen. Anschließend sollte man einen Kissenbezug aus dem ausgewählten Stoff nähen und damit das Wärmekissen beziehen. Dieser Schonbezug ist damit abnehmbar und vor allem auch waschbar.

Erwärmen der Wärmekissen

Aufgelegt auf dem Heizkörper oder der Sitzbank des Kachelofens, erwärmt sich das Kissen energiesparend und ist so jederzeit einsetzbar. Schneller geht das Aufwärmen in der Mikrowelle, bei maximal 600 Watt für eine Minute oder im Backofen bei 100 °C für etwa 10 min. Zudem sollte man immer eine Tasse Wasser mit in den Backofen oder die Mikrowelle stellen und das Wärmekissen nach dem Gebrauch vollständig auskühlen lassen.
Achtung: Wärmekissen dürfen niemals unbeaufsichtigt im Backofen oder der Mikrowelle erwärmt werden, denn bei zu langer oder zu hoher Leistungsstufe des Geräts besteht ein hohes Brand- und Verletzungsrisiko!

Acker-Schachtelhalm – Brühe, Jauche und Tee

Der Acker-Schachtelhalm *(Equisetum arvense)* ist wegen seines Ausbreitungsdrangs bei vielen Gärtnern äußerst unbeliebt. Dabei kann die Pflanze zum wertvollen Helfer im Kampf gegen Pilzkrankheiten bei Obst und Gemüse werden.

Was in ihm steckt

Der Acker-Schachtelhalm enthält Kieselsäure, die seine Pflanzenzellen festigt und „imprägniert". So können Schadpilze nur schwer eindringen. Diesen Schutzmechanismus kann man auch auf andere Pflanzen übertragen – entweder in Form einer Brühe oder einer Jauche.

Profitipp
Prof. Christa Habrich

Zubereitung von Tee
In der Volksmedizin setzt man Tees aus dem Acker-Schachtelhalm unter anderem bei Harnwegserkrankungen zur Durchspülung ein. Äußerlich angewendet, wirkt er wundheilend. Für Tees oder Mundspülungen verwendet man die grünen Triebe, die ab Juni geerntet werden. Die Triebe werden getrocknet und klein geschnitten. Einen Teelöffel davon in eine Tasse geben, mit Wasser aufgießen, 5 bis 10 min kochen lassen und anschließend abseihen.

Brühe ansetzen

Für die Schachtelhalmbrühe benötigt man ein gutes Kilo frisch gesammelte Sommertriebe, die man in 10 l Regenwasser 24 h lang einweichen lässt. Anschließend das Ganze 30 min leise kochen lassen. Die abgekühlte Brühe wird dann gesiebt und mit Wasser im Verhältnis 1:5 verdünnt. Biogärtner verpassen ihrer gesamten Anbaufläche vorbeugend vom Frühling bis zum Herbst alle zwei bis drei Wochen eine Kur mit Schachtelhalmbrühe; sie besprühen die Pflanzen und den Boden. Die beste Tageszeit für die Behandlung ist ein sonniger Vormittag, bevor die Mittagshitze einsetzt.

Jauche ansetzen

Eine ähnliche Wirkung erzielt man mit einer Jauche. Für die Herstellung braucht man 1 kg getrocknete oder 10 kg frische Pflanzen, die in 100 l Wasser angesetzt werden. Das Gemisch drei Wochen stehen lassen und täglich umrühren. Dann abseihen und vor der Verwendung mit Wasser im Verhältnis 1:20 verdünnen.

Auf Nummer sicher

Acker-Schachtelhalm sollte man nur dann selbst sammeln, wenn man die Pflanze genau identifizieren kann. Denn der ähnlich aussehende Sumpf-Schachtelhalm *(Equisetum palustre)* ist giftig! Wenn man sich nicht sicher ist, lieber die Finger vom Sammeln der Pflanze lassen und das Kraut in der Apotheke besorgen.

Von manchen als Unkraut verschmäht: der Ackerschachtelhalm. (Foto: Tobias Bode)

Erkennungsmerkmale Acker-Schachtelhalm:

Die Sporentriebe des Acker-Schachtelhalms sind bräunlich und unverzweigt, die unfruchtbaren Laubsprosse grün. Die Laubsprosse erinnern an kleine Tannenbäume. Sporentriebe und Laubsprosse des Sumpf-Schachtelhalms erscheinen gleichzeitig, sie sind grünlich und ähnlich beastet. Die Astscheiden des Sumpf-Schachtelhalms sind dunkelbraun bis schwarz gefärbt.

Nicht nur Stinker – aromatische Tagetes

Mit ihrem Geruch kann sich nicht jeder anfreunden: Tagetes, die Studentenblumen, gelten bei einigen Gärtnern als Stinker im Pflanzenreich. Allerdings haben die meisten neuen Züchtungen dieser einjährigen Sommerblumenart ihren typischen Geruch schon fast vollständig verloren. Wenn man genauer hinschaut, entdeckt man sogar Arten und Sorten, die herrlich aromatisch duften – und sich zudem noch in der Küche verwenden lassen.

Blätter und Blüten von Studentenblumen verströmen einen intensiven Geruch.
(Foto: Tanja Küblböck)

Orange und Zitrone

Die Feinblatt-Studentenblume *(Tagetes tenuifolia)* gehört zu den zierlichen Vertretern der Gattung. Sie erreicht eine Höhe von 30 cm und wird meist genauso breit. Ihre Blüten erscheinen von April bis September, manchmal sogar bis in den Oktober hinein. Die Blätter der Sorte 'Orange Gem' duften herrlich aromatisch nach Orangen, 'Lemon Gem' erinnert an Zitronen. *Tagetes tenuifolia* kann man von Februar bis März unter Glas aussäen oder ab Mai direkt ins Beet. Sie gedeiht aber ebenso in Kübeln und Töpfen. Voraussetzung ist ein durchlässiger, frischer Boden, eine sonniger Platz und regelmäßige Düngergaben. Dann kann man nahezu die gesamte Vegetationsperiode über Blätter und Blüten ernten. Das Ernten tut der Pflanze gut. Durch das Abknipsen der Blüten verlängert sich die Blütezeit, die Pflanze wächst verzweigter und buschiger. Blätter und Blüten sind aromatische Zutaten für Salate und Suppen oder als sommerliche Dekoration von Cocktails oder Bowle.

Lakritz

Tagetes filifolia verströmt einen intensiven Lakritzduft, der ihr den deutschen Namen Lakritz-Tagetes beschert hat. Je nach Aussaattermin erscheinen ihre cremefarbenen oder weißgelben Blüten von März bis Oktober. Sie wird etwa 30 cm hoch, benötigt einen sonnigen Platz und kommt mit beinahe jedem Gartenboden zurecht. Ab Mai kann die frostempfindliche Pflanze ins Freie. Mit ihren feinen Blättern lassen sich Salate und Joghurts aromatisieren, Kräutertees ansetzen oder deftige Speisen würzen.

Steckbrief

Studentenblume
Tagetes in Arten

Familie:	Korbblütengewächse (Asteraceae)
Herkunft:	Mexiko und Mittelamerika
Wuchs:	sortenabhängig, 15–120 cm hohe Horste
Blüte:	sortenabhängig, gelb bis braunrot, einfach bis gefüllt
Standort:	sonnig, toleriert fast jeden Gartenboden
Pflege:	vor Schnecken schützen
Vermehrung:	Aussaat im Haus oder ab Mai direkt ins Beet

QUER BEET

Heilpflanze: Römische Kamille

Die Römische Kamille hat wie ihre Schwester, die Echte Kamille, wirksame Inhaltsstoffe. (Foto: Floramedia)

Wohl jeder weiß um die Heilwirkung von Kamillenpräparaten. Die Pflanze, die in diesen Präparaten steckt, ist aber nicht immer dieselbe. Von medizinischer Bedeutung sind zwei Gewächse: die Echte Kamille *(Matricaria recutita)* und die Römische Kamille *(Chamaemelum nobile)*. Wobei die Echte Kamille eine wesentlich höhere arzneiliche Kraft besitzt. Welche zum Einsatz kommt, ist je nach Region verschieden. So bevorzugen Deutsche die Echte, Franzosen und Engländer hingegen sind von der Römischen Kamille mehr angetan. Diese lässt sich noch weiter unterscheiden, in eine gefüllt blühende und eine ungefüllt blühende Form.

Ein Teppich aus Kamille

Im Garten ist die Römische Kamille ein wunderbarer Bodendecker! Findet die Pflanze nur ein wenig Humus und Feuchtigkeit, besiedelt sie auch breite Pflasterfugen. Ideal ist *Chamaemelum nobile* auch für Duftgärten, Duftbänke oder die Kultur in Topf und Kübel. Besonders wohl fühlen sich die Pflanzen in Steingärten, überall dort, wo es sehr sonnig ist und ruhig auch mal ein bisschen trockener zugehen kann. Für besonders dichte Teppiche schneidet man die Pflanzen regelmäßig zurück, das fördert ihre Verzweigung und den kompakten Wuchs. So kann man zwei Fliegen mit einer Klappe schlagen: Das anfallende Schnittgut lässt sich prima trocknen und zu einem wohltuendem Tee weiterverarbeiten.

Ernte

Erntezeit ist von Juli bis September. Voll aufgeblühte, intensiv duftende Blüten eignen sich am besten zum Trocknen. Getrocknet wird zügig an einem luftigen Ort. Die Blüten hierbei nicht zu dick schichten und häufig umdrehen, das beschleunigt den Vorgang. Aufbewahrt werden die Blüten dann lichtgeschützt in Glas- oder Keramikgefäßen.

Steckbrief

Römische Kamille
Chamaemelum nobile

Familie:	Korbblütler (Asteraceae)
Herkunft:	südliches und westliches Europa, Nordafrika
Wuchs:	mehrjährige, ausdauernde Staude, 15–25 cm hoch
Blüte:	Juni bis August; weiß mit gelben Staubgefäßen, gefüllt oder ungefüllt
Standort:	sonnig, Boden mäßig trocken bis frisch, durchlässig
Pflege:	regelmäßig zurückschneiden
Vermehrung:	Aussaat im Frühjahr oder Kopfstecklinge

Profitipp
Prof. Christa Habrich

Heilwirkung

Die Römische Kamille enthält ätherische Öle, Sesquiterpenlactone und Flavonoide. Nachgewiesen ist deren Heilwirkung allerdings nicht. Gegen den Verzehr in Form von Tee ist aber nichts einzuwenden. Dazu übergießt man 2 bis 3 g (2 TL bzw. 1 EL) der getrockneten Blüten mit siedend heißem Wasser und lässt alles zehn Minuten abgedeckt ziehen. Der Tee wird in der Volksmedizin bei Menstruationsbeschwerden, Verdauungsstörungen und Appetitlosigkeit angewendet. Drei bis vier Tassen täglich sind erlaubt. Äußerlich kann man den Tee als Haarspülung zum Aufhellen nachgedunkelter blonder Haare verwenden.

Elegante Schönheit – Zimmerkalla

Die pfeilförmigen Blätter und die weißen Hochblätter zur Blütezeit machen die Zimmerkalla *(Zantedeschia aethiopica)* zu einem der elegantesten Gewächse für die Wohnung. Doch die prachtvollen Blüten zeigt sie nur, wenn man ihr auch mal eine Pause gönnt.

Die Zimmerkalla wirkt aufgrund ihrer Blütenform sehr exotisch.
(Foto: Bernd Nitsche)

Nicht verwechseln

Mit der Gattung *Calla*, zu der auch die Schlangenwurz *(Calla palustris)* gehört, hat die Zimmerkalla nur im familiären Sinne etwas zu tun. Beide gehören zu den Aronstabgewächsen. Unter diesem Gesichtspunkt ist der deutsche Name „Zimmerkalla", der für *Zantedeschia aethiopica* verwendet wird, eher verwirrend. Im Handel findet man die Pflanze auch unter den Namen Zantedeschie oder Aronkelch.

Steckbrief

Aronkelch, Zantedeschie

Zantedeschia aethiopica

Familie:	Aronstabgewächs (Araceae)
Herkunft:	Südafrika
Wuchs:	bis zu 80 cm hohe Blätter und Blüten, die aus einem Wurzelstock emporwachsen, je nach Sorte mit einfarbigen oder panaschierten Blättern
Blüte:	Januar bis Mai, gelblicher Blütenkolben, umgeben von weißem Hochblatt, je nach Sorte auch mit weißen, rosafarbenen oder orange bis roten Blüten
Standort:	hell und sonnig, im Sommer im Freien
Pflege:	Ruhephase beachten
Vermehrung:	Kindel, Brutknollen

Der Platz in der Wohnung

Ein heller und sonniger Platz ist *Zantedeschia aethiopica* am liebsten. Im Sommer darf es auch ein vor Regen geschützter Standort auf dem Balkon oder der Terrasse sein. Im Herbst und im frühen Winter bevorzugt das Aronstabgewächs eine Temperatur um die 10 °C, während der Blüte benötigt die Pflanze 20 °C.

Erst nass, dann trocken

Ihren Ursprung hat *Zantedeschia aethiopica* im südlichen Afrika, in Sumpfgebieten, die über einige Monate völlig austrocknen. In dieser Trockenzeit legt die Zantedeschie ebenfalls eine Ruhephase ein. Für die Pflege bedeutet das: während der Blüte reichlich gießen und wöchentlich düngen. Sobald die ersten Blätter nach der Blüte gelb werden, wird weniger gegossen. Später wird die Pflanze fast trocken gehalten. Gegen Ende der Ruhezeit, etwa Anfang September, gießt man wieder stärker. Zu diesem Zeitpunkt kann man die Zantedeschie zudem umtopfen und durch Abtrennen der Brutknollen neue Pflanzen gewinnen.

Vorsicht, giftig!

Zantedeschien sind leicht giftig, sie enthalten unter anderem sogenannte „Scharfstoffe". Bei Verschlucken kommt es zu Schleimhautreizungen und Erbrechen, äußerlich können Blätter und Wurzeln Blasen auf der Haut verursachen.

Hochsommer

Was jetzt zu tun ist

Gut für alle
- Pflanzenschutz: Wühlmäuse und Schnecken bekämpfen
- Lücken in Beeten mit Gründünger oder schnell wachsende Kulturen wie Salat oder Radieschen füllen

Obst und Gemüse
- Zeit zum Säen: Chinakohl, Winterlauch, Knollenfenchel, Kohlrabi, Rettich für Herbsternte
- Zeit zum Pflanzen: Endivie, Grünkohl, Kopfsalat, Kopfkohl, Erdbeeren
- Zucchini und Melone entspitzen
- Walnussbäume schneiden
- Beeriges: Erdbeeren über Kindel vermehren, Himbeeren, Johannis- und Stachelbeeren auslichten
- Sommerschnitt: Apfel und Birne

Fürs Auge
- Blumenwiesen zum ersten Mal mähen, Rasen nur noch alle 9 Tage
- Sommerschnitt an Hecken – nur an bedeckten Tagen
- Laufend Stauden und Gehölze ausputzen
- Für eine zweite Blüte: Rittersporn und Trollblume einkürzen
- Jetzt noch schnelle Sommerblumen aussäen, z. B. Kapuzinerkresse, Wicke, Bienenfreund, Ringelblume
- Mehrmals blühende Rosen schneiden

Ernte
- aus der Natur: Augentrost, Taubnessel, Hirtentäschel, Frauenmantel, Wildkirschen, Felsenbirnen, Kornelkirschen
- aus dem Garten: Süßkirschen, Karotten, Rettich, erste Tomaten, Kräuter, Zucchini

Der Garten im Hochsommer

Dass der Hochsommer in den Startlöchern steht, zeigen die reifen Früchte von Stachel- und Johannisbeere. Wem der Mehltau das Abernten dieser Beerensträucher schon mal verdorben hat, sollte es mit der Kreuzung aus beiden probieren: der Jostabeere. Ihr Geschmack vereint das Beste beider Früchte und ist doch ganz individuell. Im Sommer zeigen auch die zahlreichen Sorten der Staudengerbera ihre knalligen Blüten. Sie kann den Sommer über sogar in den Garten. Im Beet steht jetzt der Rückschnitt von Rittersporn und Katzenminze an, um sie ein zweites Mal zur Blüte anzuregen. Einen Teil der Beetfläche sollte man für Zweijährige reservieren. Sie bilden im ersten Jahr eine Blattrosette und im zweiten Jahr Blüten. Rosenfans hätten am liebsten das ganze Jahr über den herrlichen Duft ihrer Schützlinge um sich. Kein Problem: Einige Blütenblätter kann man zu Rosenwasser verarbeiten und so das zauberhafte Aroma konservieren. Mit dem Reifen der Sauerkirschen endet der Hochsommer.

Schönmalven – *Abutilon* und ihre Hybriden von Till Hägele

Abutilon 'Kentish Belle' braucht zum Gedeihen einen geschützten Platz. (Foto: Floramedia)

Vor einiger Zeit wurde ich auf die Schönmalven-Sorte 'Andenken an Bonn' angesprochen. Der Malvenfan mochte diese Sorte sehr, hatte sie aber leider verloren und war nun auf der Suche nach einem neuen Steckling. Auf meinen ersten Hinweis: „Schon mal im Internet gesucht?“, bekam ich die Antwort, dass es dort zwar viele Bilder, aber nur wenig gute Informationen und noch weniger Sammler oder Züchter gebe, bei denen man diese Pflanze bekommen könne. Diese Antwort erstaunte mich, da mir Schönmalven eigentlich als beliebte und traditionell verbreitete Zimmerpflanzen bekannt waren. Wieso sollte es also keine Liebhabergesellschaft oder einen renommierten Züchter geben, und wenn doch, warum sollten diese so schwer zu finden sein? So erwachte mein Interesse für diese Pflanzengruppe, und im Lauf meiner Nachforschung wurde ich selbst zu einem Sammler von Schönmalven und kann heute auf eine Sammlung von 40 Sorten und Arten blicken, die ich mit etwas Mühe und Geschick aufbauen konnte. Doch auch ich fand heraus, dass es tatsächlich mit Schwierigkeiten verbunden ist, sich eine solche Sammlung aufzubauen, da man nicht nur bei vielen verschiedenen Anbietern nach Schönmalven suchen muss, sondern dies zum Teil auch außerhalb Deutschlands versuchen muss. So fand ich Züchter von Schönmalven in Deutschland, aber auch in England, und sogar in Amerika gibt es Anbieter interessanter Neuzüchtungen. Noch schwieriger wird es, wenn man versucht, reine Arten wie *Abutilon pictum* zu bekommen.

Berühmte Familienmitglieder

Die Gattung *Abutilon* wird umgangssprachlich als Schönmalve oder Samtpappel bezeichnet. Im englischen Sprachgebrauch nennt man sie in Anlehnung an die laternenförmigen Blüten auch „chinese lantern“ (Chinesische Laterne). Die Gattung ist mit ihren rund 200 Arten im gesamten subtropischen bis tropischen Raum verbreitet und gehört zur Familie der Malvengewächse.

Das wirtschaftlich bedeutendste Familienmitglied und ein naher Verwandter der Schönmalve ist die Baumwolle *(Gossypium* spec.). Etwas entfernter ist sie mit der Kakaopflanze *(Theobroma cacao)* verwandt und auch die faserreiche *Sida hermaphrodita,* die im Moment als neue Energiepflanze getestet wird, gehört zur Familie. Besondere Aufmerksamkeit in Fachkreisen bekamen vor einigen Jahren *Abutilon julianae* und *Abutilon pitcairnense,* die beide als vom Aussterben bedroht geführt werden und nun wiederangesiedelt werden sollen. Eine durchaus wichtige wirtschaftliche Bedeutung stellt der spektakuläre Zierwert der farbenfrohen Blüten der Malvengewächse wie Hibiskus oder Schönmalve dar. Besonders viele Schönmalven-Sorten bieten ein breites Farbenspektrum von reinem Weiß über Gelb, Orange, Rot und Lila bis hin zu allen möglichen Mischfarben, und auch mehrfarbige Blüten kann man bewundern.

Historisches

Im Jahr 1754 erhielt die Gattung *Abutilon* ihren Namen von dem Gärtner Philip Miller (1691 bis 1771), dessen weiteres Verdienst die Leitung des Apothekergartens in Chelsea war. Hier grenzte er eine neue Gattung von der nah verwandten Gattung *Sida* ab, die durch den bedeutenden Botaniker Carl von Linné bereits ein Jahr zuvor beschrieben worden war. Trotzdem wurde die neue Gattung *Abutilon* fälschlicherweise noch lange als Synonym zu *Sida* geführt. Die Vorfahren unserer heutigen Schönmalven-Sorten kamen dann aber erst Mitte des 19. Jahrhunderts aus Südamerika nach Europa. In der Literatur werden besonders die *Abutilon*-Arten wie *A. pictum* (syn. *A. striatum*), *A. darwinii*, *A. venosum* und *A. megapotamicum* als Ausgangsarten für die Hybridzüchtung beschrieben. Bemerkenswert ist ein Bericht zu *Abutilon pictum* aus dem Hortus Camdenensis, einem illustrierten Katalog, in dem berichtet wird, dass Samen von dieser Art bereits im Jahr 1837 an den botanischen Garten in Glasgow gesendet wurden. Dort erkannte man augenblicklich ihren großen Zierwert, der durch die Blühfreudigkeit, die einfache Vermehrung sowie die Kulturmöglichkeiten im Freien bestimmt wird. Außergewöhnlich schnell fand die Schönmalve in der Folge ihren Weg in die Gärten und Wohnzimmer Europas und der übrigen Welt. Durch ihre einfache Hybridisierung wurden bereits wenige Jahrzehnte nach ihrer Einführung in Europa auch in Deutschland viele verschiedene Sorten gehandelt, und jedes Jahr wurden es mehr. Leider wurden niemals Sortenverzeichnisse von den Schönmalven angelegt, sodass wenig über die Herkunft bedeutender Sorten bekannt ist. Doch bis heute arbeiten viele Züchter weltweit an neuen Sorten, ihre Züchtungsziele können sich jedoch stark unterscheiden.

Auffallend und sehr dekorativ wirkt das gelb gefleckte Laub von *Abutilon pictum* 'Thompsonii'.
(Foto: Floramedia)

Neue Züchtungen

Neben Züchtungen, die den exklusiven Liebhaberkreis begeistern sollen, gibt es auch Züchtungen, die auf Massenvermarktung abzielen und die entsprechenden Anforderungen erfüllen müssen. Die heutigen Züchtungen aus Deutschland zielen auf Blütengröße, intensive Einzelfarben, eine Erweiterung des Farbenspektrums sowie Blüten in modischen Pastelltönen ab. Züchtungen aus Japan, die sich nach den Anforderungen des Handels in großem Stil richten, haben eher die Eigenschaft, gedrungen zu bleiben, dafür aber transportunempfindlich zu sein, sich im frühen Kulturstadium bereits zu verzweigen und außerhalb des Pflanzenkörpers zu blühen. Eine Besonderheit der letzten Jahre bei der Züchtung von Schönmalven kommt aus England. Dort werden momentan großblumige Sorten vermarktet, die den englischen Winter überstehen können und somit für das Freiland geeignet sind. Ob sich diese Sorten auch im härteren deutschen Winter behaupten können, muss erst noch getestet werden. In klimatisch günstigen

Gegenden Deutschlands und mit etwas Winterschutz könnten diese Sorten aber durchaus auch bei uns eine Chance im Freien haben.
Außergewöhnliche Farben zeigen die Züchtungen aus Nordamerika, hier setzt man neben ungewöhnlichen Farben auf weit geöffnete Blüten.
Trotz dieser weltweiten züchterischen Arbeit mit ihren unterschiedlichen Zielen, den unterschiedlichsten Farbergebnissen und Farbschattierungen ist es bislang nicht gelungen, ein reines Blau in die Schönmalven einzukreuzen. Zwar gibt es Schönmalvenarten, deren Blüten einen wässrig bläulichen Farbton besitzen, doch gibt es bislang keine blaue großblumige Hybride.

Vermehrung aus Samen

Aus dem oben genannten Grund sammeln viele Liebhaber mitunter nicht nur die großblumigen Hybriden, sondern auch verstärkt natürliche Arten.
Diese sind allerdings meist nur als Saatgut erhältlich und man muss die Pflänzchen selbst heranziehen. Leider hat man in der Regel wenig Einfluss auf die Saatgutqualität, die das Keimergebnis entscheidend beeinflusst. Idealerweise sollten die Samen recht frisch und wenn möglich sogar in einer Keimschutzpackung vakuumiert worden sein. Es ist zwar nicht zwingend notwendig, doch wer die Samen 24 bis 48 Stunden in Wasser vorquellen lässt, kann auf ein besseres Keimergebnis hoffen bzw. manchmal auch älteres Saatgut noch zur Keimung bringen. Erhält man hingegen gutes Saatgut, kann man mit einem fast 100%igen Auflaufen der Samen rechnen.

Aussaat

Ausgesät wird in eine Aussaatschale, die dann mit einem Deckel abgedeckt werden kann. Sät man in normale Töpfe, sollten die anschließend jedoch in eine Plastikfolie getütet werden, um Temperatur und Luftfeuchtigkeit hoch zu halten. Eine gute Aussaaterde, die wenig bis keine Nährstoffe enthält, ist dafür gut geeignet. Da Schönmalven Dunkelkeimer sind, werden die Samen mit einer dünnen Schicht Erde abgedeckt. Für eine reiche Blüte im Sommer sollte bereits im Januar oder Februar ausgesät werden. Ein weiterer Vorteil dieses frühen Aussaattermins ist dann das Licht der Sommermonate, das die Pflanzen voll ausnutzen können. Bei 18 bis 20 °C sollten die Samen innerhalb von drei bis vier Wochen keimen. Anfangs muss man jedoch sehr aufpassen, da man die zarten Keimlinge leicht zu stark gießt und sie dann umknicken und faulen. Deshalb ist es ratsam, die frisch gekeimten Schönmalven nur mit einem Wasserzerstäuber zu besprühen.

Abutilon aus Samen zu ziehen, erfordert ein wenig Fingerspitzengefühl.
(Foto: Floramedia)

Über Stecklinge vermehrte Pflanzen sind vom Aussehen identisch mit der Mutterpflanze. (Foto: Floramedia)

Pikieren und auspflanzen

Sobald die ersten zwei Blattpaare gewachsen sind, kann man die Jungpflanzen pikieren. Dazu verwendet man einen kleinen Topf mit einem Durchmesser von 5 bis 8 cm, der wiederum mit Pikiererde gefüllt wird. Beim Vereinzeln der Schönmalven muss man ebenfalls sehr vorsichtig sein, da sie ziemlich lange Wurzeln ausbilden, die man leicht abreißt. Gute zwei Monate nach dem Pikieren sollten die Schönmalven dann so weit sein, dass man sie in größere Töpfe und in eine mit Dünger angereicherte Topferde pflanzen kann. Meist kann man gleich Töpfe mit 12 bis 14 cm Durchmesser verwenden. Ein größerer Topf ist dann auch später nicht mehr nötig.
Obwohl die wöchentliche Flüssigdüngung die optimale Form der Pflanzenernährung darstellt, kann man bei den Schönmalven ruhig einen Langzeitdünger mit in die Erde einarbeiten. Dabei ist allerdings zu beachten, dass ein Langzeitdünger erst einige Zeit benötigt, bevor er seine Nährstoffe abgeben kann. Aus diesem Grund hat sich ein Langzeitdünger mit einer Wirkungsdauer von fünf bis sechs Monaten bewährt.

Stecklingsvermehrung

Eine andere Form der Vermehrung stellen Stecklinge dar, die bei den Schönmalven besonders unkompliziert bewurzeln. Wenn die Pflanzen im Frühjahr oder auch während der Sommermonate zurückgeschnitten werden, fallen automatisch Stecklinge an. Idealerweise verwendet man die oberen 10 cm des Triebes und steckt sie in einen 6 bis 8 cm großen Topf, der mit einem Torf-Sand-Gemisch gefüllt ist. Die Stecklinge sollten etwas wärmer als die Aussaat bei 20 bis 25 °C aufgestellt werden. Nach nur drei bis vier Wochen haben sie sich dann bewurzelt. Wer schnell groß aussehende Pflanzen haben möchte, kann drei Stecklinge in einen Topf pflanzen, so wirken die Töpfe voller und bieten gleich schnell etwas fürs Auge. Eine Mischung aus verschieden blühenden Stecklingen pro Topf kann später einmal zu spektakulären Kübelpflanzen führen.

Ans Freiland gewöhnen

Nachdem in den Wintermonaten die Sonne nur wenig Kraft hat, müssen die Pflanzen nach der Überwinterung erst an die intensive Sonneneinstrahlung gewöhnt werden. Dazu bringt man sie im späten Frühjahr, wenn es frostsicher ist, ins Freie. Die ersten Wochen sollte man die Pflanze schattieren, da während dieser Zeit die Gefahr eines Sonnenbrands besteht. Nach etwa drei Wochen kann man auf den Schatten ganz verzichten und die

Abutilon megapotanicum 'Variegatum' besticht durch ihre dekorativen Blätter.
(Foto: Floramedia)

Pflanzen in die Sonne stellen. Vor allem bei der Verwendung von schwarzen Plastiktöpfen sollte man aber sehr vorsichtig sein, da sich der Kunststoff durch die direkte Sonneneinstrahlung stark erwärmen kann und die Wurzeln dann verbrennen. Diese Verletzung schwächt die Pflanzen sehr, denn die Wurzeln dienen hauptsächlich der Wasser- und Nährstoffaufnahme, und es dauert lange, bis sie sich wieder erholt haben. Viele Schönmalven sind so wüchsig, dass sie von Zeit zu Zeit zurückgeschnitten werden müssen. Gesunde Pflanzen können im Frühjahr schadlos bis auf 40 cm zurückgenommen werden. Um buschige Pflanzen zu erzielen, müssen Schönmalven immer mal wieder während des Sommers in Form geschnitten werden. Beim Formschnitt werden aber nur die Triebspitzen entfernt, was die Verzweigung der Pflanzen anregt.

Schönmalven im Haus

Schönmalven können in fast jedem Haus und in jeder Wohnung einen Platz finden. Vom Wintergarten über das Wohnzimmer, den Flur, die Terrasse oder den Balkon – die Standorte könnten nicht verschiedener sein. Neben den buntblättrigen Sorten, die bereits mit ihrem bunten Laub punkten, zeigen viele Malven-Sorten reichliche Blütenpracht, die den geringen Pflegeaufwand mehr als lohnend macht. Großen Beliebtheitsgrad haben in den letzten Jahren auch Mischpflanzungen mit anderen Pflanzen erreicht. Hier können die Schönmalven sowohl als Unterpflanzung, z. B. bei Engelstrompeten, oder auch als Solitärpflanze bei Mischungen mit Wandelröschen oder Fuchsien ver-

Kletternde Schönmalven

Eine Besonderheit stellt *Abutilon megapotamicum* dar, denn zum einen kann sie mit ihrem gedrungenen Wuchs als Ampel- oder Kletterpflanze am Spalier gehalten werden, zum anderen bietet sie die Möglichkeit, Edelreiser in die Krone eines Hochstammes zu pfropfen. Dazu wird der Stamm einer wüchsigen Schönmalven-Sorte auf die gewünschte Höhe gezogen und dort gekappt. An dieser Stelle können dann Reiser von *Abutilon megapotamicum* veredelt werden, sodass später der Eindruck entsteht, es handle sich um einen Hochstamm.

Beispiele interessanter Sorten

Sortenname	Beschreibung
'Andenken an Bonn' (auch 'Souvenir de Bonn')	dunkelgrüne Blätter mit weißem Blattrand, Blüte rötlich orange
'F. Savitzer' (auch 'Savitzii')	dunkelgrüne Blätter mit sehr kräftiger weißer Umrandung, Blüte blassorange
'Thompsonii'	mosaikartige Flecken auf den Blättern, Blüte hellorange
Abutilon megapotamicum	für Ampeln oder als Kletterpflanze geeignet; kleine gelbe Blüten mit rotem Kelch
Bella Series	klein bleibende Pflanzen mit grüner Belaubung und Blüten in Pastelltönen
'Linda Vista Peach'	Pflanze mit dunkelgrüner Belaubung und kleinen orangefarbenen Blüten und rotem Blütenkelch
'Nabob'	sehr bekannte Sorte mit dunkelgrünem Laub und tief dunkelroten Blüten
'Canary Bird'	Pflanze mit dunkelgrüner Belaubung und hellgelben Blüten
'Lilac Wonder'	Pflanze mit dunkelgrüner Belaubung und lila Blüten
'Victorian Lady'	Pflanze mit dunkelgrüner Belaubung und stark gefüllten rosa Blüten

wendet werden. Solche Kübel bieten an vielen Standorten einen traumhaften Blickfang und sind zudem leicht zu überwintern.

Schönmalven überwintern

Idealerweise sollte die Schönmalve fließend, also durch schrittweises Absenken der Temperaturen und verringerte Wasser- und Düngergaben, in die Winterruhe gebracht werden. Wenn die letzten Blüten verblüht sind, kommen die Pflanzen in einen ungeheizten, aber hellen Raum. Entweder belässt man sie dort oder stellt sie nach ein paar Wochen wieder in ein temperiertes Zimmer (14 bis 18 °C). Wer die kalte Überwinterung bevorzugt, sollte bei aller Robustheit der Schönmalven trotzdem sicherstellen, dass die Temperaturen nicht unter den Gefrierpunkt sinken und der Wurzelballen nicht komplett austrocknet. Vorteil dieser Überwinterungsmethode ist, dass sich Schädlinge wie die Rote Spinne, Wollläuse oder die Weiße Fliege bei diesen Temperaturen nicht wohlfühlen und sich daher nicht weiter vermehren können. So ist der Schädlingsdruck minimiert. Schädlinge stellen sich leider bei der Überwinterung im temperierten Zimmer schneller ein, da hier ihre Lebensbedingungen günstiger sind. Aus diesem Grund müssen Blätter und vor allem Blattunterseiten der Schönmalven zumindest alle paar Wochen optisch auf Schädlinge untersucht werden.

Pflege im Winterquartier

Die ungünstigste Form der Überwinterung wäre die in gut geheizten Räumen. Zwar verträgt die Schönmalve auch diesen Standort, doch wird das Pflanzengewebe so weich, dass sowohl das Erscheinungsbild leidet als auch die Anfälligkeit für Schädlinge enorm ansteigt. Blassgrüne Blätter mit einer ungewöhnlichen Sprenkelung weisen auf einen Spinnmilbenbefall hin, während eine ungewöhnliche Blattkräuselung ein Zeichen für Blattläuse ist.
Obwohl die Schönmalve wenig Pflege benötigt, lässt sie doch Blätter und Blüten fallen, wenn sie nur unregelmäßig oder unverhältnismäßig gegossen wird. Ein heller Standort und eine angepasste Düngung fördern die Blühfreudigkeit deutlich. Da einigen Schönmalven-Sorten nachgesagt wird, dass ihre Blühfreudigkeit im Alter nachlasse, kann man sich auch leicht alle vier bis fünf Jahre neue Pflanzen heranziehen.
Nachdem die Schönmalven sehr blühfreudig sind, kann man hin und wieder in Blütenkochbüchern den Hinweis finden, dass die Blüten wohlschmeckend sind. Die feinen Blütenblätter lassen sich leicht kauen und haben zudem ein leicht süßes und birnenartiges Aroma.

Ein besonders schönes Exemplar von *Abutilon pictum* 'Thompsonii'.
(Foto: Floramedia)

Zweijährige Beetblumen

Die imposante Königskerze sucht sich ihren Platz im Garten selber.
(Foto: Bernd Nitsche)

Tausendschön, Veilchen und Goldlack – sie alle blühen in der ersten Jahreshälfte, und sie haben noch eine weitere Gemeinsamkeit: Sie alle sind zweijährig. Doch was bedeutet das eigentlich, zweijährig? Im ersten Jahr werden die Zweijährigen ausgesät bzw. versamen sich eigenständig. In diesem ersten Standjahr bilden die Pflanzen eine grundständige Rosette und werden meist nicht höher als 10 cm. Im Herbst legen sie ihre Blüten an. Im Frühjahr, nach ihrem ersten Winter, treiben die Pflanzen dann wieder kräftig durch und blühen in diesem zweiten Jahr. Schließlich setzt die Samenbildung ein und dann sterben die Pflanzen in der Regel ab, bevor sie ihr zweites Lebensjahr vollendet haben. Oft tauchen die Gewächse im Folgejahr dann an einem anderen Standort wieder auf. Bei manchen Zweijährigen hilft es, die Blütenstände vor der Samenreife zu entfernen, dann bleiben sie meist langlebiger und standorttreuer.

Selbst ist der Gärtner!

Zwar mag es etwas aufwendig erscheinen, Pflanzen im Spätsommer auszusäen, die man im Frühjahr quasi nur so nachgeworfen bekommt, doch dieser Aufwand lohnt sich! Zum einen ist es besonders spannend, die Pflanzen vom Samenkorn bis zur Blüte zu beobachten und sie eben nicht einfach nur ins Beet zu setzen. Zum anderen sind ausgesäte Pflanzen widerstandsfähiger als gepflanzte, hatten sie doch schon einen ganzen Winter Zeit, sich an das Leben im Freiland zu gewöhnen. Ein weiterer Vorteil: Das Saatgutsortiment bei vielen Arten ist vielfältiger als die meist auf wenige Sorten begrenzte Auswahl an Jungpflanzen im Gartencenter.

Doch wann?

Egal ob die Zweijährigen im Frühjahr oder Sommer blühen, der ideale Zeitpunkt zum Säen ist im Juni. Doch ein bisschen mogeln kann man mit dem Zeitpunkt schon; etwas früher oder später ausgesät, entwickeln sich die Pflanzen trotzdem tadellos. Zu spät sollte es aber nicht werden, Ende August ist Schluss! Die Gewächse schaffen es sonst nicht mehr, ausreichend Blattmasse zum Überwintern zu bilden. Das kann man unterstützen, indem man den Boden gleichmäßig feucht und die Nährstoffversorgung kontinuierlich auf einem beständigen Niveau hält. Wer schon im Frühjahr sät, kann bei Pflanzen wie *Viola* sogar noch mit einer Blüte im gleichen Jahr rechnen.

Und wie?

Gesät wird direkt ins Freiland. Um die Samenhülle leicht anzuritzen, sprich die Keimung zu beschleuni-

Der Fingerhut ist in allen Pflanzenteilen hochgiftig. (Foto: Sabrina Werner)

gen, kann man das Saatgut vor der Aussaat mit etwas feuchtem Sand abreiben. Abgelegt wird das Saatgut dann ca. 1 cm tief. An sehr heißen Tagen sollte man nicht säen. Wird es nach der Aussaat heiß, kühlt man die Beete, etwa mit befeuchteten Jutesäcken oder einem weißen Vlies. Außerdem reagieren gerade junge Keimlinge enorm empfindlich auf Trockenheit. Mit dem Gießen muss man also stets hinterher sein!

Fürs Frühjahr

- **Stiefmütterchen** *(Viola* x *wittrockiana)* und **Hornveilchen** *(Viola cornuta)*: arbeitsaufwendig, Keimtemperatur ca. 15 °C (höhere Temperatur wirkt hemmend auf die Keimung)
- **Vergissmeinnicht** *(Myosotis sylvatica)*: problemlose Aussaat, versamen sich in der Folge stark
- **Tausendschön** *(Bellis perennis)*
- **Goldlack** *(Erysimum cheiri)*: gelb und rot, Dunkelkeimer!
- **Primeln** *(Primula vulgaris)*
- **Islandmohn** *(Papaver nudicaule)*: weiß, gelb, orange, rot, frühestens Anfang Juli säen

Für den Sommer

- **Bartnelken** *(Dianthus barbatus)*
- **Marienglockenblume** *(Campanula media)*
- **Akelei** *(Aquilegia vulgaris)*
- **Fingerhut** *(Digitalis purpurea)*
- **Königskerze** *(Verbascum)*
- **Stockrose** *(Alcea rosea)*

Von der Theorie zur Praxis

Im Querbeetgarten gedeiht eine bunte Mischung aus all den genannten Arten. Ziel ist es, das Beet vom Frühling bis in den Herbst am Blühen zu halten. Die meisten zweijährigen Pflanzen werden nicht sehr hoch. Ausnahmen wie Nachtkerzen, Königskerzen und Stockrosen bestätigen hierbei die Regel. Im Querbeetgarten wachsen sie daher in der Mitte des Beetes, die übrigen, niedriger bleibenden Arten flankieren sie jeweils links und rechts. So entsteht eine interessante Höhenstaffelung innerhalb der Pflanzung und jedes Gewächs kommt schön zur Geltung.

Überaus pflegeleicht

Bis auf das Feuchthalten der Jungpflanzen und das regelmäßige Wässern bis zum Einsetzen der Blüte hat man mit den Zweijährigen kaum Arbeit. Regelmäßig Unkraut entfernen, und später, wenn die Blüte einsetzt, beschädigte Blätter auszupfen. Zusammenfassend könnte man also sagen: Ganz schön viel Farbe für relativ wenig Arbeit!

Rosenwasser

Die ätherischen Öle der Blütenblätter verleihen dem Rosenwasser sein Aroma. (Foto: Sabrina Werner)

„Blumen sind das Lächeln der Natur. Es geht auch ohne sie, aber nicht so gut“, sagte einmal der deutsche Komponist Max Reger. Als Rosenfreund kann man diesem Gedanken gut folgen, denn öffnen sich ab Ende Mai die ersten Rosenblüten, weiß man erst, was einem in den vergangenen Monaten so gefehlt hat. Möchte man sich die nächste Durststrecke etwas verkürzen, kann man im Sommer einige Rosenblüten opfern und die Blütenblätter zu Rosenwasser weiterverarbeiten. Die Herstellung dauert nur kurze Zeit und das Ergebnis versüßt einem die kalte Jahreszeit und steigert zugleich die Vorfreude auf die nächste Rosensaison.

Unverwechselbarer Duft

Rosenalkohole, Ethanol, Eugenol, Citral – das sind nur einige der Inhaltsstoffe, deren spezielle Zusammensetzung für den individuellen Duft einer Rosensorte verantwortlich sind. Aus über 500 Bestandteilen setzt sich dieser zusammen. Viele Duftmoleküle entwickeln sich erst während des Aufblühens der Rosen. Zur Herstellung von Rosenwasser verwendet man deshalb nur vollständig geöffnete Blüten, denn diese besitzen die meisten ätherischen Öle. Aber diese Duftstoffe sind flüchtig, die Rosenblüten werden aus diesem Grund direkt nach der Ernte weiterverarbeitet. Der beste Zeitpunkt zum Pflücken ist der späte Vormittag.

Profitipp
Barbara Krasemann

Rose ist nicht gleich Rose ...
... und dementsprechend eignen sich auch nicht alle Rosen für die Zubereitung von Rosenwasser. Ich habe mir deshalb einige besonders wohlriechende, kräftig gefärbte Rosensorten in ein eigenes Beet gepflanzt – ich nenne sie Küchenrosen.

- **'Alfred Colomb'** besticht durch eine samtige erdbeer- bis karminrote Rosenblüte mit einem süßen Duft. Die einzelnen Blüten sind dicht gefüllt, die Blütenblätter teilweise leicht gewellt. Die Sorte wird bis zu 1,2 m hoch und ist relativ robust. Ein sonniger, luftiger Standort und eine ausgeglichene Nährstoffversorgung fördern ihre Widerstandsfähigkeit.
- Die Sorte **'Rose du Roi'** hat ebenfalls eine sehr intensive dunkelrote Blütenfarbe und einen starken Duft. Sie wächst etwas sparrig und wird bis zu 1,5 m hoch. 'Rose du Roi' blüht schön nach und übersteht auch harte Winter gut.
- Die Blüten der Rose **'Tour de Malakoff'** sind nicht ganz so stark gefüllt wie die beiden erstgenannten Sorten, zeichnen sich aber durch eine violette bis lilarote Blüte und einen ausgezeichneten Duft aus. Die Rosenpflanze wächst stark, wird bis 2 m hoch und hat leicht überhängende Triebe.

Kostbares und außergewöhnliches Geschenk: Rosenwasser.
(Foto: Sabrina Werner)

Rosenwasser herstellen

Als Erstes gibt man das Wasser in einen großen Topf und zupft dann die Rosenblütenblätter hinein. Ungefähr die Hälfte der Blüten sollte man im ersten Schritt in das Wasser geben. Dabei gilt es, genau hinzuschauen, denn zahlreiche kleine Krabbeltiere können sich in den Blüten befinden. Damit das Rosenwasser nicht zu „leben" beginnt, sollte jede Blüte vor dem Zupfen kurz geschüttelt und ausgepustet werden. Sind alle Blütenblätter im Topf, erhitzt man das Wasser. Doch Vorsicht: die Flüssigkeit nur kurz aufwallen lassen, nicht sprudelnd kochen! Dabei lösen sich die Farbstoffe und die ätherischen Öle werden freigesetzt. Dann ist es Zeit zum Abfiltern. Am besten geht das durch ein sehr feines Küchensieb, denn ein Stofftuch als Filter würde zu viel Flüssigkeit und Farbe aufsaugen.

Sobald das Rosenwasser abgeseiht ist, füllt man die Flüssigkeit erneut in den Topf, gibt die nächste Portion Blüten hinzu und beginnt die Prozedur von vorn, denn mit jedem Aufguss werden Geschmack und Duft intensiver. Zwei bis drei Durchgänge braucht man, abhängig von der Rosensorte, bis ein intensiv duftendes Rosenwasser entstanden ist. Einen Teil des kräftig roten Rosenwassers füllt man dann zügig in kleine Flaschen ab. Dieses Rosenwasser eignet sich hervorragend zum Aromatisieren von Gebäck. Und man kann es zu einem köstlichen Blütensirup weiterverarbeiten.

Zutaten für Rosenwasser
- 750 ml Wasser
- etwa 350 g Blüten

... für die Weiterverarbeitung zu Rosensirup
- 750 g Zucker
- 30 g Zitronensäure

Rosenblütensirup

Um Sirup herzustellen, gibt man das Rosenwasser wieder in einen Topf und erwärmt es. Dann wird nach und nach Zucker eingerührt, bis eine leicht zähflüssige Masse entsteht. Für 750 ml Rosenwasser braucht man etwa 750 g Zucker. Hat sich der Zucker gelöst, gibt man die Zitronensäure dazu. Diese liefert die nötige Säure für einen guten Geschmack. Nun kann man den Sirup abfüllen. Er hält sich über eine lange Zeit – wenn so lange etwas übrig bleibt! Es ist nämlich nicht einfach, dem aromatischen Sirup zu widerstehen. Ein wenig davon in ein Glas, mit Sekt aufgießen, und schon kann man ein belebendes, duftendes Getränk genießen und vom Rosensommer träumen.

Gelb, Pink, Rot, Orange – knallig bunte Gerbera

Die neuen Gerbera sind langlebige und dankbare Kübelpflanzen.
(Foto: Sabrina Werner)

Nach Rose, Tulpe und Chrysantheme schafft es die Gerbera auf Platz 4 der beliebtesten Schnittblumen in Deutschland. Ihre Botschaft lautet: „Du machst alles viel schöner!“ Dank dieser Symbolik eignet sie sich perfekt als Geschenk für viele Anlässe.

Pflanze mit Geschichte

Der Holländer Jan Frederik Gronovius hat die Pflanze 1737 erstmals beschrieben und ihr den Namen „Gerbera“ gegeben, zu Ehren des Mediziners und Botanikers Traugott Gerber. Bereits ein Jahr nach ihrer Erstbeschreibung nahm der schwedische Botaniker und Wissenschaftler Carl von Linné die Gerbera in seine Systematik auf. Über 140 Jahre später gelangten dann die ersten Exemplare nach England, in den Royal Botanic Garden von Kew, und von dort verbreiteten sich die Gerbera rasch in Europa. Züchter bemühten sich seitdem um größere Blüten und längere Stiele und bereiteten damit den Siegeszug der Gerbera als Schnittblume vor. In der modernen Gerbera-Züchtung beschäftigt man sich heute weiterhin mit Schnittblumensorten, aber auch mit der Kreuzung robuster und langlebiger Gerbera für Topf und Kübel.

Artenvielfalt

Der Satz „Du machst alles viel schöner!“ passt auch für die neuen Topfgerbera-Sorten, denn diese zaubern mit ihren knallbunten Blüten im Sommer viel Farbe auf Balkon und Terrasse. Bislang kannten viele die Topfgerbera nur als kurzlebige Blütenpflanze, die bereits nach wenigen Wochen Probleme bereitete und dann abgestorben ist. Die neuen Sorten sind in Wuchs und Robustheit ihren wilden Vorfahren ähnlich. Über 40 verschiedene Gerbera-Arten gibt es, und viele davon sind ursprünglich in Südafrika heimisch. Als *Gerbera jamesonii* bezeichnen Gärtner eine der Stammmütter unserer heutigen Sorten, deren Hauptverbreitungsgebiet in der Umgebung der südafrikanischen Stadt Barberton liegt. Deshalb wird die Gerbera dort „Barberton Daisy“ genannt. Sie wächst als anspruchslose Staude an den Rändern der Goldfelder.

Steckbrief

Gerbera
Gerbera

Familie:	Korbblütler (Asteraceae)
Herkunft:	Südafrika, Madagaskar, Vorder- und Hinterindien, China
Wuchs:	rosettenartig angeordnete, aufrecht wachsende Blätter, deren Unterseite leicht filzig ist, dunkelgrüne, kräftige Blätter
Blütezeit:	Sommer und Herbst
Standort:	sonnig und geschützt
Pflege:	ausreichend feucht halten, regelmäßig düngen, Verblühtes ausschneiden
Vermehrung:	Samen

Bewährungsprobe auf dem Versuchsfeld

Jedes Jahr pflanzt man an der Bayerischen Landesanstalt für Gartenbau in Veitshöchheim die Neuheiten aus dem Beet- und Balkonpflanzensortiment in Kübel, testet und bewertet die Pflanzen bezüglich ihrer Blühfreudigkeit, Robustheit, Farbtreue und nach vielen weiteren Kriterien. Im vergangenen Jahr stellten sich insgesamt 800 Beet- und Balkonpflanzen dieser Bewährungsprobe, darunter auch die beiden Gerbera-Serien ‘Everlast’ und ‘Garvinea’. Vom Frühsommer bis in den Herbst hinein haben beide Serien beständig Blüten gebildet und sich als robust erwiesen. Die Pflanzen besitzen glänzend grünes Laub und zeichnen sich durch einen kompakten Wuchs aus. Zwischen 30 und 50 cm hoch werden die Blütenstiele, überragen damit deutlich das Laub und präsentieren sich sehr reizvoll. Die Farbpalette ihrer Blüten reicht von Zartgelb bis Knallgelb über kräftiges Orange und verschiedene Rottöne bis Rosa und Pink.

Profitipp
Eva-Maria Geiger

Pflege und Überwinterung

Um im Verlauf eines Sommers weit über 100 Blüten hervorbringen zu können, brauchen die Gerbera immer ausreichend Wasser und Nährstoffe. Als Erde sollte man deshalb eine strukturstabile und speicherfähige Kübelpflanzenerde wählen und die Pflanzen in großvolumige Töpfe setzen. Damit keine Staunässe entsteht, sollte man an eine Dränage am Topfboden aus Kies oder Blähton denken. In den drei bis vier Wochen nach dem Einpflanzen reicht der im Substrat vorhandene Dünger aus, danach sollte man ein- bis zweimal wöchentlich mit einem Flüssigdünger nachdüngen und die Pflanzen nie vollständig austrocknen lassen. Ein sonniger und etwas geschützter Standort auf dem Balkon, der Terrasse oder auch im Garten ist für die Staudengerbera ideal. Verblühte Blüten sollten regelmäßig entfernt werden, denn das Ausbilden von Samen kostet die Pflanze viel Kraft. Bleibt doch einmal eine Blüte stehen und der Samen reift aus, kann man die Verwandtschaft der Gerbera zu unserem heimischen Löwenzahn erkennen. Wie dieser bildet die Gerbera eine „Pusteblume“ mit vielen Schirmchen, an denen die Samen hängen. Gerbera können bis weit in den Herbst hinein im Freien bleiben. Drohen die ersten Nachtfröste, sollte man sie ins Winterquartier bringen. An einem möglichst hellen und kühlen Platz bei 5 bis 12 °C fühlen sich die Pflanzen wohl und zeigen häufig auch im Winterquartier noch Blüten.

Starke Früchte – Jostabeeren

Robust und gesund: Jostabeeren.
(Foto: Bernd Nitsche)

Die Jostabeere ist eine Kreuzung aus Schwarzer Johannisbeere und Stachelbeere. Ihr Geschmack vereint die Vorzüge von beiden und ist doch ganz individuell. Jostabeeren sind nahezu unempfindlich gegenüber dem gefürchteten Mehltau. Sie blühen von April bis Mai und ab Juni erscheinen die Früchte. Diese erinnern an Johannisbeeren, sind aber größer. Je nach Witterung beträgt die Erntezeit bis zu vier Wochen, daher sind oft grüne und reife Beeren gleichzeitig am selben Strauch.

Pflanzung

Pflanzzeit für die Jostabeere ist im Herbst oder im zeitigen Frühjahr. Sie wächst stärker als ihre beiden Elternarten, daher lässt man zwischen den einzelnen Pflanzen etwa 2,5 bis 3 m Platz. Die Jostabeere braucht einen sonnigen Standort mit einem tiefgründigen, durchlässigen Boden. Staunässe und Trockenheit verträgt sie eher schlecht. Es empfiehlt sich, den Wurzelbereich zu mulchen.

Schnitt erst nach einigen Jahren

Jostabeersträucher brauchen erst ab dem dritten Standjahr einen regelmäßigen Schnitt. Nach der Ernte schneidet man krumme und überhängende Triebe heraus, ebenso Zweige, die nach innen wachsen. Jostabeeren fruchten am ein- und am mehrjährigen Holz. Alle Äste, die älter als fünf Jahre sind, entfernt man nah am Boden. Ziel des Schnitts ist es, einen gleichmäßig aufgebauten Strauch zu erhalten mit sechs bis acht unterschiedlich alten Trieben.

Profitipp
Roman Döppler

Sorten kombinieren
Auch wenn Jostabeeren selbstfruchtbar sind, empfiehlt sich für einen höheren Ertrag der Anbau mehrerer Sorten:

- **'Jostine':** wächst straff aufrecht mit mittelgroßen, aromatischen Früchten
- **'Jogranda':** etwas schwächer im Wuchs, eignet sich auch für kleine Gärten; große, süße Früchte
- **'Jonova':** mittelgroße, einheitlich reifende Früchte, weinrot, schmecken herbsüß, enthalten viel Vitamin C und eignen sich gut für die Verarbeitung zu Säften und Konfitüren
- **'Josta':** sehr widerstandsfähige, stark wachsende Sorte (über 2 m); große Früchte, geeignet zum Frischverzehr und zur weiteren Verarbeitung

Steckbrief

Jostabeere
Ribes x *nidigrolaria*

Familie:	Stachelbeergewächse (Grossulariaceae)
Herkunft:	Kreuzung
Wuchs:	sparriger Strauch, je nach Sorte bis 2 m hoch und 3 m breit
Blüte:	April–Mai
Frucht:	Ernte ab Juni
Standort:	sonnig, tiefgründig,
Pflege:	Schnitt nach der Ernte, mulchen

Leicht zu vermehren – Drachenbäume

Schlägt man einem Drachen den Kopf ab, wachsen ihm sofort mehrere nach. So weit die Sage. Diese Geschichte ist vermutlich der Ursprung für die deutsche Namensgebung, denn gleich einem Drachen sprießen mehrere Triebe, sobald man die Pflanze „köpft".

Robuste Vertreter

Von den etwa 40 bekannten Arten der Gattung *Dracaena* sind vor allem drei als robuste Zimmerpflanzen verbreitet: *Dracaena deremensis, Dracaena fragrans* und *Dracaena marginata.* Sie alle gedeihen am besten bei Temperaturen zwischen 18 und 24 °C, an einem hellen Platz ohne direkte Sonne. Sie geben sich allerdings auch mit leicht schattigen Plätzen zufrieden. Ideal ist eine Luftfeuchte zwischen 50 und 60 %. Vom Frühjahr bis zum Herbst hält man das Substrat leicht feucht und gibt alle zwei Wochen einen Grünpflanzendünger; im Winter lässt man das Pflanzsubstrat vor dem Gießen leicht antrocknen, Dünger wird alle vier Wochen gegeben. Nach Bedarf kann man alle ein bis zwei Jahre im Frühjahr oder im Sommer umtopfen.

Nachwuchs

Stehen Drachenbäume zu schattig, wachsen sie meist stark in die Höhe. Den Rückschnitt kann man gleich mit der Nachwuchsgewinnung verbinden, denn aus den Abschnitten können neue Pflanzen entstehen. Hier wird der Drachenbaum auch seinem Namensursprung gerecht, an den Schnittstellen bildet er neue Triebe, die Pflanze verzweigt sich und wächst buschig. Je nach Größe des Schnittguts kann man daraus auch mehrere Stecklinge gewinnen. Jeder Stammsteckling sollte 10 bis 15 cm lang sein. Als Nächstes alle Blätter mit einer leichten Bewegung nach unten abziehen, denn so entstehen saubere Wunden. Durch das Entfernen der Blätter schränkt man die Verdunstung ein, durch die die Pflanze beim Anwachsen zu viel Wasser verlieren würde. Die jungen Blätter am Triebende bleiben erhalten, man kürzt sie um etwa 4/5 ihrer Gesamtlänge ein. Die Stecklinge selbst müssen sauber geschnitten sein, ohne dabei gequetscht zu werden. Dann gut drei Stecklinge in jeden 12-cm-Topf einpflanzen und für hohe Luftfeuchte sorgen. Entweder stellt man die Pflanzen im Badezimmer auf oder sie kommen ans Fenster, bedeckt mit einer Folie.

Drachenbäume gibt es in vielen Arten und Sorten: Hier *Dracaena reflexa.*
(Foto: Sabrina Werner)

Sortenauswahl

Dracaena deremensis:
- **'Surprise':** gelb-grün panaschierte Blätter
- **'White Jewel':** weiß panaschierte Blätter

Dracaena fragrans:
- **'Lindenii':** weiß panaschierte Blätter
- **'Massangeana':** glänzend grüne Blätter mit gelben Längsstreifen

Dracaena marginata:
- **'Tricolor':** hellere Blätter mit weißen Streifen und rotem Rand; benötigt etwas mehr Licht

Spätsommer

Was jetzt zu tun ist

Was jetzt zu tun ist

Gut für alle

- Pflanzenschutz: Nützlingen Unterschlupf bieten, Schnecken im Auge behalten!
- Bodenfruchtbarkeit erhalten: Flächenkompost auf freien Beeten anlegen
- Gründünger aussäen

Obst und Gemüse

- Letzte Düngung fürs Gemüse – keine Langzeitdünger oder Hornspäne mehr verwenden!
- Erdbeeren für das kommende Jahr pflanzen und mit Kompost versorgen
- Pflanzzeit: Knoblauch und Endivie
- Tomaten regelmäßig ausgeizen
- Sommerschnitt bei Obstbäumen, auslichten und verjüngen

Fürs Auge

- Blüte von Dahlien und Sonnenhut genießen
- Staudenpflege: Iris, Mohn, Pfingstrosen teilen, umpflanzen, mulchen
- Noch Zeit neuen Rasen anzulegen
- Frühjahrsblühende Zwiebeln und Knollen stecken: Narzissen, Krokusse, Tulpen, Blausternchen, Märzenbecher, Dolden-Milchstern, Schneeglöckchen
- Teichpflege: Pflanzen im Zaum halten, Verwelktes regelmäßig entfernen, Algen abfischen
- Immergrüne Hecken schneiden und über Stecklinge vermehren
- Zweijährige Sommerblumen fürs nächste Jahr säen: Mohn, Bartnelken, Stockrosen, Königskerzen, Goldlack, Stiefmütterchen

Ernte

- Aus der Natur: Holunderbeeren, Springkrautsamen, Waldhimbeeren und Waldbrombeeren
- Aus dem Garten: Preisel-, Heidel- und Brombeeren, Pfirsiche; Blattmangold, Salate, Möhren, Rote Bete, Kartoffeln

Der Garten im Spätsommer

Im Spätsommer reifen die ersten Früchte früher Apfelsorten heran, auch reife Ebereschen und Felsenbirnen locken in den Garten. Der Schnitt immergrüner Gehölzhecken steht jetzt an und Koniferen können gepflanzt werden. Sie brauchen den noch warmen Boden zum Anwachsen. Im Staudenbeet geht es ans Teilen zu dicht gewordener Bestände der Bart-Iris. Nach der Blüte fällt der Startschuss. Wer sich bei den spätsommerlichen Sonnenstrahlen noch einen Sonnenbrand eingefangen hat, kann diesen mit dem Saft aus den Blättern der Hauswurz lindern. Bis in den Winter hinein kann man die Wurzeln des Echten Arznei-Baldrians ernten und daraus einen beruhigenden Tee herstellen. Ein außergewöhnliches Gemüse ist die Kardy, die „kleine Schwester" der Artischocke. Bis Oktober kann man ihre Blätter, genau genommen die Blattrippen, im Garten ernten. Reife Zwetschgen lassen den Spätsommer ausklingen und die Blüten der Herbst-Zeitlose leiten in die nächste Jahreszeit: den Frühherbst.

Lebensraum für Wildbienen

von Brigitte Goss

Unverzichtbare Helfer im Garten: Erdbienen. (Foto: Sabrina Werner)

Wildbienen paaren sich im Frühling, manche Arten leben in Erdbauten. (Foto: Sabrina Werner)

Blüten und Blumen, aber vor allem das leise Summen der Bienen lassen einen wissen: Der Sommer ist da! Dass neben den Honigbienen auch Wildbienen unterwegs sind, scheint man dabei oft zu vergessen.

Warum sind Wildbienen so wichtig?

Wildbienen sind die Anzeiger für eine intakte Natur und für die hohe ökologische Qualität eines Standorts. Sie haben eine große Bedeutung für die Bestäubung vieler Blütenpflanzen und sichern damit deren Erhalt und Vermehrung. Verschwinden die Bestäuber, verschwinden auch die Pflanzen. Bienen bilden somit die Basis vieler Ökosysteme. Selbst die Gärten in Siedlungsgebieten profitieren von der Anwesenheit der Wildbienen, denn sie schließen eine Versorgungslücke, wenn keine Honigbienen anzutreffen sind und im zeitigen Frühjahr Kirsch- und Birnbäume blühen. Während die sortensteten Honigbienen nur bestimmte Trachtpflanzen ansteuern, besuchen Wildbienen die verschiedenste Pflanzen.

Mauerbienen z. B. sind so wertvoll, dass sie heute bereits gezüchtet und als Befruchter im Obstbau eingesetzt werden. Sie sind im März bereits ab Temperaturen um 4 °C und auch bei Regenwetter ab 10 °C unterwegs, während Honigbienen erst ab 12 °C fliegen. Wildbienen stechen so gut wie nie und werden auch nur ganz selten lästig. Obwohl sie so pelzig sind wie Honigbienen, kann man die wesentlich kleineren Wildbienen doch gut von ihnen unterscheiden. Die unzähligen Wildbienenarten kann wiederum nur der Fachmann auseinanderhalten.

Lebensweise

Wildbienen leben nicht wie die sozialen Honigbienen in Staaten zusammen. Jedes Wildbienenweibchen lebt einzeln und legt sein eigenes Nest mit Brutzellen an. In jede Zelle legt sie ein Ei und gibt ein Paket aus Nektar und Pollen zur Ernährung der Larve hinzu. Dabei sind einige Wildbienenarten recht wählerisch und verwenden nur Bestandteile bestimmter Pflanzen wie Zaunrübe oder Natternkopf (Mauerbiene). Pflanzen und Insekten haben sich dabei so aufeinander eingestellt, dass die Flugzeiten der Bienen an die Blütezeit ihrer Pflanzen gebunden ist. Andere Wildbienen verwenden das, was gerade an Nektar und Pollen zur Verfügung steht. Nach der Eiablage und dem Abschluss des Brutgeschäfts gehen die Weibchen ein.

Blattschneiderbienen kleiden die Wände der Brutzellen mit Blattteilen aus. Etwas Toleranz gegenüber den

Gewohnheiten der Biene ist schon gefordert, denn die Blattschneiderbienen holen sich ihr Baumaterial von beliebten Gartenpflanzen. Halbkreisförmig knabbern sie Stücke aus den Blättern von Rosen, Elfenblumen, Staudensonnenblumen und vielen anderen. Die zusammengerollten Blattteile transportieren sie fest zwischen die Beine geklemmt zu ihren Bruthöhlen.
Eine weitere Wildbienenart ist die kleine Löcherbiene. Sie startet erst spät im Jahr: Sie fliegt ab Juni bis September. Ihre Brutstätten legt sie in Althölzern an. Klassische Bienenhotels sind also perfekt auf sie zugeschnitten.

Blüten- und Pflanzenangebot im Garten

Das Nahrungsangebot für Insekten ist in vielen Regionen aufgrund der modernen Landwirtschaft stark eingeschränkt. Monotone Agrarlandschaften wo chemischer Pflanzenschutz Wildkräuter zurückdrängt, bieten keinen Platz für Artenvielfalt und auch nicht für Wildbienen.
Die Wildbienen leben ausschließlich von Blüten, deren Pollen und Nektar als Baumaterial und Nahrung für die Brut benötigt werden. Die Tiere selber brauchen den Nektar als Flugtreibstoff.

Wichtig!!

Gartenbesitzer können erheblich zur Verbesserung des Nahrungs- und Nistangebots beitragen. Grundvoraussetzung ist der Verzicht auf chemischen Pflanzenschutz, denn Wildbienen und andere Nützlinge reagieren meist sehr empfindlich darauf. Lassen Sie in Ihrem Garten eine große Pflanzenvielfalt zu, denn auch Wildpflanzen, die wir zumeist als Unkraut betrachten, haben einen ökologischen Wert. Ein lückenloses Angebot an blühenden Pflanzen von Frühjahr bis in den Herbst sichert die Versorgung mit Pollen und Nektar. Gefüllte Blüten sind zwar dekorativ, doch für die Insekten meist wertlos. Frühlingsblumen und Stauden mit Wildcharakter sind wildbienenfreundlich und zusätzlich noch pflegeleicht. Wenn schnell ein geeigneter naturnaher Lebensraum angelegt werden soll, dann kann man bis Anfang Juni geeignete Sommerblumenmischungen aussäen und selbst auf dem kleinen Raum eines Balkongartens gedeihen attraktive Nahrungspflanzen für Wildbienen.

Der Blumengarten

Blumen der Wildbienenweide benötigen einen warmen, sonnigen Standort, so wie die Insekten selbst. Für magere, trockene Standorte ist die Pflanzenauswahl besonders groß. Im März geht es los: Kaum geschlüpft, haben Wildbienen Hunger und sind dann auf das vorhandene Nahrungsangebot angewiesen. Eine Vielfalt an Frühlingszwiebelblumen ist für sie lebenswichtig. Huflattich, Schneeglöckchen und späte Schneeheiden dienen als erste Nahrungsquellen. Krokusse, Blausternchen und Traubenhyazinthen blühen in den Gärten oft massenhaft und decken so einen reichhaltigen Tisch für Wild- und Honigbienen. Mit Beginn der Blüte der Obstgehölze und Blütensträucher sind dann die Engpässe im Nahrungsangebot überwunden.

Auch Gartenformen der gelben Flockenblume werden gern von Bienen und Hummeln angeflogen. (Foto: Sabrina Werner)

Sommerblumen

Im Sommer stehen Stauden und Sommerblumen auf dem Speiseplan, speziell Pflanzen der Lippenblütengewächse wie Salbei, Ziest, Lavendel, Katzenminze und Edelgamander bieten ein großes Spektrum an Wildbienenblumen. Der Wollziest, *Stachys byzantina,* stellt den Bienen nicht nur Nektar, sondern mit seinen wolligen Pflanzenhaaren auch noch geeignetes Baumaterial bereit. Witwenblumen *(Knautia)* und Skabiosen blühen ausdauernd, besonders wenn Verblühtes immer wieder ausgeschnitten wird. Viele Mauerpfefferarten, wie *Sedum acre* und Fetthennen, wachsen an allen trockenen Standorten. *Geranium* wird von den Bienen ebenfalls gerne besucht und besitzt ein breites Artenspektrum. Für jeden Lebensraum, ob sonnig oder halbschattig findet sich die richtige *Geranium*-Pflanze. Wildbienen halten sich bei Nacht und bei schlechtem Wetter gerne in den Blüten der großblumigen Glockenblumen auf. Kleine wie große Glockenblumenarten spenden Nektar und Pollen und wachsen auch im Halbschatten. Alle Arten von

Pflanzen für Wildbienen

Pflanze	Arten und Sorten	Besonderes
Anis-Ysop	*Agastache anisata, A. foeniculum*	Heilpflanze für sonnige Standorte, essbare Blüten, Blätter für Tee, Blüte bis in den Spätsommer
Bienenfreund	*Phacelia*	einjährig, Gründüngerpflanze
Gilbweiderich	*Lysimachia punctata, L. vulgaris, L. nummularia*	Ölblumen für ölsammelnde Bienen, Neophyt
Glockenblumen	*Campanula poscharskyana* (auch für Balkon), alle *Campanula*-Arten, *C. latifolia, C. trachelium, C. persicifolia, C. rapunculoides*	Pollenquelle verschiedener Arten, Bienen schlafen in den Blütenkelchen
Habichtskraut	*Hieracium pilosella*	wächst in sehr trockenen Lagen mit durchlässigem Boden, ernährt 32 Wildbienenarten
Königskerze	*Verbascum densiflorum, V. nigrum, V. thapsus*	Pflanzenhaare als Baumaterial
Malvengewächse	*Malva, Alcea, Hibiscus, Althaea, Sidalcea, Lavatera,* Thüringer Strauchpappel *(Lavatera thuringiaca)*	Nahrung für viele Insekten, Malvenlanghornbiene
Mauerpfefferarten	*Sedum acre, S. album, S. rupestre, S. telephium, S. spurium*	lange Blütezeit
Mohn, Klatschmohn	*Papaver rhoeas* (einjährig), *P. orientale* (mehrjährig)	Blumensamen, Pollen, Mohnmauerbiene verbaut Blütenblätter
Muskatellersalbei	*Salvia sclarea*	zweijährig, Blaue Holzbiene
Natternkopf	*Echium* subsp.	in vielen Blumensamenmischungen, ernährt 37 Wildbienenarten
Prachtkerze	*Gaura lindheimeri*	dauerblühende Balkonblume für sonnige Standorte
Rosen-Gewächse	Rosen mit einfachen Blüten	Pollen und Nektar, Blattschneiderbienen schneiden Scheiben aus den Blättern als Baumaterial für die Brutzellen
Salbei-Arten	*Salvia nemorosa* (Staude), *S. farinacea* (einjährig, Balkonblume), *S. officinalis* (Kräutersalbei), *S. pratensis* (Wiesensalbei)	alle Salbeiarten mit kurzer Blütenröhre
Schafgarbe	*Achillea millefolium*	Pollen und Nektar gut erreichbar, Staude für Sonne
Schneeball-Arten	*Viburnum lantana, V. rhytidophyllum*	Gehölz für sonnige bis halbschattige Plätze, Pollen und Nektar sind gut erreichbar
Sonnenbraut	*Helenium* subsp.	Blüte vom Frühsommer bis zum Herbst
Steinquendel	*Calamintha nepeta* var. *nepeta*	sommerblühendes, mehrjähriges Kraut für Sonne
Sterndolde	*Astrantia major,* viele Sorten mit langer Blütezeit	Staude für den Halbschatten, Blüte Juni bis September
Witwenblume, Aschenblume	*Scabiosa caucasica*	Sorte 'Fama' blau, Frühsommer bis Spätherbst
Zierkirschen	*Prunus subhirtella* 'Autumnalis', *Prunus serrulata*	Blüte im Spätherbst oder Frühjahr

Disteln sind für Wildbienen interessant: Die attraktiven Kugeldisteln *(Echinops)*, auch Bienenkugeldisteln oder Honigdisteln genannt, gelten als Bienenweide im Sommer. Gescholtene Neophythen wie Goldrute, Drüsiges Springkraut und die invasiven Felbericharten *(Lysimachia)* werden ebenfalls von Bienen als Futterpflanzen angenommen.
Seidenbienen, die erst ab Juni fliegen, bevorzugen viele Kleearten und Korbblütler. Rainfarn lockt diese Erdbewohner in den Garten. Sommerbienen nutzen sogar noch Efeublüten, die als letzte Nahrung im Herbst viele Insekten ernähren.

Sommerblumen ansäen

Die einjährigen Sommerblumen wurden in längst vergangenen Zeiten als Schmuck für Kirchenfeste, aber auch zur eigenen Freude angebaut. Diese einfachen Blumen sind heute wieder beliebt, weil sie unkompliziert in der Anzucht und dabei noch preiswert sind. Für Insekten wie die Wildbienen bereichern sie das Nahrungsangebot im Sommer, wenn die Trachtpflanzen verblüht sind. Empfehlenswert sind Blumensamen von Kosmeen, Saatdahlien und Wucherblumen *(Chrysanthemum maximum)*.
Sehr viele Insekten leben von Malvengewächsen, wie den Stockrosen und den heilkräftigen Malven. Sogar die unscheinbaren Blüten der Buntnessel ziehen Wildbienen an. Im Handel gibt es mittlerweile viele Blumenmischungen, mit denen auch jeder Gartenanfänger Pflanz- und vor allem Blüherfolge feiern kann. Meist sind bei diesen Mischungen die beinhalteten Blumen nicht alle angegeben, doch in der Regel sind immer Blühpflanzen dabei, die für Wildbienen interessant sind. Falls angegeben, bevorzugen Sie Mischungen mit Wucherblumen, Natternkopf und Ringelblumen. Sommerblumen benötigen nur am Anfang der Kultur etwas Aufmerksamkeit: Nach dem Ansäen dürfen sie nicht austrocknen.

Im Gemüse- und Kräutergarten

Im Gemüsegarten werden Doldenblütler wie Pastinaken und Möhren vor der Blüte geerntet. Dabei sind viele Wildbienen, Schwebfliegen und auch viele andere Insekten ganz heiß auf deren Nektar. Ich lasse Petersilie und Dill im Garten blühen, denn davon profitieren nicht nur die Insekten. Für die nächste Gartensaison ernte ich so meinen eigenen Samen. Die grazile, samtrotbraune Zierform des Fenchels ist als Hintergrundkulisse in Blumenbeeten äußerst attraktiv. Der Zierfenchel ist ausdauernd und benötigt ausreichend Platz.
Wildbienen fliegen besonders auf Kürbisgewächse wie Zucchini und Gurken. Auf den Blütenkugeln des Schnittlauchs, des Schnittknoblauchs und der Küchenzwiebel finden sich ebenfalls viele Blütengäste ein; schneiden Sie deshalb Zwiebelgewächse, die in die Blüte schießen, nicht zurück.

Kräuter locken Bienen

Mit Gründüngersaaten erholt sich der Boden. Die Bienenweiden *Phacelia*, Gelbsenf, Inkarnat- und Perserklee verbessern den Boden und blühen vor Saisonende, wenn sie bis Mitte Juli gesät werden. Unter den Kräutern gibt es viele Lippenblütler, die bei den Wildbienen nicht weniger beliebt sind. Ysop, Bergbohnenkraut, Thymian, Dost und Quendel sind im Sommer ein Tummelplatz für Wild- und Honigbienen, aber auch für Hummeln.

Ysop, ein Lippenblütler mit hohem Nutzen für Menschen und Insekten.
(Foto: Sabrina Werner)

Holzbiene auf Muskatellersalbei.
(Foto: Brigitte Goss)

Wildbienen sind meist deutlich kleiner als die bekannten Honigbienen.
(Foto: Brigitte Goss)

Auf keinen Fall sollten Sie auf Salbei verzichten. Dabei sind der Zier- und der Gewürzsalbei für die Insektenwelt gleichermaßen anziehend. Mit dem zweijährigen Muskatellersalbei locken Sie die imposanten Holzbienen an, denn die großen, schwarzblauen Solitärbienen legen ihre Brut in Altholz. Sie sind mittlerweile nicht nur in den warmen Regionen Deutschlands anzutreffen.

Auf dem Balkon

In den Städten nimmt die Artenvielfalt stetig zu, auch mehr und mehr Wildbienen etablieren sich dort. Auf kleinsten Grüninseln gelten hier die gleichen Regeln wie im Garten. Der Verzicht auf Pflanzenschutz und ein stetiges Blütenangebot sind für die Wildbienen sehr förderlich. Jedoch ist man hier nicht nur durch den Platzmangel eingeschränkt, sondern auch durch die Lage der Balkone. Ein Südbalkon ist für die Wärme liebenden Wildbienen sehr zuträglich. Wobei ein Balkon in West- bzw. Ostlage für die Pflanzen weniger Hitzestress bedeutet. Ein Nordbalkon ist benachteiligt und Insekten finden sich hier kaum ein.

Zu meinen Pflanzenfavoriten für den Balkon gehört die Tauben-Skabiose *(Scabiosa columbaria)*. Von ihr gibt es viele kleinwüchsige Sorten, die den ganzen Sommer über blühen. Die Skabiose 'Fama' besitzt ein klares leuchtendes Blau und blüht bis weit in den Spätherbst.

Auf einem halbschattigen Balkon sollte auch *Campanula poscharskyana* nicht fehlen. Diese hängende Glockenblume ist bei Wildbienen außerordentlich beliebt und diese Stauden sind auch im Topf sehr robust und langlebig.

Der Bau einer Wildbienenaufzuchtstation

Wildbienen beziehen für die Aufzucht ihrer Nachkommenschaft nicht immer passende, sondern auch häufig ungeeignete Nistplätze. Das kann da-

Standorte der Wildbienennisthilfen

- Ein artenreicher, vielfältiger Garten, in dem kein Pflanzenschutzmittel eingesetzt wird, ist Grundvoraussetzung.
- Für die Brut benötigen Wildbienen sonnige, warme, wind- und regengeschützte Plätze.
- Die Röhren sollten nach Süden oder Südosten ausgerichtet sein.
- Die Nisthilfen sollten nicht auf dem Boden stehen oder im Wind baumeln.
- 2 m vor den Nisthilfen sollte kein Blattwerk oder ein anderes Hindernis den Einflug stören.

zu führen, dass im Lauf der langen Entwicklungsdauer über den Winter die Brut abstirbt.
Verwenden Sie daher keine Röhrchen aus Kunststoff, Glas oder anderen „nicht atmenden" Baustoffen, denn sonst können Pilze, die in diesen Materialien hervorragend gedeihen, die Brut komplett vernichten.
Selbst hergestellte Lehmwände werden von den Wildbienen meist nicht bezogen, denn der Lehm wird im Lauf des Sommers so hart, dass die Bienen keine Röhren mehr bauen können. Versuchen Sie es trotzdem wie hier beschrieben: Vermischen Sie zum Bau einer Lehmwand den feuchten Lehm mit Sand. Der getrocknete Lehm sollte dann leicht mit dem Fingernagel herauskratzbar sein. Verwenden Sie keine Wandbausteine aus Porenbeton. Hohlziegel werden ebenfalls nicht angenommen, da die Löcher zu groß sind.

Mehr als Wildbienenhotels
Einige Wildbienenarten bauen ihre Nester in die Erde oder auf dem Boden. Zottel-, Erd-, Sand- und Seidenbienen legen ihre Brut in natürlicher Umgebung in Steilwände und Sandgruben. Im Garten können Sie für diese Wildbienenarten freie Sandflächen anlegen. Achten Sie darauf, dass die Flächen im Laufe des Sommers nicht von Pflanzen überwachsen und auch nicht betreten werden. Etwa ein bis zwei Quadratmeter offener lockerer Boden oder Sandfläche können diese Solitärbienenarten bereits anlocken. Seidenbienen sind in der Regel Sommerflieger, ab Juni beginnt ihre Flug- und Bruttätigkeit. Aber sie sind sogar noch im Spätherbst anzutreffen, wenn andere Wildbienen schon längst eingegangen sind.

Folgende Tipps sollten Sie berücksichtigen

- Verwenden Sie entrindetes, unbehandeltes Hartholz von Obstbäumen, Buchen oder Eichen. Es sollte trocken und mehrere Jahre lang abgelagert sein.
- Die Größe der Bohrlöcher sollte 2 bis 10 mm Durchmesser betragen, wobei Löcher mit 3 bis 6 mm Weite am häufigsten belegt werden.
- Löcher etwa eine Bohrerlänge tief bohren, allerdings sollte die Rückseite geschlossen bleiben. Wählen Sie die Abstände zwischen den Bohrlöchern nicht zu klein, die Bohrlöcher gut ausklopfen und die Kanten der Bohrungen abschleifen.
- Bambusstangen mit Hohlraumdurchmesser von 3 bis 10 cm, wobei der Stängelknoten als Abschluss hinten liegen sollte, Bambusbündel horizontal in PVC-Rohre, Dosen oder andere Gefäße fest hineinstecken. Alle hohlen und mit weichem Mark gefüllten Stängel ausgereifter Pflanzen sind geeignet: Holunder, Rosen, Stockrosen, Königskerzen, Disteln, Himbeeren, Brombeeren und Sommerflieder.
- Bringen Sie vor den Öffnungen ein Drahtgitter mit einer Maschenweite von 3 x 3 cm an. Das schützt vor hungrigen Vögeln.
- Zum Bau der Querwände der Brutzellen benötigen Wildbienen unter anderem Erde. Deshalb ist es wichtig, dass die Wildbienen einen Zugang zu offenem Boden haben.
- Bringen Sie neue Nisthilfen schon Anfang März in den Garten.

Insektenhotels sind schnell gebaut und locken nützliche Helfer in den Garten. (Foto: Sabrina Werner)

Wildbienen kaufen?

Einige Firmen wollen mit dem Wildbienentrend verdienen. Neben fertigen Wildbienenhotels werden auch die Tiere selbst vermarktet. Kaufen Sie keine Wildbienen, denn sie sind in ihrer Genetik verarmt, nicht an den Naturraum angepasst, und es ist nicht gesichert, ob sie überhaupt ein geeignetes Nahrungsangebot vorfinden. Wenn Sie ein geeignetes Umfeld schaffen, siedeln sich die Wildbienen von selbst an.

Kardy für Blattrippengratin

Bei uns weitgehend unbekannt, aber der Anbau im Garten lohnt: Kardy. (Foto: Marion Heinz)

Die Kardy ist eine in Deutschland relativ unbekannte Pflanze. Wer sie kennt, nennt sie Spanische Artischocke, Karde oder Kardone. Sie ist quasi die „kleine Schwester" der Artischocke. Doch anders als bei der Artischocke erntet man bei Kardonen nicht die Blütenböden, sondern die Blattrippen. Es handelt sich also um ein typisches Stielgemüse wie Mangold oder Rhabarber. Stehen Kardy und Artischocke im selben Beet, fällt es schwer, sie voneinander zu unterscheiden.

Wer ist wer?

Beim Blick auf die wissenschaftlichen Namen wird sofort die Verwandtschaft deutlich: *Cynara cardunculus* und *Cynara Scolymus*-Gruppe, Kardy und Artischocke. Unterscheiden kann man beide aufgrund ihrer Größe und anhand der Blüten: Karden werden nicht so hoch wie Artischocken, zudem bilden sie zwar kleinere, dafür aber zahlreichere Blüten aus, denen der fleischige Blütenboden fehlt. Das Laub ist – und das ist wohl das sicherste Unterscheidungsmerkmal – im Gegensatz zur Artischocke eher silbergrau und nicht so bewehrt wie das dunklere Laub der Artischocke. Egal ob Artischocke oder Kardy, beide sind gesund! Sie enthalten Cynarin, einen Bitterstoff, der die Galle anregt, und ihre Inhaltsstoffe fördern generell die Verdauung.

Einjährig oder mehrjährig?

Für den Verzehr kultiviert man die Kardy einjährig; geht es an die Saatgutgewinnung, benötigen die Pflanzen zwei Jahre Standzeit. Zwar bilden die Pflanzen schon im ersten Jahr Blüten, bis aber die Samen ausreifen, muss man sich länger gedulden. Mit einem ausreichenden Winterschutz hält die Pflanze auch deutschen Wintern stand. Geeignet ist eine Laubabdeckung oder eine schützende Strohschicht. Zuvor schneidet man sie auf 10 bis 15 cm zurück.

Steckbrief

Karde

Cynara cardunculus

Familie:	Korbblütler (Asteraceae)
Herkunft:	östlicher Mittelmeerraum
Wuchs:	bis zu 1 m^2 einnehmende Staude, rosettig, ausdauernd
Blüte:	bis zu 2 m hoher Stiel mit mehreren Korbblüten, lila
Standort:	geschützt und sonnig, Boden humos, mildfeucht und nährstoffreich
Pflege:	gute Nährstoffversorgung, viel Wasser, Wärme und Licht, Stiele bleichen
Ernte:	gebleichte Stiele ab Mitte/Ende September

Wenn möglich, ein kleines Regenschutzdach basteln, damit Laub oder Stroh nicht zu faulen beginnen. Alles in allem ist Kardy winterhärter als ihre große Schwester, die Artischocke.

In der Küche ... ein Gratin aus Blattrippen

Nachdem die Blattreste entfernt wurden, geht es ähnlich wie mit dem Spargel weiter: Die Schale um die Stängel vorsichtig entfernen, dann die Stiele auf die gewünschte Größe schneiden und ca. 30 min in Essig-Zitronen-Wasser kochen. Werden die geschälten Stiele nicht sofort verwendet, legt man sie in Essigwasser, denn sonst färben sie sich schwarz.

Zutaten:

- *Saft einer unbehandelten Zitrone*
- *Butter*
- *500 g gekochte Blattrippen*
- *2 Eier*
- *10 ml Brühe (je nach Geschmack Geflügel, Fleisch oder Gemüse)*
- *50 g geriebenen Parmesan*
- *100 ml Sahne*
- *Muskat, Salz, Pfeffer*

Zubereitung:
Eine Auflaufform mit etwas Butter ausstreichen. Eier, Käse, Sahne, Salz, Pfeffer und Muskatnuss verrühren. Die abgetropften Kardenschnitze in die Form geben und die Eier-Käse-Masse darüber verteilen. Und dann ab in den vorgeheizten Ofen! 15 min bei 225 °C, bis der Käse golbgelb ist.

Vorziehen oder direkt säen?

Die Direktsaat bietet sich in milden Lagen eher an als in Gegenden mit rauem Klima. Gesät wird 6 cm tief und in einem Abstand von 1 m. Da die Pflanzen sehr ausladend werden, benötigt ein Exemplar einen ganzen Quadratmeter Fläche! Einzelkornablage kommt für Karden nicht infrage, lieber drei bis vier Samen pro Loch säen und nach dem Auflaufen die stärkste Pflanze im Beet belassen. Vor Ende April sollte man nicht säen! Das Saatgut benötigt dann zwei bis drei Wochen zum Keimen, somit stellen die Eisheiligen Mitte Mai keine Gefahr mehr dar.

Erst bleichen, dann ernten

In den Kochtopf wandern die unteren 30 bis 50 cm des gebleichten Laubs – und davon auch nur die Blattrippen. Dazu lässt man die Pflanzen unbeirrt wachsen, bevor es ans Bleichen geht. Im September bindet man dann die Stängel mit einer Schnur zusammen und umwickelt das Gebinde mit einer Stroh- oder Bastmatte bzw. mit Jute oder Leinen. Lediglich die Blattspitzen dürfen oben rausschauen. Folien sollte man nicht verwenden, denn sie fördern die Bildung von Kondenswasser und die Pflanzen könnten zu faulen beginnen! Aus diesem Grund sollte das Laub beim Zusammenbinden auch nicht feucht sein. Zwei bis vier Wochen später sind die Blattstiele hell und zart, die Ernte kann beginnen. Ein weiterer Vorteil des Bleichens: Während dieser Zeit werden enthaltene Bitterstoffe abgebaut, das Ganze kommt also sowohl dem Geschmack als auch dem Biss zugute. Geerntet wird direkt oberhalb des Bodens. Wichtig: Nur so viel bleichen, wie benötigt wird, denn um die Haltbarkeit der Blattrippen ist es leider nicht so gut bestellt. Wer nach Oktober bleichen will, muss die Pflanzen mitsamt dem Ballen ausstechen und im Haus damit weitermachen, etwa im Keller oder in einem anderen dunklen Raum.

Auf den ersten Blick verwechselt man Kardy schnell mit Artischocken. (Foto: Bernd Nitsche)

Hauswurz – Aloe des Nordens

Ein wahrer Überlebenskünstler: Hauswurz.
(Foto: Sabrina Werner)

Steckbrief

Dachwurz, Hauswurz

Sempervivum-Hybr. und -Arten

Familie:	Dickblattgewächse (Crassulaceae)
Herkunft:	aus den Gebirgszonen der Nordhalbkugel
Wuchs:	Staude mit gedrungenem rosettenförmigen Wuchs
Blütezeit:	im Alter von 2–3 Jahren im Sommer, meist weiß, rosa und rot
Standort:	vollsonnig, sonnig, warmer Standort, durchlässiger Boden
Pflege:	im Hochsommer gelegentlich gießen, sonst kaum Pflege notwendig
Vermehrung:	durch Tochterrosetten

„Wer edle Hauswurz hält in Ehren, der kann wohl manchem Übel wehren!" heißt es in „Alräunchens Kräuterbuch", aus dem Jahr 1883.

Hauswurz wird auch Dachwurz, Bart des Jupiter, Dachlauch, Donnersbart oder Donnerwurz genannt; der botanische Name lautet *Sempervivum.* Früher wurden Hauswurze als Glückssymbol auf das Hausdach gepflanzt. Sie sollten Blitze und Unwetter von Haus und Stall fernhalten. Den Blüten der Hauswurz wurde vielerorts besondere Bedeutung zugeschrieben: So kündeten weiße Blüten einen Todesfall und rote ein freudiges Ereignis an. Auch Hildegard von Bingen, Paracelsus und Pfarrer Sebastian Kneipp schätzten und empfahlen die Hauswurz als Heilpflanze. Karl der Große ging gar noch einen Schritt weiter. In seiner Landgüterverordnung „Capitulare de villis vel curtis imperii" ließ er Folgendes verkünden: „Et ille hortulanus habeat super domum suam Jovis barbam" – „Auf dem Dach seines Hauses habe oder pflanze ein jeder Gärtner die Dachwurz."

Anspruchslos und schön

In vielen Teilen Bayerns und auch in anderen Regionen Deutschlands kann man noch heute die Hauswurz auf Dächern, auf Torpfosten oder an

Mauervorsprüngen entdecken. Das allein sagt schon viel über die Anspruchslosigkeit der Pflanze aus. Mehrere Tausend verschiedene Sorten sind bekannt und werden oftmals von Liebhabern weitergepflegt und -gezüchtet. Möchte man Hauswurzarten im Garten ansiedeln, ist vor allem der Standort von Bedeutung, denn die Pflanzen brauchen einen sonnigen Platz und durchlässigen, sandigen Boden. Besitzt man eine Kräuterschnecke oder eine Natursteinmauer, kann man die *Sempervivum*-Arten in kleine Spalten oder auch direkt auf die Steine setzen. Aufpassen muss man nur, dass sie nicht von starkwüchsigen Stauden überwuchert werden.
Eine andere Möglichkeit ist die Kultur im Topf oder in Steingefäßen, denn für eine solche Pflanzung findet sich in jedem Garten oder auch auf dem Balkon ein schöner sonniger Platz. Um Staunässe zu vermeiden, sollte man in das Pflanzgefäß eine gute Dränage mit einbauen, etwa 3 bis 5 cm hoch. Auf diese Dränage legt man ein Stück angepasstes Vlies; dieses verhindert, dass das Dränagematerial verschlämmt.
Als Substrat kann man ein Dachbegrünungssubstrat verwenden oder man mischt Kübelpflanzenerde 1:1 mit Splitt und Tongranulat. Als oberste Schicht empfiehlt sich reiner Splitt. Das sieht schön aus und verhindert das Auflaufen von Unkräutern; zudem trocknen die Pflanzen z. B. nach einem Regen am Wurzelhals schnell ab und sind dadurch vor Fäulnis geschützt. Da *Sempervivum*-Arten nur wenige Nährstoffe benötigen, sollte man vorsichtig düngen. Gegossen werden muss nur selten, denn in den dicken, saftreichen Rosettenblättern speichern Hauswurze viel Wasser für Trockenzeiten.

Auf dem Dach gepflanzt, soll sie vor Blitzschlag schützen. (Foto: Sabrina Werner)

Profitipp
Prof. Christa Habrich

Symbolpflanze mit Heilwirkung
Übersetzt man den botanischen Namen der Haus- oder Dachwurz, versteht man den Symbolcharakter dieses Gewächses besser, denn sempervivum bedeutet so viel wie „immer lebend". Den wissenschaftlichen Namen verdankt die Pflanze wohl ihrer vegetativen Vermehrung durch Ausläufer und Tochterrosetten, die identisches Erbgut enthalten. Neben Samen sorgen vor allem diese Tochterrosetten für die Verbreitung und das Überleben eines Pflanzenbestands. *Sempervivum* stecken ihre gesamte Kraft in die Bildung des Blütenstandes und sterben nach der Blüte ab. In über 95 % der Fälle sind zu diesem Zeitpunkt ausreichend Tochterrosetten ausgebildet, die schnell die entstehende Lücke schließen.
In den Blättern der *Sempervivum*-Arten sind Gerb- und Schleimstoffe sowie Apfel- und Ameisensäure enthalten. Äußerlich angewendet fördert der Saft der Blätter die Heilung vieler Beschwerden, wie etwa leichte Verbrennungen, Insektenstiche, Kratzwunden und Sonnenbrand. Bei Bedarf kann einfach ein Blatt oder auch eine größere Mengen an Blättern aus den Rosetten gelöst und zerquetscht werden, den Brei streicht man anschließend auf die verletzte Haut.

Bart-Iris vermehren

Die prachtvolle Bart-Iris ist eine erstaunlich genügsame und robuste Pflanze.
(Foto: Sabrina Werner)

Die Gattung Iris umfasst über 200 Arten und unzählige Züchtungen. Allein von den Bart-Iris, der sogenannten Barbata-Gruppe, kommen jährlich Hunderte neue Sorten auf den Markt. Sie werden nach Höhe und Blütezeit in drei Gruppen unterteilt:

- **Hohe Bart-Iris,** Iris x Barbata-Elatior, 70 bis 120 cm hoch, blüht ab Ende Mai bis Mitte Juni
- **Mittelhohe Bart-Iris,** Iris x Barbata-Media, 40 bis 70 cm hoch, Mitte Mai/Anfang Juni
- **Niedrige Bart-Iris/Zwerg-Schwertlilien,** Iris x Barbata-Nana, 15 bis 30 cm, blüht ab der 2. Aprilhälfte, Sorten auch für Steingärten und Dachbegrünung geeignet

Abgesehen von einigen Ausnahmen, wie etwa Tiefrot, gibt es die Bart-Iris in allen erdenklichen Blütenfarben. Ihr graugrünes Blatt ist schwertförmig. Sie benötigt einen vollsonnigen Standort, einen trockenen bis frischen, durchlässigen und eher kalkhaltigen Boden. Bewährt haben sich sandige Lehmböden. Abgeblühte Blütenstände sollte man regelmäßig zurückschneiden, um die Samenbildung zu verhindern, die die Pflanze viel Kraft kostet.

Nachwuchs durch Rhizome

Bart-Iris schieben sich mit flach unter der Erdoberfläche verlaufenden Rhizomen durch den Boden. Aus diesen wiederum sprießen jedes Jahr neue Rhizome, die neue Triebe bilden. Rund um die Ursprungspflanze entsteht dadurch nach einigen Jahren ein Ring junger Rhizome, während die Mitte verkahlt. Dann wird es Zeit, die Rhizome zu teilen. Das geschieht am besten nach der Blüte, vorwiegend im Spätsommer. Dazu holt man als Erstes mit einer Grabgabel die Mutterpflanze durch vorsichtiges Hebeln aus dem Boden. Anschließend schneidet man das Rhizom mit einem scharfen Messer in 10 cm lange Teilstücke. Die Spitzen der Rhizome sind meist am wuchsfreudigsten. An jedem Stück sollten gut entwickelte Blätter sitzen. Diese schneidet man bis knapp über den Austrieb zurück, um die Verdunstung zu minimieren. Nun sollte man die Rhizomstücke etwa einen Tag an einem luftigen Platz lagern, damit die Schnittstellen abtrocknen können. Am nächsten Tag kommen die Rhizome in einen Topf oder direkt an einen neuen Platz im Beet. Dazu die Rhizome flach und waagerecht auf das Substrat legen und nur zu zwei Dritteln mit Erde bedecken. Als Letztes gut wässern, um den Bodenschluss zu sichern.

Malfarben aus Blüten

„Ich sammle bunte Farben, denn der Winter ist grau ...“, erklärt Frederick seinen Mäusefreunden im Kinderbuch von Leo Lionni. Und wo Frederick recht hat, da hat er recht! Die Natur malt in den buntesten Farben. Nirgends leuchtet es dermaßen farbenfroh wie in einem Garten in voller Blüte oder auf einer Blumenwiese im Sonnenschein. Klar, man kann die Blumen ernten, sich etwas Farbe für die Vase mitnehmen. Doch das ist nicht dasselbe. Warum also nicht die Farben der Natur konservieren, wie Frederick der kleine Mäuserich, und z. B. Malfarben aus ihnen herstellen?

Sichtbare und unsichtbare Farben

Wer einmal mit Pflanzenfarben gearbeitet hat, weiß, dass das Ergebnis oft weit entfernt von der augenscheinlichen Farbe der ausgewählten Pflanze sein kann. Das liegt daran, dass in Pflanzen sichtbare, aber auch unsichtbare Farben enthalten sind. So kann man mit der Rinde vieler Gehölze Gelb herstellen, auch wenn die Zweige eher hell- oder dunkelbraun sind. Spätestens beim Schälen der Zweige sticht einem aber der gelbe Bast unter der Rinde in die Augen, und der ist verantwortlich für den gelben Farbton. Andere Pflanzen wie etwa Rote Bete oder Holunder halten, was sie versprechen, und färben wie erwartet rot bzw. violett.

Roter Klatschmohn

Auch der Rote Klatschmohn, *Papaver rhoeas,* ist so eine Pflanze, zumindest zu großen Teilen. Bis Anfang des 20. Jahrhunderts wurden die Kronblätter dieser Pflanze tatsächlich zum Einfärben von Wein und Sirup verwendet oder für die Herstellung roter Tinte. Aus den Blüten kann man ganz leicht eine Pflanzenmalfarbe herstellen. Einfach die Kronblätter in einen Mörser zupfen und mit dem Stößel zerreiben. Dabei entsteht ein purpurvioletter Saft, der pH-abhängig die Farbe ändern kann. Soll heißen: Durch Zugabe von Laugen oder Säuren verändert sich der Farbton. Ein paar Tropfen Seifenlauge lassen die Farbe nach Blau umschlagen. Gibt man etwas Essigessenz hinzu, entsteht ein Rot.

Inbegriff des Sommers: die leuchtend roten Blüten des Klatschmohns.
(Foto: Sabrina Werner)

Mohn auf „bienisch“

Rote Blüten sieht man in der freien Natur eher selten. Das liegt daran, dass viele Insekten rotblind sind. Damit der Klatschmohn trotzdem bestäubt wird und seinen Arterhalt sicherstellen kann, bedient er sich eines cleveren Tricks: Der in großen Mengen produzierte Pollen der Blüten reflektiert UV-Licht. Das macht Mohnblüten für Insekten besonders attraktiv, können sie doch UV-Licht im Gegensatz zum Menschen sehr gut wahrnehmen!

Steckbrief

Klatschmohn
Papaver rhoeas

Familie:	Mohngewächse (Papaveraceae)
Herkunft:	Vorderasien, heute fast weltweit verbreitet
Wuchs:	ein- bis zweijährig; bis 80 cm hoch, Stängel stark behaart
Blüte:	Mai bis August; Rot mit schwarzem Grund
Standort:	Pionierpflanze auf Brachen, sonnig, lehmig
Vermehrung:	Aussaat

Beruhigender Baldrian

Die heilkräftigen Substanzen des Baldrians sind schon lange bekannt.
(Foto: Tanja Küblböck)

Schon im Mittelalter war der Baldrian ein vielseitig verwendetes Heilmittel aus der Pflanzenwelt, eingesetzt bei Blähungen, Seitenstechen, Kopfweh oder schlecht heilenden Wunden. Erst ab dem 18. Jahrhundert rückte seine beruhigende und entspannende Wirkung in den Mittelpunkt.

Steckbrief

Echter Arznei-Baldrian
Valeriana officinalis

Familie:	Baldriangewächse (Valerianaceae)
Herkunft:	Europa und Asien
Wuchs:	mehrjährig, 170 cm hoch
Blüte:	Mai bis Juni
Standort:	sonnig bis halbschattig, tiefgründiger Boden
Vermehrung:	Aussaat, Wurzelstock teilen

Herkunft und Anbau

Der Echte Arznei-Baldrian *(Valeriana officinalis)* ist heimisch in Europa und Asien und gedeiht auf feuchten Wiesen, an Bachufern und in lichten Laubwäldern. Die Pflanze schiebt sich mit Rhizomen durch den Boden, aus denen im Frühjahr die Blattrosetten treiben. Ab Ende Mai zeigen sich die bis über 1 m hohen, verzweigten Blütenstände. Seine Wurzeln erntet man im zweiten Standjahr, ab September beginnend bis in den Winter hinein. Im Garten benötigt der Arznei-Baldrian einen humosen und tiefgründigen Boden in sonniger bis halbschattiger Lage. Im Wachstum braucht er regelmäßig Wasser und gelegentlich Dünger. Es empfiehlt sich, ihn nach der Blüte leicht zurückzuschneiden, da er sich sonst durch seine Samen im ganzen Garten breitmachen kann.

Profitipp
Prof. Christa Habrich

Wurzel voller Kraft

Präparate aus der Wurzel des Arznei-Baldrians kommen bei Einschlafstörungen, Unruhe oder Angstzuständen zum Einsatz. Verantwortlich für die entspannende Wirkung sind unter anderem die in der Pflanze enthaltenen ätherischen Öle. Gering dosiert kann man Baldrian auch tagsüber einnehmen. Baldrian beruhigt, macht gelassen und stärkt die Konzentration. Für einen Tee benötigt man etwa einen Teelöffel getrocknete Baldrianwurzeln, übergießt diese mit ca. 150 ml siedendem Wasser und lässt sie 10 bis 15 min ziehen. Dann den Tee abkühlen lassen, durch ein Sieb abgießen und genießen. Verspannte Muskeln kann man bei einem Vollbad mit 100 g Baldrianwurzel lockern. Bisher sind keine schädlichen Nebenwirkungen bei der Verwendung von Baldrian bekannt, und im Gegensatz zu synthetischen Beruhigungsmitteln besteht beim Baldrian auch nicht die Gefahr, abhängig zu werden.

Hübsche Sensibelchen – *Streptocarpus*

Streptocarpus bilden fast täglich neue Blüten. Der deutsche Name „Drehfrucht" bezieht sich auf ihre spiralig gedrehten Früchte. Ursprünglich kommt das Gesneriengewächs in Südafrika und Madagaskar vor, wo es als Bodendecker in lichten Wäldern gedeiht.

Dort, wo sich die Drehfrucht wohlfühlt, blüht sie sehr lange. (Foto: Sabrina Werner)

Viele Farben

Die Drehfrucht ist eigentlich ein Sommerblüher. Durch die züchterische Bearbeitung blühen die Pflanzen allerdings häufig das ganze Jahr über. Die Farbpalette reicht von Weiß über Rot und Rosa bis hin zu einem kräftigen Blau. Einige Sorten bestechen zudem durch die interessante Zeichnung ihrer Blüten.

Der Platz in der Wohnung

Die Drehfrucht benötigt einen hellen Platz ohne direkte Sonneneinstrahlung. Ideal ist ein Ost- oder Westfenster, wenn möglich im Bad oder in der Küche, denn dort ist die Luftfeuchtigkeit relativ hoch, was die Pflanzen als ursprüngliche Waldbewohner besonders schätzen. Was die Drehfrucht überhaupt nicht mag, ist kaltes, kalkhaltiges Gießwasser, dann werden ihre Blätter unansehnlich und es besteht die Gefahr von Pilzkrankheiten. Daher die Kanne schon am Tag vorher auffüllen und neben die Pflanzen stellen. So ist am nächsten Morgen die Temperatur genau richtig zum Gießen. Um Staunässe zu vermeiden, entfernt man zehn Minuten nach dem Gießen überschüssiges Wasser aus dem Untersetzer. Gedüngt wird alle zwei Wochen.

Nachwuchs

Streptocarpus lassen sich über Blattstecklinge vermehren. Dabei die Blätter in Teilstücke schneiden und in Vermehrungserde stecken. Diese enthält kaum Nährstoffe, die Pflanzen müssen geradezu danach „suchen" und bilden so ein stabiles Wurzelwerk. Dann vorsichtig angießen. Die Stecklinge brauchen eine hohe, gleichmäßige Luftfeuchte und kommen daher entweder in ein kleines Gewächshaus oder ins Badezimmer. Nach vier bis sechs Wochen im feuchten und warmen Klima haben sie Wurzeln gebildet. Bis die ersten Blüten erscheinen, dauert es noch etwa neun Monate.

Steckbrief

Drehfrucht
Streptocarpus

Familie:	Gesneriengewächse (Gesneriaceae)
Herkunft:	Südafrika und Madagaskar
Wuchs:	aufrecht, bis 30 cm hoch
Blütezeit:	meist von Mai bis September, manche Sorten ganzjährig
Standort:	hell, ohne direkte Sonne, hohe Luftfeuchte
Pflege:	mit zimmerwarmem Wasser gießen
Vermehrung:	Blattteilstecklinge, Blattstecklinge, Samen

Frühherbst

Gut für alle

- Pflanzenschutz: Winterquartiere für Nützlinge errichten, Achtung: Schnecken sind jetzt besonders aktiv!
- Letzter Termin zur Herbstaussaat für Feldsalat und zweijährige Blütenpflanzen
- Bodenfruchtbarkeit erhalten; weiterhin Gründünger aussäen (Spinat, *Phacelia*)
- Vermehrung: Stecklinge von Gehölzen

Obst und Gemüse

- Zeit zum Säen: Winterspinat, Winterportulak, Salatrauke
- Rhabarber teilen und neu pflanzen
- Kräuter für den Winter in Töpfe säen: Dill, Kresse und Kerbel, Senf, Schnittlauch
- Äpfel und Birnen: zur Pflückreife ernten und einlagern; Abschlussdüngung mit Kali

Fürs Auge

- Stauden pflanzen, bei Bedarf teilen und verjüngen
- Nicht winterharte Zwiebelgewächse ins Warme bringen
- Empfindliche Kübelpflanzen schneiden, auf Schädlingsbefall kontrollieren und ins Winterquartier stellen
- Rosen nicht mehr düngen

Ernte

- Aus der Natur: Beeren von der Eberesche, Hagebutten, Mehlbeere, Haselnüsse
- Aus dem Garten: Spätkartoffeln, Knollenfenchel, Baumobst, Kräuter und Kohlrabi

Der Garten im Frühherbst

Und wieder ist es der Holunder, der den Beginn einer Jahreszeit markiert. Waren es im Frühsommer noch seine Blüten, stehen seine Früchte für den Beginn des Frühherbstes. Jetzt fruchtet überhaupt meist mehr, als man verarbeiten kann. Wer seine Obst- und Gemüseernte bis in den Winter „retten“ möchte, macht sie haltbar. Wir zeigen, wie man Geschmack und Vitamine mit Trocknen, Dörren und Einkochen konservieren kann. In voller Blüte steht *Echinacea purpurea,* der Purpurrote Sonnenhut. Er ist nicht nur eine prächtige Staude, aus ihm stellt man auch Arzneimittel gegen Erkältungen her. Viele kennen die Nachtkerze *(Oenothera biennis)* als stattlichen, zweijährigen Blüher. Warum die Pflanze auch Schinkenwurzel genannt wird, verraten wir einige Seiten weiter hinten. Außerdem wirft man im Frühherbst schon einen Blick ins kommende Gartenjahr. Blumenzwiebeln kommen jetzt in die Erde, die im Frühjahr mit ihren Blüten protzen. Plumpsen im Biergarten die Kastanien in den Krug, geht es in die zweite Runde des Herbstes: den Vollherbst.

Sommer wie Winter vom Garten satt werden

von Barbara Krasemann

Eine Art der Konservierung empfindlicher Blüten ist das schonende Trocknen. (Foto: Barbara Krasemann)

Von meinem eigenen Garten einmal satt zu werden, das war ein Wunschtraum, aber mit diesem Gedanken befasse ich mich seit fast 28 Jahren. Im Lauf der Zeit wuchsen Bäume und Sträucher, Obst- und Gemüseernten nahmen stattliche Ausmaße an.
Mit der Zeit kreisten meine Gedanken immer mehr um die Erträge aus meinem Garten, denn ich wollte nicht nur im Sommer von den Früchten meines Gartens leben, sondern auch im Winter. Je origineller und vielfältiger ich meine Erträge verarbeiten würde, umso abwechslungsreicher sähe dann später auch mein Speiseplan aus.

Viele Konservierungsmethoden meiner Großeltern habe ich zwar übernommen, ich gebe ihnen aber meinen ganz persönlichen, modernen Anstrich.

Trocknen und Dörren

Interessant ist für mich heute wieder das Trocknen oder Dörren. Hier kann ich große Mengen ohne allzu großen Aufwand verarbeiten. Zwar benötige ich dafür etwas Energie, aber nur für relativ kurze Zeit. Getrocknete Früchte, Gemüse, Kräuter und Tees schrumpfen dabei auf ein Zehntel ein und das Endprodukt kann ich über viele Jahre zum Nulltarif in einfachen Holzkisten einlagern.
Gerätschaften dazu gibt es auf dem Markt in reicher Form. Von elektrischen Dörrapparaten in unterschiedlichen Größen über Solargeräte bis hin zum einfachen Heißluftherd in der Küche oder dem eigens dafür errichteten Dörrhaus.
Die Trocknung an der Luft ist unter Umständen ebenfalls möglich. Ist die Witterung über einen längeren

Getrocknetes Gemüse als Suppengewürz ersetzt den Brühwürfel.
(Foto: Barbara Krasemann)

Grünmehl

Ein leider völlig vergessenes Nahrungsmittel ist das Grünmehl. Es besteht aus getrockneten Blättern wie Melde, Salat, Erdbeerspinat und auch Linden- oder jungen Buchenblättern. Sie werden gemischt oder einzeln getrocknet und anschließend zu einem grünen Pulver gemahlen. Daraus stelle ich im Handumdrehen feine Suppen her. Meine Kartoffelsuppe z. B. bekommt mit wenigen Löffeln Grünmehl eine cremige Konsistenz und ein feines Aroma.

Zeitraum beständig, kann man durchaus einmal zarte Blätter, also Kräuter, im Freien trocknen. Der Ort muss luftig, überdacht und vor direkter Sonne und Regen geschützt sein.
Die idealen Temperaturen zum Dörren liegen zwischen 35 und 70 °C. Je schneller das Produkt trocknet, umso besser schmeckt es später. Wird der Trocknungsprozess unterbrochen und das Lebensmittel kühlt ab und wird wieder feucht, dann bilden sich Schimmelpilze und Bakterien. Das Dörrgut wird unbrauchbar.

Wie und was trocknet man?

Zum Trocknen eignen sich vollreife Früchte, Gemüse und Kräuter. Große gesäuberte Früchte und Gemüse schneidet man in dünne Scheiben, Würfel oder Raspel. Je feiner das Dörrgut, umso schneller ist es getrocknet. In den ersten Trockenstunden ist es sinnvoll, das Produkt einmal zu wenden, damit es nicht am Trockenrost festklebt. Das fertige Obst oder Gemüse muss zwischen den Händen rascheln, wenn man es auf dem Rost bewegt.
Pürierte, gemischte Früchte trockne ich zu Fruchtmarkschnitten ein. Sie sind für den Winter eine köstliche und gesunde Leckerei.
Gemischte Gemüse lassen sich ebenfalls, zu Brei verarbeitet und mit Kräutern und Salz abgeschmeckt, zu einem Suppengewürz eintrocknen. Die hart getrockneten Gemüseplatten werden im Mixer zu einem Gemüsepulver zerkleinert. Ich bewahre das Pulver am liebsten in Schraubgläsern auf.

Die Rezepte für diese Köstlichkeiten kreiert die Natur. Ich verwende die Gemüsesorten und Früchte meistens in der Reihenfolge, in der sie reifen.

Milchsäuregärung

Um für den Winter einen Vitaminvorrat anzulegen, ist das Vergären mit Milchsäurebakterien ein Muss. Hier wird das Lebensmittel durch Enzyme und andere hochwertige Stoffe sogar noch angereichert.
Milchsaure Lebensmittel sind mein tägliches Brot. Ich glaube, das ist das Gesündeste überhaupt – neben dem frischen Gemüse.
An erster Stelle meiner Beliebtheitsskala für diese Zubereitungsart stehen die Möhren, dann mag ich verschiedene Bete, wie Rote, gelbe, weiße und auch geringelte. Am bekanntesten sind die norddeutschen Schnippelbohnen, die allerdings vor dem Einsäuern kurz gekocht werden müssen. Auch Mairüben, Herbstrüben, Pastinaken, Petersilienwurzeln, Sellerie, Zwiebeln, Porree, Rettich, Erbsen, Gurken, Paprika, grüne Tomaten, Zucchini, Kürbis, Kohlrabi, Brokkoli und Blumenkohl, ja alle Kohl- und Wildkohlsorten lassen sich mithilfe von Milchsäurebakterien haltbar machen und veredeln.
Ganz nach Geschmack kann ich die Zutaten mischen. Der Experimentierfreude sind dabei keinerlei Grenzen gesetzt.
Das Gleiche gilt für die Gewürze. Zu ungewöhnlichen Mischungen passen auch ausgefallene Kräuter. Neben Kümmel, Lorbeerblatt, Dill und Wa-

cholderbeeren verwende ich Estragon, gelben Senf, Bohnenkraut, Koriander, Meerrettich, Ampfer, Bärwurz, Schottischen Liebstöckel und Knoblauch. Gewürze sind Duft- und Geschmacksträger und unterstützen eine gesunde Gärung, indem sie Fäulniserreger wirksam unterdrücken.
Meerrettich-, Himbeer- oder Johannisbeerblätter besitzen reichlich lebende Milchsäurebakterien und ich lege sie darum gern als Abschluss auf das Gemüse. Ganz nebenbei geben sie der Mischung ein besonders feines Aroma.

Die Gärung

Salz ist für den Start der Säuerung unerlässlich. Es schützt das Gemüse davor zu faulen. Der Salzgehalt sollte 0,8 % des Gemüsegewichts betragen. Um die Vermehrung von Fremdbakterien zu verhindern, füge ich jedem Ansatz mindestens 0,25 l Molke oder Buttermilch hinzu.
Eine entscheidende Rolle spielt dann noch die Gärtemperatur, die im günstigsten Fall bei 20 bis 22 °C liegt. So kommt die Gärung schnell in Gang. Diese Temperatur sollte bis zum Ende der Gärung etwa zwei bis drei Wochen beibehalten werden. Ist der Prozess beendet, wird das Gefäß unter 10 °C kalt gestellt oder das Gemüse in Gläsern bei 85 °C eine halbe Stunde lang eingekocht.
Zum Gären eignen sich spezielle Gärfässer optimal. Ein solches Keramikfass hat einen Gießring, den man mit Wasser füllt und mit einem Keramikdeckel schließt. Das entstehende Gas kann während der Gärung austreten, Sauerstoff und Bakterien können nicht mehr eindringen.
Arbeitet man mit so einem Fass und optimalen Temperaturen, kann die erforderliche Salzmenge sogar bis auf 0,6 % reduziert werden.

Meine Lieblingsmischung

Für ein 5-l-Fass:
- 1,5 kg Möhren
- 1,5 kg Pastinaken
- 1–2 mittlere Kohlköpfe
- ½ Stange Meerrettich
- 2 EL Wacholderbeeren
- 2 EL Kümmel (ganz)
- 27–36 g Salz
- 0,25 l Molke

Die gesäuberten Zutaten werden mit einem Gurkenhobel geraspelt und mit dem Salz nach und nach in das Fass eingeschichtet. Jede Lage wird mit einem Stampfer fest in das Gefäß gestampft, damit die Zellwände der Gemüse platzen.
Diese mühsame Arbeit ist erst beendet, wenn sich über dem Gemüse eine ca. 4 cm dicke Saftschicht gebildet hat. Jetzt wird die Molke hinzugegeben und anschließend zwei Beschwerungssteine, die zum Fass gehören, auf das Gemüse gelegt. Sollten diese Steine einmal nicht mit Flüssigkeit bedeckt sein, kann man mit abgekochtem, 20 °C warmem Salzwasser auffüllen.

Die Zutaten für meine Lieblingsgärgemüsemischung.
(Foto: Barbara Krasemann)

Pesto, eine Würzpaste, die das kräftige Aroma von Kräutern bewahrt.
(Foto: Barbara Krasemann)

Pesto selbst machen

Ein Fertigprodukt hat es bereits vor vielen Jahren in die Regale der Supermärkte geschafft: das Basilikumpesto.
Zu Brei zerkleinerte Basilikumblätter werden dafür mit Salz, Öl und zerkleinerten Samenkernen oder Nüssen, versetzt und als Würzpaste zum Beispiel über gekochte Spaghetti gegeben.
Vielerlei würzige Blätter, die auch in meinem Garten gedeihen, lassen sich in ähnlicher Weise zu einem „Pesto" verarbeiten.
Meine Favoriten sind frische Bärlauchblätter, Ruccola, Maggikraut, Staudenkresse, Pastinakenblätter, Petersilie, Zuckerwurzelblätter oder auch Meerrettich.
Zum Mildern des meist sehr intensiven Aromas mische ich sie gern mit Gemüseampfer, jungen Brennnesseln und Melden. Das Mischungsverhältnis ist Geschmackssache.
Zum typischen Basilikumpesto mischt man Pinienkerne. Ich verwende das, was in meinem Garten wächst, zum Beispiel gemahlene oder sehr fein gehackte Haselnüsse, Walnüsse oder süße Mandeln. Es schmecken aber auch winzig geschnittene Möhrenstückchen, getrocknete Tomaten oder Paprika, Zuckerwurzeln und vieles mehr. Ich probiere ständig neue Kombinationen.
Mit den Fetten halte ich es ebenso. Gut schmeckt mir Sonnenblumen-, Distel- oder Rapsöl, weil sie relativ neutral sind. Aber man kann ebenso aromatische Nussöle verwenden.

Was brauche ich?

1000 g Würzpaste stelle ich aus etwa 500 g Blättern, 100 g Nüssen oder Ähnlichem, etwa 400 ml Öl und 3 Esslöffeln Salz her.
Die Salzmenge reicht nicht aus, um das Pesto für viele Monate haltbar zu machen. Im Kühlschrank aufbewahrt und mit Öl bedeckt, hält es gut zwei Wochen.
Einen größeren Vorrat koche ich darum 30 min bei 85 °C ein.

Einkochen

Das Einkochen ist nicht schwierig, man sollte nur ein paar Regeln beachten: Sauberkeit steht an erster Stelle. Ich verwende zum Abfüllen der Speisen sowohl Gläser mit Einkochgummiring als auch wiederverwendbare Schraubgläser.
Zum Einkochen bietet der Handel entsprechende Einkochtöpfe, aber seit Langem auch Vollautomaten, bei denen nur noch nach Tabelle die Zeiten und Temperaturen eingestellt werden.
Es funktioniert aber genauso gut im Backofen des Küchenherds. Dafür legt man ein Geschirrtuch auf den Boden einer Fettpfanne, diese füllt man zur Hälfte mit Wasser und schiebt sie in den Backofen. Dort hinein werden die verschlossenen Gläser gestellt. Die Einkochzeit wird erst gemessen, wenn die Einkochtemperatur erreicht ist. Das gilt genauso für den Einkochtopf, den man auf die Herdplatte stellt.
Gläser, Deckel und Gummi müssen absolut fehlerfrei und sauber sein. Jede Beschädigung und jeder Schmutz am Glasrand oder Deckel würde nach dem Einkochen Luft in das Gefäß

Eine einfache, aber effektive Methode: das Einkochen.
(Foto: Barbara Krasemann)

lassen. Dieser Sauerstoff führt dann umgehend zu Fäulnisbildung.
Da beim Einkochen im Glas ein Unterdruck entsteht, ist so ein Glas in abgekühltem Zustand auch nur mit einem „Plopp" zu öffnen. Beim Schraubglas wölbt sich der Metalldeckel deshalb auch leicht nach innen.
Wölbt er sich nach außen, ist der Inhalt bereits verdorben. Liegt beim Arbeiten mit Gummiring der Glasdeckel nach dem Abkühlen lose auf dem Glas, muss der Inhalt in wenigen Tagen verzehrt werden.
Die Einkochzeiten sind Erfahrungswerte. Ist der Inhalt, den ich einkoche, bereits essfertig weich, reicht in der Regel eine Einkochzeit von 30 min bei 80 °C. Muss zum eigentlichen Pasteurisieren das Lebensmittel noch garen, also weich werden, sollte man die entsprechenden Garzeiten berücksichtigen. Je härter das Obst oder Gemüse ist, umso höher reguliert man die Temperatur, in der Regel liegt sie zwischen 85 und 95 °C. Gute Anhaltspunkte bieten Einmachbücher oder Tabellen im Internet. Aber meist muss man eigene Erfahrungen sammeln, da die Festigkeit, das heißt die Garzeit verschiedener Lebensmittel, doch sehr unterschiedlich ist.

Marmeladen & Co.

Fruchtigsüßer Aufstrich für Brötchen, Kuchen und andere Naschereien gehört natürlich auch zu meiner Vorratswirtschaft und dabei ist es unerheblich, ob ich es Marmelade, Konfitüre oder Latwerge nenne. Für dieses kreative Hobby benötigt man nicht mal Rezepte, sondern nur einige Grundkenntnisse, um einen streichfähigen und nicht flüssigen Aufstrich zu erhalten.

Jede Frucht enthält Pektin, das für das Gelieren des Saftes oder Fruchtbreis verantwortlich ist. Der Gehalt an Pektin ist dabei von Frucht zu Frucht verschieden.
Je saurer die Früchte, umso besser gelieren sie. Sind Äpfel oder Stachelbeeren noch nicht ganz reif, enthalten sie besonders viel von diesem natürlichen Geliermittel. Man kann solche Früchte nun mit einfachem Haushaltszucker, braunem Zucker oder Honig ganz nach persönlichem Geschmack süßen, ohne von einer vorgegebenen Menge Gelierzucker abhängig zu sein.
Werden schwach gelierende Früchte verwendet, reicht es meist, ein oder zwei geriebene Äpfel zum Fruchtbrei zu geben, denn in den Apfelschalen und im Kernhaus liegt der Pektingehalt bei 15 %. Die Pektinfavoriten sind Zitronen- und Orangenschalen mit 30 %. Kirschen haben dagegen nur 0,4 %, Aprikosen 1 % und Möhren 1,4 %

Pektingehalt von Früchten

- **Früchte mit hohem Pektingehalt sind:** Apfel, Berberitze, Blaubeere, Eberesche, Johannisbeere, Mispel, Preiselbeere, Stachelbeere, Zitrusfrüchte mit Schalen
- **Früchte mit mittlerem Pektingehalt sind:** Aprikose, Birne, Brombeere, Himbeere, Mirabelle, Pfirsich, Pflaume, Reneklode, Sanddorn
- **Früchte mit niedrigem Pektingehalt sind:** Erdbeere, Holunderbeere, Kirsche, Kiwi, Rhabarber, Weintraube

Pektin in der frischen Frucht. Verarbeite ich Holunderbeeren, dann kombiniere ich sie gern mit Stachelbeeren und so weiter.
Pektine haben im Obst die Funktion, die Zellwände zu stabilisieren und die Feuchtigkeit zu regulieren. Diese festigende Wirkung nutzen wir für unsere Marmelade aus.

Gelierhilfen

Hat man bisher mit künstlichen Gelierhilfen gearbeitet, ist man eine sehr kurze Kochzeit gewohnt. Ohne diese Hilfsmittel rechne ich mindestens mit 15 min Kochzeit oder länger. Dann macht man eine Gelierprobe: Dazu lässt man mithilfe eines Löffels einige Tropfen Fruchtbrei oder Saft auf einen sehr kalten Teller tropfen. Fließt er nicht mehr vom Teller herunter, kann der Aufstrich in saubere Gläser gefüllt werden.
Möchte ich pektinarmes Gelee aus pektinarmen Kirschen herstellen, muss ich Pektin hinzufügen. Es eignet sich auch Apfelpektin oder Agar-Agar, das aus Meeresalgen besteht. Angaben zu den Mengen und der Kochzeit findet man auf der Verpackung.
Heiß abgefüllt, stellt man die Gläser kurz auf den Kopf. Das erzeugt den Unterdruck im Glas und der Inhalt bleibt länger haltbar. Angebrochene Gläser mit geringem Zuckeranteil müssen im Kühlschrank aufbewahrt und zeitnah verbraucht werden.
Ein Zuckergehalt von mehr als 50 % verlängert die Haltbarkeit der Aufstriche enorm, denn Zucker wirkt stark wachstumshemmend auf die Mikroorganismen.

Saft

Die Saftgewinnung darf in meiner Liste von Verarbeitungsmöglichkeiten von Früchten und einigen Gemüsesorten nicht fehlen. Gerade bei der Wildfrucht- und Beerenernte fallen häufig große Mengen Saft an. Die Speisekammer füllt sich mit Kompotten und eine schier unendliche Menge an Wildpflaumen quillt aus meinem Erntekorb.
Beeren mit weicher Schale und kleinen Kernen wie Himbeeren, Erdbeeren, Holunderbeeren, Brombeeren und Weintrauben kann ich in einer Fruchtpresse kalt ausquetschen. Diese Säfte eignen sich besonders gut für die Herstellung von Wein durch Vergärung.
Ebenso kann ich ohne großen Kraftaufwand Früchte in den Dampfentsafter füllen. Der heiße Wasserdampf aus dem unteren Teil des Topfes lässt die Zellwände des Obstes im oberen Topfteil platzen und so tritt der heiße Saft aus. Er fließt über einen Schlauch ab und kann sofort in Flaschen abgefüllt werden. Schnell verschlossen, hält dieser pasteurisierte Saft einige Jahre. Voraussetzungen für die Haltbarkeit sind eine Abfülltemperatur von mindestens 80 °C und saubere, ausgekochte Flaschen.
Dieses „Dampfentsaften“ eignet sich auch hervorragend bei Wildpflaumen. Ich kann sie, ohne die fest sitzenden Steine entfernen zu müssen, einfach in das Gerät geben. Nicht einmal die kleinen Stiele muss ich vorher abzupfen. Die Saftausbeute beträgt pro Zentner etwa 35 l. Diese Menge ändert sich natürlich nach Obstart, Reife und Frische.

Gelee und Sirup

Der austretende Saft ist klar und kann zum Beispiel zu Gelee weiterverarbeitet werden. Auch für die Herstellung von Sirup ist er eine gute Basis. Dafür kocht man Zucker und Saft im Verhältnis 1:1 und füllt das Ganze wieder heiß in Flaschen ab. Mit frischem Wasser aufgefüllt, habe ich zu jeder Zeit ein herrliches Sommergetränk.
Große Mengen an Äpfeln, Birnen & Co. lässt man am besten in vereinseigenen Mostereien zu Saft verarbeiten. Fast jeder Obst- und Gartenbauverein verfügt heute über so eine Anlage. Auch hier gilt wieder, dass der Saft auf mindestens 80 °C erhitzt und in Flaschen abgefüllt wird. Soll ein Fruchtwein entstehen, wird der Saft vorher nicht pasteurisiert.

Hat man viele Beerensträucher im Garten, lohnt sich eine Saftpresse.
(Foto: Barbara Krasemann)

Senf anbauen und herstellen

Senfanbau im Garten ist möglich! (Foto: Sabrina Werner)

Früher war er eines der wertvollsten Gewürze, mittlerweile gibt es Senf an jeder Imbissbude. Vor allem für Bayern ist er ein unverzichtbares Würzmittel. Weißwürste ohne süßen Senf? Undenkbar!

Weißer Senf

Brassica alba

Steckbrief

Familie:	Kreuzblütler (Brassicaceae)
Herkunft:	China
Wuchs:	einjährig, bis zu 100 cm
Blüte:	Juni bis August, gelb
Standort:	sonnig, frisch bis feucht, nährstoffreich
Pflege:	evtl. stäben
Vermehrung:	Aussaat im Abstand von 5 cm in der Reihe und einem Reihenabstand von 30 cm

Der lange Weg eines kleinen Korns

Schon seit 3000 Jahren wird Senf in Asien angebaut. Den Sprung nach Europa schaffte die Pflanze etwa 400 vor Christus: Über Arabien kam er nach Griechenland und dann zu den Römern, die dem Senf schließlich auch den Weg über die Alpen bereiteten. Gleichzeitig waren sie die ersten, die das Korn zu einer Gewürzpaste verarbeiteten. Karl der Große nahm das Kraut in seine Landgüterverordnung auf, in die „Capitulare de villis vel curtis imperii".

Heilendes Würzmittel

Seit den Arabern weiß man um die Heilwirkung der Pflanze. Senf fördert die Verdauung und trägt zur inneren Reinigung bei, so Hippokrates. Dioskurides sah das ähnlich. Pythagoras meinte, Senf schärfe den Verstand. Heutzutage ist vor allem der Schwarze Senf von medizinischer Bedeutung: äußerlich angewendet zur Durchblutungsförderung bei Rheuma und innerlich zur Verdauungsförderung. Andere Arten, etwa Brauner oder Weißer Senf, finden eher in der Küche Verwendung.

Braun, Schwarz und Weiß

Für den Gartenbau von Bedeutung sind drei Arten: Brauner *(Brassica juncea)*, Schwarzer *(B. nigra)* und Weißer Senf *(B. alba)*. Dabei sind der Braune und Schwarze Senf schärfer als der Weiße.
Beim Braunen Senf muss man sich in der Küche nicht nur aufs Korn beschränken, alle Teile der Pflanze sind essbar und schmecken. Junge Blätter können in die Salatschüssel wandern oder in Wokgerichten für Pep sorgen. Ältere Blätter lassen sich wie Spinat zubereiten. Schwarzer Senf liefert ebenfalls schmackhafte Keimlinge für die Salatschüssel, zu Senfpaste wird er nie rein verarbeitet.

Am intensivsten schmeckt Senf frisch gemahlen. (Foto: Sabrina Werner)

Aus seinen Körnern kann man Senföl für medizinische Zwecke herstellen. Der Weiße Senf ist der Klassiker. Aus ihm wird unser gelber Speisesenf hergestellt. Auch im Wuchs unterscheiden sich die drei Arten: der Weiße wird 0,3 bis 0,7 m, der Braune 0,3 bis 1,0 m und der Schwarze Senf 0,3 bis 1,8 m hoch.

Vom Korn zum Gewürz

Senf ist schnellwüchsig und relativ anspruchslos. Wer Senf als Gewürz anbauen möchte, kann ab Anfang April direkt ins Freiland säen. Als Gründünger kann er sogar bis in den September gesät werden. Der Abstand in der Reihe beträgt 5 cm, der zwischen den Reihen 30 und die Saattiefe sollte 1 bis 2 cm betragen. Wenige Tage nach der Aussaat sprießen dann die ersten Keimlinge. Bei Kulturbeginn in der ersten Jahreshälfte muss man sich nicht um Spätfröste sorgen, während der Keimung und im Jugendstadium halten die Pflanzen durchaus Temperaturen bis -6 °C aus. Werden die Pflanzen größer, freuen sie sich über Unterstützung: An Stäbe gebunden knicken sie bei stärkerem Wind nicht so leicht um. Senf ist besonders trockenheitstolerant und dank der bis zu 1,2 m langen Wurzeln ein idealer Erosionsschutz und Bodenlockerer. Je nach Witterung und Aussaattermin, beginnen die Pflanzen dann ab Juni, spätestens aber im August, zu blühen. Mit der Ernte wartet man, bis die Schoten an den Pflanzen reif und trocken sind.

Andere Länder ...

Die Inder mahlen ihren Senf nicht, sie rösten die Körner im Ganzen. So entfalten sie ihr nussiges Aroma. Später wandert das so behandelte Senfkorn in indischen Küchen dann in Curry- oder Gewürzpasten. Die Japaner ernten blühende Triebe und Stängel, um diese in Salz und Essig einzulegen.

Rezept

Süßer Senf – ein Münchner Klassiker

Kein Wunder, dass Weißwürste und Senf so gut harmonieren: Beide stammen aus München. Die Weißwurst als Zufallsprodukt und kurze Zeit später der Senf als Ergebnis gezielter Geschmacksvariation. Im Supermarkt kaufen muss man sich die süße Paste aber nicht unbedingt. Senf herstellen mag zwar etwas aufwendiger sein als einkaufen, doch Selbstgemachtes schmeckt einfach besser!

Zutaten:

- *250 g weiße Senfsamen*
- *125 g braune Senfsamen*
- *500 g braunen Zucker*
- *350 ml Wasser*
- *350 ml Weißweinessig*
- *1 Prise Salz*
- *1 Prise gemahlene Nelken (kein Muss, sondern Geschmackssache)*

Zubereitung:

Die weiße Senfsaat fein mahlen, die braune etwas gröber. Wer es etwas schärfer mag, kann noch ein paar Körner vom schwarzen Senf hinzugeben. Dann das Senfmehl mit dem Salz und den Nelken vermischen. Wasser, Essig und Zucker aufkochen und in das Senfmehlgemisch rühren. Je länger man rührt, desto zäher wird der Senf. Nun den Senf in ausgekochte Einmachgläser füllen und mindestens drei Wochen ziehen lassen, damit er Geschmack entwickelt. Direkt nach der Zubereitung erinnert das Aroma noch nicht so ganz an Senf. Im Kühlschrank gelagert, hält der Senf etwa ein halbes Jahr.

Seife mit zartem Duft

Beim Seife herstellen unbedingt Haut und Augen schützen.
(Foto: Barbara Krasemann)

„Die Seife ist ein Maßstab für den Wohlstand und die Kultur der Staaten ...“, sagte einst Justus von Liebig (12.05.1803–18.04.1873).
Bereits vor über 4000 Jahren kannten Menschen eine Vorform der Seife. Die Sumerer haben das Rezept für die Herstellung auf einer Tontafel in Keilschrift festgehalten. Dieses Rezept beschreibt das Verkochen von alkalischer Pottasche, die man aus verbrannten Pflanzen gewann, mit Ölen. Diese erste Form der Seife wurde auch von anderen Kulturen wie den Ägyptern und den Griechen übernommen, allerdings nicht unbedingt zum Reinigen des Körpers, sondern häufig als Heilmittel bei Verletzungen und Hautkrankheiten. Das Geheimnis dieser „Heilwirkung“ der Seife beruht aber wohl eher darauf, dass damit Dreck, Talg und Schweiß von der Haut abgewaschen wurden, denn die meisten Krankheiten waren damals auf mangelnde Hygiene zurückzuführen. Erst einige Tausend Jahre später verwendeten die Römer Seife auch zur Körperpflege.
Seife, wie wir sie heute kennen, ist noch relativ jung und wurde wohl im 7. Jahrhundert von den Arabern entwickelt. Diese verkochten Fett und Lauge und erhielten eine feste Masse, die sich gut in Stücke teilen ließ. Diese Rezeptur verbreitete sich in allen Ländern Europas und Seife wurde rasch zu einem begehrten Luxusgut.
Wer einmal eigene Seife hergestellt hat, wird kaum wieder auf das Händewaschen damit verzichten wollen, denn Duft, Farbe und Konsistenz lässt sich auf die eigenen Vorlieben abstimmen. Handschuhe und Schutzbrille gehören bei der Seifenherstellung zur Grundausrüstung und sollten stets getragen werden! Zudem verwendet man nur ausgediente Töpfe und Geräte, die anschließend nicht mehr in der Küche eingesetzt werden. Will man in der Küche Seife herstellen, sollte man alle Flächen großzügig mit Zeitung abdecken und sehr sorgfältig und vorsichtig arbeiten. Alternativ kann man Seife an windstillen Tagen auch im Freien arbeiten.

Zutaten

- 350 ml Flüssigkeit (Wasser oder auch Tee von verschiedenen Lieblingskräutern)
- 135 g NaOH (erhältlich in der Apotheke)
- 500 g Frittierfett
- 150 g Kokosfett
- 100 g Kakaobutter
- 150 g Rapsöl
- 100 g Olivenöl
- 40 g getrocknete Blüten nach Wunsch

Seife selbst machen Schritt für Schritt

Barbara Krasemann

Der erste Schritt: Exakt 135 g NaOH langsam und nach und nach in die 350 ml **der kalten Flüssigkeit** einrühren. Beim Herstellen der Natronlauge muss man sehr vorsichtig sein, denn die Lauge ist ätzend. Darüber hinaus entwickeln sich beim Rühren giftige Dämpfe, die unangenehm riechen und nicht eingeatmet werden sollen. Deshalb mit weit ausgestreckten Armen und am besten im Freien arbeiten! Zudem sollte man während der Seifenherstellung unbedingt Handschuhe und eine Schutzbrille tragen! Die Flüssigkeit wird beim Rühren richtig heiß und kühlt erst nach und nach wieder ab. Zum Weiterverarbei-

ten darf die Temperatur später nicht höher als 40 bis 50 °C sein.
Der zweite Schritt ist das Schmelzen der festen Fette. Dabei muss man aufpassen, dass das Fett nicht zu heiß wird! Die Mengen müssen genau abgewogen werden, denn nur so erhält die Seife später die richtige Konsistenz. Ist das Fett geschmolzen, kommen Raps- und Olivenöl mit dazu. Das kalte Öl und das ständige Rühren lassen die Temperatur der Fette rasch auf den Optimalwert von etwa 40 °C sinken.

Das Verseifen

Nun kann man mit dem Verseifen beginnen, denn Seife entsteht erst, wenn die Natronlauge ganz langsam zu den Fetten gerührt wird. Beim Verseifen reagiert die Natronlauge mit den unterschiedlichen Fetten und dieser Vorgang benötigt seine Zeit. Etwa eine halbe Stunde muss man das Gemisch rühren, bis es die Konsistenz von Pudding hat und an der Oberfläche zeichnet.
Hat die Mischung die richtige Konsistenz erreicht, gibt man die getrockneten Blüten dazu. Wer keine getrockneten Blüten und Blätter hat, kann auf ätherische Öle zurückgreifen. Maximal zehn Tropfen kommen zu den angegebenen Seifenzutaten.
Sind die getrockneten Blüten in der Masse verteilt, wird die noch warme Mischung in Seifenformen gefüllt. Ganz auskühlen darf die Seife jetzt aber auf keinen Fall, denn der chemische Prozess ist noch nicht abgeschlossen. Am besten schlägt man die Seifenform in eine wärmende Decke ein und bringt sie schnell ins warme Wohnzimmer. Nach 24 Stunden ist die Seife so weit ausgehärtet und kann aus der Form genommen werden. Vor dem Stürzen der Form sollte man die Seife in kleine und handliche Stücke zerschneiden. Mit der frischen Seife darf man sich allerdings noch nicht waschen, denn die Seife muss noch für mindestens sechs Wochen an einem luftigen Ort reifen.

Rose, Lavendel, Ringelblume ...

... und viele weitere Pflanzen lassen sich zum Aromatisieren von Seifen verwenden. Getrocknete Kamillenblüten kann man in einem Mörser fein zerreiben und zur Seife geben, diese erhält dadurch eine gelb-grünliche Farbe und einen feinen Duft.
Auch Lavendelblüten können getrocknet und zerkleinert der Seife zugegeben werden, allerdings verlieren die Blüten dabei ihre Farbe und werden bräunlich. Der Duft entschädigt jedoch für die Optik. Das Gleiche gilt für getrocknete Rosenblüten, auch bei ihnen bleibt der köstliche Duft, die Blüten verfärben sich eher bräunlich.
Aus Ringelblumenblüten kann ein „Tee“ gekocht werden, dieser ersetzt dann die Flüssigkeit aus dem Grundrezept. Zudem kommen wie bei den anderen Rezepten noch die fein zerriebenen Blüten mit in die Seife. Ringelblumenseife hat eine schöne gelb-orangefarbene Grundfarbe, die beim Nachreifen der Seife noch nachdunkelt. Wie die Ringelblume lässt sich auch die Schafgarbe verwenden – heraus kommt dabei ein etwas grünlicher Farbton.

Nach dem Schneiden muss die Seife erst noch mehrere Wochen reifen.
(Foto: Sabrina Werner)

Vielseitige Zitronenmelisse

Zitronenmelisse, mehr als nur eine hocharomatische Teepflanze. (Foto: Tanja Küblböck)

Auf den ersten Blick sieht sie der Minze zum Verwechseln ähnlich. Bei näherem Betrachten entdeckt man aber Unterschiede: Die Blätter der Minze laufen spitz zusammen und sind stark gezahnt, die Blätter der Zitronenmelisse sind flaumig, weich und am Rand eher wellig. Spätestens durch den fruchtigen Geruch gibt sich dann die Zitronenmelisse zu erkennen. Dieser Duft ist es auch, der die Zitronenmelisse zu einem der beliebtesten Teekräuter macht.

Zitronenmelisse im Garten

Die ausdauernde Zitronenmelisse stammt ursprünglich aus dem östlichen Mittelmeergebiet und Vorderasien. Sie wächst überwiegend in bewaldeten Gebieten und kommt deshalb auch mit Halbschatten zurecht. Zitronenmelisse mag es eher feucht und nährstoffreich. Aber Achtung: Wenn man sie lässt, breitet sie sich stark aus.

Ernte

Bei der Ernte nicht einzelne Blätter von unten abzupfen, dadurch verkahlen die Pflanzen schnell. Buschiger werden die Pflanzen, wenn man immer nur von oben erntet. Blätter der Zitronenmelisse für Tee lieber nicht zerkleinert trocknen, da sie dabei stark an Aroma verlieren. Wenn man sie schonend trocknet, ohne die Blätter zu verletzen, verlieren sie weniger ätherische Öle. Besser einfrieren oder gleich frisch verwenden. Wer seine Melisse nicht weiterverarbeiten möchte, sollte sie dennoch nach der Blüte beherzt um etwa zwei Drittel zurückschneiden.

Das steckt drin

Zitronenmelisse heißt botanisch *Melissa officinalis.* Das „officinalis" ist das typische auf Heilpflanzen deutende Beiwort wissenschaftlicher Namen. Zitronenmelisse enthält Flavonoide, Terpene und ätherische Öle. Die Konzentration der Inhaltsstoffe variiert wie bei den meisten pflanzlichen Produkten je nach Herkunft, Erntezeitpunkt und den klimatischen Bedingungen, die am Anbaustandort vorherrschen. Dazu kommt eine unterschiedliche Konzentration in unterschiedlich alten Pflanzenteilen.

Steckbrief

Zitronenmelisse
Melissa officinalis

Familie:	Lippenblütler (Lamiaceae)
Herkunft:	östliches Mittelmeergebiet (Balkan, Kleinasien), Waldsaum
Wuchs:	ausdauernd, bis 70 cm hoch
Blüte:	weiß-gelblich, etwa 1 cm groß
Standort:	halbschattig, nährstoffreich, gleichmäßig feucht
Pflege:	Rückschnitt nach der Blüte, regelmäßig wässern und düngen
Vermehrung:	Stecklinge, Aussaat

Profitipp
Prof. Christa Habrich

... und dafür ist es gut
Als purer Tee oder in Kombination mit Baldrian erleichtert Zitronenmelisse das Einschlafen. Außerdem hilft Melisse bei Magen-Darm-Beschwerden, das Melissenöl lindert Herpes und stärkt das Herz-Kreislauf-System.
Für eine Tasse Melissentee benötigt man 1,5 bis 4 g unverletzte Melissenblätter (1 Tl = 1 g) und heißes, nicht mehr kochendes Wasser, in dem man die Blätter 5 bis 10 min abgedeckt ziehen lässt.

QUER BEET

Nachtkerze – *Oenothera biennis*

Ihr deutscher Name „Nachtkerze" weist auf ein faszinierendes Schauspiel hin: Von Juli bis in den Herbst hinein öffnen sich Abend für Abend die leuchtend gelben Blüten von *Oenothera biennis.* Das Entfalten der Blüten dauert meist nur einige Minuten und etwa 30 Minuten später ist der Duft der Blüten am intensivsten. Die ersten Bestäuberinsekten lassen dann nicht mehr lange auf sich warten. Es sind verschiedene Falterarten, die man an der Nachtkerze beobachten kann. Das intensive Farbenspiel der Nachtkerze aber ist nur von kurzer Dauer: Vom ersten Öffnen einer Blüte bis zu ihrem Verwelken dauert es nur einige Stunden.

Profitipp
Barbara Krasemann

Essbare Nachtkerze
Die Nachtkerze ist bei uns auch unter dem Namen „Schinkenwurzel" bekannt, denn kocht man die fleischigen Wurzeln, verfärben sich diese „schinkenrot". Als Gemüsepflanze erntet man die Schinkenwurzel im ersten Standjahr vom Herbst bis in den Winter hinein. In diesem Stadium hat die Pflanze eine kräftige, bis zu 20 cm lange und 5 cm dicke Pfahlwurzel. Geschält und gekocht kann man die Wurzeln wie Schwarzwurzeln als Gemüse zubereiten. Als weitere Variante kann man die in Salzwasser gekochten Wurzeln in Scheiben schneiden und mit einer Vinaigrette aus Essig, Öl, Salz, Pfeffer und Kräutern als Salat anrichten. Auch die Blüten sind essbar und eignen sich als Dekoration für Salate oder Süßspeisen. Aus den Samen der Nachtkerze wird das wertvolle Nachtkerzenöl gewonnen. Die Indianer Nordamerikas nutzten seine heilende Wirkung seit alters her bei Hautausschlägen oder als Schönheitsmittel. Auch bei uns findet kalt gepresstes Nachtkerzenöl in der Medizin und Hautpflege Verwendung.

Die Blüten der Nachtkerze öffnen sich in der Dämmerung. (Foto: Sabrina Werner)

Verbreitungsfreudiges Gewächs

Ursprünglich stammt die Nachtkerze aus Nordamerika, wurde aber bereits Anfang des 17. Jahrhunderts in Europa als Zierpflanze in den Gärten kultiviert. Der Platz in den Gärten war der Nachtkerze jedoch bald zu eng und mit ihren Samen verbreitete sie sich schnell über alle Grenzen hinweg. Heute findet man die Pflanze verwildert in der freien Natur an vielen trockenen und steinigen Standorten. Im ersten Jahr nach der Aussaat bildet die Nachtkerze eine kräftige Blattrosette aus und im zweiten Jahr schiebt sich dann aus dieser der Blütenstand hervor. Bis zu 120 Einzelblüten bilden einen solchen Blütenstand, aus jeder einzelnen entsteht nach und nach eine Kapsel, die jeweils mehr als hundert Samen enthalten kann. Der Wind verbreitet diese über große Entfernungen hinweg.

Hat man die Nachtkerze einmal im Garten angesiedelt, verbreitet sie sich von alleine weiter.

Steckbrief

Nachtkerze, Schinkenwurzel
Oenothera biennis

Familie:	Nachtkerzengewächse (Onagraceae)
Herkunft:	Nordamerika
Wuchs:	zweijährige krautige Pflanze, Blütenstände bis 2 m hoch
Blütezeit:	ab Juli bis in den Herbst
Standort:	sonnig, anspruchslos an den Boden, wächst auch auf Bahndämmen, an Straßenrändern, in Steinbrüchen
Vermehrung:	durch Aussaat, Samen verbreiten sich von allein im Garten

Echinacea: Neue Vielfalt

Prachtvolle Pflanze für sonnige Standorte: der Sonnenhut. (Foto: Julia Schade)

Leuchtendes Purpur mit einer orangebraunen stacheligen Kugel in der Mitte, die fast wie ein kleiner Igel aussieht. So könnte man die Blüten des Purpurroten Sonnenhutes, *Echinacea purpurea,* beschreiben. Kein Wunder, dass die Pflanze auch unter den Namen „Igelkopfkraut“ oder „Kegelblumenkraut“ bekannt ist. Wer diese Staude noch nie im Garten oder in der Natur gesehen hat, ist ihr mit Sicherheit trotzdem schon einmal begegnet: Sonnenhut ist auf vielen pflanzlichen Arzneimitteln gegen Erkältungsbeschwerden oder auf Immunstimulanzien abgebildet, denn die in der Pflanze enthaltenen Alkamide helfen bei wiederkehrenden Atemwegsbeschwerden oder Infekten der ableitenden Harnwege.

Profitipp
Cornelia Augustin

Meine Sortenfavoriten

- **Purpur:** ‘After Midnight’, ‘Amazing Dream’, ‘Fatal Attraction’, ‘Pixie Meddow Bright’
- **Orange:** ‘Flame Thrower’, ‘Tiki Torch’, ‘Arts Pride’
- **Rot:** ‘PowWow Wild Berry’, ‘Firebird’, ‘Tomato Soup’
- **Rosa:** ‘Augustkönigin’
- **Gelb:** ‘Phoenix’, ‘Mac ‘N’ Cheese’, ‘Cleopatra’
- **Weiß:** ‘PowWow White’, ‘Heavenly Dream’, ‘Avalanche’
- **Bunt:** ‘Cheyenne Spirit’, ‘Hot Summer’
- **Grünlich:** ‘Green Envy’, ‘Green Jewel’

Ein Hauch von Wildem Westen

Ursprünglich stammt *Echinacea purpurea* aus Nordamerika. Der Blick in das Heimatgebiet des Sonnenhuts zeigt, welchen Standort man ihm im Garten bieten sollte: Sonnenhüte sind klassische Präriestauden. Sonnige Freiflächen mit nicht zu feuchten Böden und bloß kein Fleckchen Schatten in der Nähe, so fühlt er sich am wohlsten. Auch wenn der Sommer noch so heiß wird, dem Sonnenhut gefällt es! Ein unschlagbarer Vorteil: Sonnenhüte blühen auf jeden Fall bereits in ihrem ersten Lebensjahr. Andere Stauden brauchen dafür schon einmal das ein oder andere Jahr mehr.

Von Weiß bis Bunt

Doch einfach nur purpurn sind die Blüten von Echinacea längst nicht mehr. Die Züchtung steht nicht still! Mittlerweile gibt es etliche neue Sorten in abwechslungsreichen Farben: Gelb, Orange, Rot, Weiß und natürlich auch weiterhin Purpur! Wer sich nicht entscheiden kann, hat die Möglichkeit, auf Sortenmixe zurückzugreifen, da ist von allem etwas dabei. Auch gefüllt blühende Sorten sind erhältlich. Pflanzt man diese gefüllten Sorten in den Garten, sollte man aber bedenken, dass Hummeln und Bienen, die den Sonnenhut sonst extrem anziehend finden, nicht allzu viel bis keine Nahrung in seinen Blüten finden werden.

Steckbrief

Purpurroter Sonnenhut
Echinacea purpurea

Herkunft:	Nordamerika
Familie:	Korbblütler (Asteraceae)
Wuchs:	bis 60–100 cm, mehrjährige Staude
Blüte:	Juli bis September; weiß, gelb, orange, rot, purpur
Standort:	sonnige Freifläche, möglichst auch trocken
Pflege:	evtl. Blütenstände entfernen, alle 3–4 Jahre teilen
Vermehrung:	Aussaat, Teilung

Pflegeleichter Blüher – das Einblatt

Ein recht anspruchsloser Vertreter unter den blühenden Zimmerpflanzen ist das Einblatt, *Spathiphyllum wallisii.* Neben dieser Art bekommt man im Handel meist Hybriden, die sich je nach Sorte in der Länge ihrer Stiele und durch die Form ihrer Blüten unterscheiden.

Der Platz in der Wohnung

Das Einblatt stammt aus den tropischen Regenwäldern Südamerikas. Dort wächst die Staude im Schatten hoher Bäume, und so kommt sie auch in der Wohnung mit wenig Licht zurecht. Das Einblatt ist ausgesprochen robust, darf allerdings nicht austrocknen; die Pflanze sollte gleichmäßig feucht gehalten werden, jedoch nicht zu nass, denn durch Staunässe nehmen die Wurzeln Schaden. Als „Mulch“ und Wasserspeicher kann man eine Schicht aus Moos auf dem Substrat verteilen. Zudem braucht das Einblatt als Regenwaldbewohner Temperaturen zwischen 18 und 25 °C und eine hohe Luftfeuchtigkeit. In der Hauptwachstumsphase vom Frühjahr bis zum Herbst düngt man alle zwei Wochen mit einem Flüssigdünger, im Winter genügt das alle drei bis vier Wochen. Glänzend grünes Laub bis zur Blattspitze zeigt, dass die Pflanze sich wohlfühlt. Dann ist die Chance sehr groß, dass sie blüht. Die eigentlichen Blüten, die an einem grünlich weißen Kolben sitzen, sind eher unspektakulär. Vielmehr sind es die weißen Hochblätter, die diese Kolben halbkreisförmig umgeben, die für die Attraktivität sorgen. *Spathiphyllum wallisii* gehört zu den wenigen blühenden Zimmerpflanzen, die sich auch für die Hydrokultur eignen.

Nachwuchs

Während des Umtopfens im Frühjahr kann man die Pflanzen vorsichtig teilen.

Gute Luft

Das Einblatt gilt als hervorragender Luftreiniger. Je nach Größe entzieht die Pflanze der Raumluft unterschiedliche Mengen an Schadstoffen, unter anderem Formaldehyd, Xylol, Aceton oder Benzol.

Das Einblatt braucht nicht viel Licht zum Wachsen.
(Foto: Sabrina Werner)

Vorsicht, giftig!

Wie andere Aronstabgewächse ist auch das Einblatt giftig. Die ganze Pflanze enthält Kalziumoxalat. Nach dem Verschlucken von Pflanzenteilen kann es zu Entzündungen, Lähmungen oder sogar Herzrhythmusstörungen kommen.

Steckbrief

Einblatt, Zwerg-Blattfahne
Spathiphyllum wallisii

Familie:	Aronstabgewächse (Araceae)
Herkunft:	tropisches Südamerika
Wuchs:	horstig, bis 30 cm, Hybriden bis über 120 cm
Standort:	hell oder schattig, hohe Luftfeuchtigkeit
Pflege:	regelmäßig düngen, feucht halten
Vermehrung:	durch Teilen

Vollherbst

Was jetzt zu tun ist

Gut für alle

- Pflanzenschutz: Nistkästen für heimische Vögel reinigen und gleich wieder aufhängen; Winterquartiere für Igel, Blindschleichen und Kröten schaffen
- Bei Trockenheit immergrüne Gehölze wässern
- Den Garten auf den Winter vorbereiten
- Laub abwerfende Gehölze, Rosen, Obst- und Ziergehölze leicht mit Kali düngen

Obst und Gemüse

- Zeit zum Säen:
  - Gewächshaus: Kräuter, Kopfsalat, Feldsalat
  - Frühbeet: Schnittsalate, Rettich, Radieschen
  - Freiland: Winterheckzwiebel, Gründüngung
- Obst wie Quitte, Mispeln oder späte Äpfel rechtzeitig, aber nicht zu früh ernten
- Pflanzzeit für Obstgehölze, außer wärmeliebende Arten wie Pfirsich, Aprikose, Wein, Walnuss und Brombeere
- Schwere Böden im Gemüsegarten grobschollig und tiefgründig umgraben

Fürs Auge

- Zeit zum Säen: Kaltkeimer wie Diptam, Kornelkirsche, Ahorn
- Pflanzzeit für Herbstschmuck: Viola, Heuchera, Bergenien, verschiedene Gräser
- Laubgehölze pflanzen
- Verbleibende Kübelpflanzen ins Winterquartier holen
- Vermehrung eindämmen: Samenstände von Stauden und Gehölzen zurückschneiden
- Formschnitt von Laubgehölzen

Ernte

- Aus der Natur: Preiselbeeren, Sauerdorn, Sanddorn, Ölweide, Walnüsse
- Aus dem Garten: Weintrauben, Radicchio, letzte Zwiebeln, Sellerie, Schwarzwurzeln

Was jetzt zu tun ist

Der Garten im Vollherbst

Reife Weintrauben und Birnen kündigen den Vollherbst an. So langsam endet die Gartensaison und die ersten Nachtfröste drohen. Die Bäume ziehen Nährstoffe aus den Blättern und das Laub von Ahorn & Co. erstrahlt in allen erdenklichen Rottönen. Für Kinder bricht jetzt die große Sammelzeit an. Kastanien, Bucheckern, Eicheln und die bunten Blätter – ideales Material für kleine Kunstwerke. Gleiches gilt für Besenheide und Glockenheide. Ihre späten Blüten eignen sich für herbstliche Tischdekorationen. Auch wenn die Blütenfarben in den Staudenbeeten langsam verblassen, mit Blattschmuckstauden wie dem Purpurglöckchen *(Heuchera)* kann man immer noch Akzente setzen. Von ihm gibt es zahlreiche Sorten. Für eine gesunde Gesichtsfarbe sorgt Gemüse. Nicht gegessen, sondern verarbeitet als Gesichtsmaske, die man mit wenigen Handgriffen selbst herstellen kann. Lassen Eiche und Weinrebe die Blätter fallen, klopft das letzte Herbstdrittel an: der Spätherbst.

Herbstzeit ist Bastelzeit: Laub und mehr

von Gabriele Lindinger

Laubhaufen sind ideale Spielplätze für Kinder.
(Foto: Gaby Lindinger)

Keine Jahreszeit bietet so viel Bastelmaterial wie der Herbst. Kastanien, Bucheckern, Eicheln und vor allem bunte Blätter: Die Kinder strahlen und genießen es, draußen zu sein. Diese unterschiedlichen Naturmaterialien können bestens zum Gestalten verwendet werden, entweder gleich vor Ort oder auch zu Hause in getrocknetem Zustand.

Mit dem Laubfall im Herbst beginnt für viele Gartenbesitzer jedoch eine anstrengende Zeit: Laub rechen, oder sogar aufsaugen, dann hinein in die Biotonne – oder gar in einer Plastiktüte in den Müll? Oder einfach liegen lassen?

Unser Bauhof hat „Laubbläserverbot" im Garten des Kindergartens. Ich finde dieses Gerät ziemlich laut, es verschwendet Energie und wirbelt die Kleinstlebewesen am Boden und auch den Staub gehörig auf. Was fängt man aber mit den Massen an Laub an, die von unseren zahlreichen großen Bäumen fallen?

Laub ist auch ein wertvoller Dünger, der nicht einfach entsorgt werden sollte. Ein spannender Kreislauf in der Natur beginnt, wenn wir das Laub unter den Hecken belassen, wo es sich zersetzt und dabei Nahrung für zahlreiche Lebewesen bietet.

Seit Jahren übernehmen wir in unserem Kindergarten St. Georg einen Großteil der Gartenarbeit selbst. Das heißt natürlich auch, das anfallende Laub im Herbst zu „verarbeiten".

Gemeinsam arbeiten

Regelmäßig rechen wir gemeinsam ab Ende September zusammen mit den Kindern Laub. Unter Mithilfe der Eltern wird am letzten Tag im Oktober, dem „Gartlertag", dann der Rest zusammengerecht. Wichtig ist dies vor allem für unsere Wiese, da hier die Gräser und Blumen unter der dicken Laubschicht verrotten würden. Die Kinder lernen von klein auf, Verantwortung für ihre direkte Umgebung zu übernehmen, es macht Spaß und sie machen erste Erfahrungen mit dem Naturschutz im Garten. Die Natur wirft im Herbst reichlich Bastelmaterial für uns ab und „Hand-Werken bedeutet die Hand zu entfalten" (Rudolf Hettich). Nach dem Laubrechen essen wir gemeinsam eine kleine Brotzeit, und dann rein ins Vergnügen.

Die riesigen Laubhaufen eignen sich hervorragend zum Toben. Den Kindern bereitet es großes Vergnügen, sich in diese „Berge" fallen zu lassen. Wie im Sand graben sie sich ein

„Natur schafft Wissen"

Wenn die Tage kürzer werden, wird das Chlorophyll in den Blättern zunehmend abgebaut. Seine wertvollen Bestandteile werden in das Bauminnere abtransportiert, bis im Frühjahr neues gebildet wird. Wenn der dominierende grüne Farbstoff verschwindet, werden die gelben oder bei manchen Gehölzarten auch roten Farbtöne sichtbar, die vom Chlorophyll lediglich überlagert waren. Schließlich fallen die Blätter ab.

und genießen das Laubbett. Beim Hüpfen im Laub entwickeln sie Mut und nehmen immer größeren Anlauf oder hüpfen vom Baumstumpf in das weiche, lockere Laub. Auch wenn es nass ist, kann man dieses kostenlose Spielmaterial sehr gut nutzen, es gibt ja entsprechende Kleidung. Für die Entwicklung der Kinder ist es sehr wichtig, dass sie sich im „Fliegen" und „unten Ankommen" spüren. Die Raum-Lage-Wahrnehmung wird so ideal unterstützt, und ganz nebenbei sind sie mit Begeisterung an der frischen Luft.
Aber nicht nur zum Hüpfen eignet sich das Laub bestens. Hängt das bunte Laub noch lose an den Bäumen, beobachten wir das wunderschöne Farbspiel der herbstlichen Blätter. Was vom Laub noch übrig ist, wird dann im Frühjahr von der Gemeinde abtransportiert und auf den Komposthof gebracht. Etwas Laub bleibt unter den Hecken liegen.

Kunstprojekte

Laub ist ein fantastisches und dabei kostenloses Material, das zum kreativen Gestalten einlädt.
Die Kinder entwickeln ihre eigene Persönlichkeit; Kreativität und die Fähigkeit zur Gestaltung wirken sich positiv auf das Selbstbewusstsein und das Selbstvertrauen aus. Kreatives, selbstbestimmtes Gestalten, ebenso wie Bewegung und Spiel, gehört zu den Grundbedürfnissen unserer Kinder.
Voller Eifer sammeln sie bunte Blätter, um sie dann nach Farben und Mustern zu legen. Manchmal spielt uns der Wind einen Streich, und dann beginnt das Spiel von vorn. Die Kinder setzen die Blätter in Kunst um, ohne eine zeitliche Beschränkung während der Gestaltung. Es ist wichtig, ihnen Freiraum und freie Zeit im Garten zu geben, um spielerische Gestaltungsprojekte mit der Natur und mit allen Sinnen zu erfahren.
Nicht nur draußen lässt sich mit den Blättern arbeiten. Eine mit gepresstem Laub gestaltete Laterne – zum Pressen der Blätter eignen sich alte Kataloge oder eine kleine Blattpresse – die Blätter in Naturwebrahmen flechten oder einfach nur buntes Laub an einem Faden senkrecht als Dekoration auffädeln: All dies sind dekorative Projekte, die viel Spaß machen. Mit Druckfarbe eingestrichene Blätter eignen sich hervorragend zum Bedrucken von kleinen Postkartenbildern und Collagen. Hier können die Kinder sehr gut die verschiedenen Blattstrukturen erkennen, und wir vergleichen dann gerne unsere Handinnenseiten mit den Adern der Blätter. So lernen die Kinder, wozu diese „Adern" dienen: zur Grundversorgung des Baumes bzw. des Menschen.
Sammel- und Zuordnungsspiele mit bestimmten Aufgaben, die in Gruppen gelöst werden sollen, werden schnell und mit viel Spaß umgesetzt. Durch Bestimmungsspiele lernen die Kinder die Bäume und Büsche ihres Gartens kennen, und auch deren Bewohner.

Zuordnungsspiele

Ich sammle vorab im Garten Blätter und Früchte von verschiedenen Bäumen und schicke dann zwei oder drei Gruppen mit einem Sammelauftrag los. Anschließend betrachten wir die verschiedenen Strukturen der Blätter und sortieren unsere Schätze. Spannend wird es, wenn die Kinder Fraßspuren auf den Blättern entdecken. Manchmal sitzt das entsprechende Tier auch noch auf dem Blatt, sodass wir es wunderbar in einer Becherlupe oder unter einem Mikroskop betrachten können. So kann man z. B. auch Galläpfel entdecken, Marienkäfer, kleine Spinnen, Käfer und Asseln, Schnecken und vieles mehr. Zeigen

Buntes Herbstlaub bietet viel Raum für Fantasie und Kreativität.
(Foto: Gaby Lindinger)

Wahre Kunstwerke entstehen beim Blätterdruck. (Foto: Gaby Lindinger)

Sie dabei möglichst keine Ekelgefühle, denn ein Ohrwurm z. B. kriecht nicht in die Ohren, er benützt seine Scheren für die Nahrungsaufnahme. Und ein Regenwurm ist nicht glitschig, eine Kröte meistens etwas kalt. Bei diesen Naturerlebnisspielen steht deshalb nicht die konkrete Wissensvermittlung im Vordergrund. Es ist uns wichtig, die Zeit im Garten – draußen – zu nutzen, um eine persönliche Beziehung zwischen dem Kind und der Natur vor der Haustüre zu ermöglichen.

Blätterdruck

Mit der Unterstützung eines Erwachsenen ab zwei bis drei Jahren, ab fünf Jahren können die Kinder auch selbstständig arbeiten.

Arbeitsmaterial

- Eine Kunststoff- oder Glasplatte, nicht größer als Din-A5; die Kanten der Glasplatten etwas entgraten wegen der Verletzungsgefahr.
- Jede Menge unterschiedliche Blätter, frisch oder gepresst.
- Farbe: Am besten eignet sich Linoldruckfarbe, z. B. in Rot, Gelb oder Grün.
- Spezielle Gummiroller, diese gibt es im Fachhandel in verschiedenen Größen.
- Papier in gewünschter Stärke und Größe, es gibt auch spezielles Linoldruckpapier.
- Küchenrolle und Zeitungspapier.

Farbe, Roller, Papier und Blätter: Mehr braucht es nicht. (Foto: Gaby Lindinger)

Arbeitsschritte

Die Arbeitsfläche (am besten auf einem Tisch) mit Papier abdecken. Eine kleinere Gummirolle neben die erste Glasplatte legen und einen Farbklecks auf das Glas geben. Bei mehreren Farben bitte eine entsprechende Anzahl an Rollern und Glasplatten bereitstellen, oder Sie waschen die Roller nach dem Farbwechsel unter Leitungswasser ab. Gewünschtes Druckpapier danebenlegen. Einzelne Küchenrollentücher herrichten. Große Druckrolle (ohne Farbe) neben das zu gestaltende Papier legen.
Die Farbkleckse mit dem kleinen Gummiroller auf der Glasplatte hin und her rollen, bis genügend Farbe auf der Rolle verteilt ist. Die Farbe wird dann so lange auf das Blatt gewalzt, bis dieses ganz damit bedeckt ist.
Tipp: Beim Rollen bitte den Blattstiel festhalten und in Richtung Blattspitze rollen, damit sich das Blatt nicht auf die Rolle legt.
Jetzt das Blatt mit der farbigen Seite auf das Papier legen, ein Küchenrollenblatt drauflegen und mit der dicken Gummirolle mit Druck drüberrollen – am besten über Kreuz. Das Küchentuch abnehmen und das Blatt vorsichtig abziehen. Fertig ist das erste selbst gedruckte Werk!

Blätterlaterne

Kindergartenkinder brauchen Hilfestellung.

Arbeitsmaterial

- Runde Käseschachteln (Deckel und Boden) gibt es als Basismaterial für den Laternenbau auch in Bastelläden, ca. 15 cm Durchmesser.
- Pergament- oder Architektenpapier, z. B. 22 x 50 cm, das Papier muss ca. 1 cm zum Zusammenkleben überlappen.
- Verschiedene gepresste Blätter
- Kleber (Alleskleber)
- Schere
- Teelicht oder LED-Licht
- Metallkerzenhalter
- Draht zum Aufhängen, falls eine Laterne für den Laternenumzug gewünscht wird.
- Eventuell einen Stock zum Tragen der Laterne

Arbeitsschritte

Blätter sammeln und Lage für Lage in eine Blattpresse geben, die Blätter dabei einzeln legen, einige Tage trocknen lassen und dann vorsichtig herausholen. Die Arbeitsfläche vorab mit Zeitungspapier abdecken.
Das Laternenpapier der Länge nach auflegen und die getrockneten Blätter auf das Papier kleben. Die Länge des Pergaments muss dem Durchmesser der Käseschachtel (plus 1 cm Überlappung für die Klebefläche) entsprechen. Anschließend wird das Papier außen

Aus einer einfachen mit Blättern beklebten Papierlaterne ...

der Länge nach rundherum an den geschlossenen Deckel der Käseschachtel geklebt. Die Überlappung ebenfalls der Länge nach kleben. Kleben Sie den Deckel an der offenen Seite der Laterne fest, sodass sie stabil steht. Hier ist gern Hilfe gefragt, da es etwas dauert, bis der Kleber hält. Jetzt können Sie am Boden eine Kerze befestigen – in unserem Kindergarten machen wir das mit speziellen Metallkerzenhaltern – oder ein elektrisches Batterielicht verwenden.
Der Draht zur Befestigung des Haltestocks wird am Rand der oberen Käseschachtel befestigt, und wer möchte kann hier gerne noch einen kleinen Stock zum Tragen der Laterne anbringen.
Nun kann das Laternenfest beginnen. Jedes Kind geht voller Stolz nach Hause, wenn es dort seine, für den St.-Martins-Umzug selbst gebastelte Laterne zeigen kann.

... eine stimmungsvolle Tischdekoration. (Fotos: Gaby Lindinger)

Tierschutz

Doch auch ökologische Grundlagen kann man am Beispiel des Laubs hervorragend deutlich machen. Der geschlossene Stoffkreislauf bedeutet: Blätter fallen zu Boden, Lebewesen fressen die Blätter, es entsteht mit Mineralien angereicherter Humus, und dieser wird dann vom Baum wiederaufgenommen. Einfach und genial.
Viele Gärten werden im Herbst jedoch regelrecht leer gefegt, und es wird nicht darüber nachgedacht, welche Überlebensgrundlagen für die Tiere im Winter dadurch verschwinden. Viele Kleinstlebewesen sind auf das verrottende Laub angewiesen. Entfernen wir sämtliches Laub aus dem Garten, zerstören wir wichtige Lebensräume für einen gesunden Boden.
Die oberste Erdschicht, der Mutterboden, hat sich aus den Überresten von Pflanzen, Tieren und Steinen gebildet. Fallen im Herbst die Blätter von den Bäumen, werden sie von unzähligen kleinen Tieren gefressen und langsam in Erde umgewandelt. Gerade anhand des Regenwurms lässt sich dies hervorragend für die Kindern demonstrieren. Sie können beobachten, wie der Wurm mit all seiner Kraft die Blätter in den Boden zieht, und das Häufchen Erde, das hinten wieder herauskommt, sieht noch dazu ziemlich lustig aus. Regenwürmer sind wichtige Tiere für unsere Erde! Auf der Suche nach Futter graben sie Gänge in den Boden, der dadurch lockerer wird; Wasser und Luft können sich besser im Boden verteilen. In einem kleinen Regenwurmbeobachtungskasten gelingt dieser Anschauungsunterricht sehr gut.
Eine prägende erste Erfahrung ist das Berühren der Tiere, die Kinder lernen dabei Achtsamkeit und begreifen das Tier auch emotional. Unter dem Laub begegnen sie den urtümlichsten Tieren, wie den Asseln oder Gliedertieren, die sich von toten Blättern ernähren und so deren Abbau zu Humus unterstützen. Sie fressen aber nicht alle Blätter gerne. An den Eichen- und Rotbuchenblättern fressen sie erst, wenn es nichts anderes mehr gibt. So verschwinden auch nicht alle Blätter gleichzeitig. Walnussblätter scheinen wegen der hohen Gerbstoffkonzentration besonders unbeliebt zu sein, es dauert ewig, bis sie verschwinden, und deshalb haben sie auch auf dem Kompost nichts verloren.

Nützlinge & Co. in der Streuschicht

Bodentiere, Bakterien und Pilze, die kleinsten Lebewesen, sind wichtig für den Boden, weil sie abgestorbene Stoffe umwandeln, sodass wieder neues Leben aus der Erde wachsen kann. Kinder von heute brauchen solche Erlebnisse und Erkenntnisse in der Natur, um zu lernen, als Erwachsener von morgen verantwortungsvoll zu leben und zu handeln.
Gerne helfen die Kinder mit, Winterquartiere für Tiere zu bauen. So unser Igelhaus, das im Herbst immer wieder mit ausreichend Laub bedeckt wird, um die Kälte abzuhalten. Unsere Erdkröte überwintert ebenfalls

in einem Laubhaufen in der Ecke des Gartens. Die Kinder wissen, es könnte ein Bewohner darin sein, und lassen diese „Wohnungen“ ungestört. Wichtig für die Tiere ist, dass gerade an den Hecken Krautsaum stehen gelassen wird und die Kanten nicht so exakt abgemäht werden. Teichfrösche oder Kröten brauchen eine Rückzugsmöglichkeit am Teich oder unter den Hecken. Mit etwas Glück finden wir hier Blindschleichen und Molche, Spitzmäuse und Igel, die sich von den Kleinstlebewesen ernähren.

Ein Wort zu den Schnecken, dem Schrecken jeden Gartenbesitzers! Längst nicht alle fallen über den frischen Salat im Garten her, so manche Arten sind auch ausgesprochen nützlich, da sie sich gern von verrotteten Pflanzen, verendeten Tieren und Kot ernähren. Schnirkelschnecken sind wunderschöne, verschieden gefärbte Tiere, wenn man sie einmal genauer betrachtet.

Zu welchem Schluss Sie kommen, überlasse ich Ihnen. Vielleicht nehmen Sie diese Gedanken mit in einen strahlenden, bunten Herbst.

Igel- und Insektenhotels machen den Garten für nützliche Tiere attraktiver.
(Foto: Sabrina Werner)

Obstbäume sanieren: Beispiel Apfel

Kein Grund zur Sorge: Flechten und Moose am Obstbaum. (Foto: Julia Schade)

Obstgehölze und ihr Schnitt sind für viele Hobbygärtner ein Buch mit sieben Siegeln. Das Wälzen von Fachliteratur hilft da schon mal, einige davon zu brechen. Und gerade bei Neupflanzungen stellt man rasch fest, dass das mit der Baumerziehung gar nicht so schwierig ist, wenn man sich nur an einige Grundregeln hält. Dann heißt es nur noch: dranbleiben und die Erziehungsmaßnahmen weiterführen. Genau da liegt aber oft der Hase im Pfeffer begraben, denn die Obstbaumerziehung ist keine Sache von zwei oder drei Jahren. So kann es schon einmal passieren, dass die besten Absichten einfach über Bord gehen und sich im Laufe der Jahre einiges wieder verwächst. Die Bäume werden dann immer größer und knorriger, tragen aber gleichzeitig kaum noch bzw. viele, allerdings sehr kleine Früchte.
So auch der alte Apfelbaum im Querbeetgarten: 4 m hoch und gerade einmal 17 Äpfel. Das soll sich schleunigst ändern! Doch planlos zur Schere greifen kann oft alles nur noch verschlimmern.

Auf der Suche nach dem Grundgerüst

Zunächst gilt es zu erkennen, um was für eine Erziehungsform es sich einmal handelte: Hohlkrone, Rundkrone oder Spindel? Im Idealfall hat ein gut erzogener Apfelbaum einen senkrechten Mitteltrieb und drei bis maximal vier Leitäste, die um diesen herum ein Gerüst entstehen lassen. Dieses Gerüst soll immer gut erkennbar sein. Bei den meisten Apfelbäumen handelt es sich um Rundkronen mit einem leicht pyramidalen Aufbau. Ziel der Schnittmaßnahmen: Die Leitäste sollen nicht von über ihnen wachsenden Partien beschattet werden **(Überbauung)**. So verjüngt sich der Baum quasi von selbst und

Profitipp
Roman Döppler

Flechtenproblematik
Flechten stellen in den meisten Fällen in keiner Weise eine Bedrohung für die Baumgesundheit dar. Vor allem im Kroneninneren kann man sie unbehelligt schalten und walten lassen. Nur wenn sie sich entlang des Fruchtholzes bis zu den Knospen schieben und diese dann teilweise überwuchern, kann es kritisch werden. Im schlimmsten Fall kommen solche Knospen nicht zum Austrieb und einzelne Astpartien können absterben. Hier hilft es, bei beginnendem Überwallen die betroffenen Äste vorsichtig mit einer Wurzelbürste abzuschrubben. Bei starkem Flechtenbesatz hilft der Griff zum Hochdruckreiniger: Bei niedriger Stufe, ohne die Rinde zu verletzen, kann man so im unbelaubten Zustand gute Erfolge erzielen.

bildet stets neues Fruchtholz, das abgetragene Äste ersetzen kann. Ältere Bäume mit sehr hohen Kronen setzt man dabei aber nicht um einige Meter herab, man versucht lediglich, durch gezielten Schnitt wieder mehr Licht ins Kroneninnere zu bekommen. Abgetragene, abgestorbene, nach innen wachsende oder überbauende Äste werden entfernt. Im Anschlussjahr muss man dann während des Sommers alles Steile entfernen sowie das was nachwächst, also vor allem die vielen Wasserschosser bzw. Geiltriebe. Flach stehende Triebe werden belassen, sie bilden in den nächsten Jahren junges Fruchtholz.

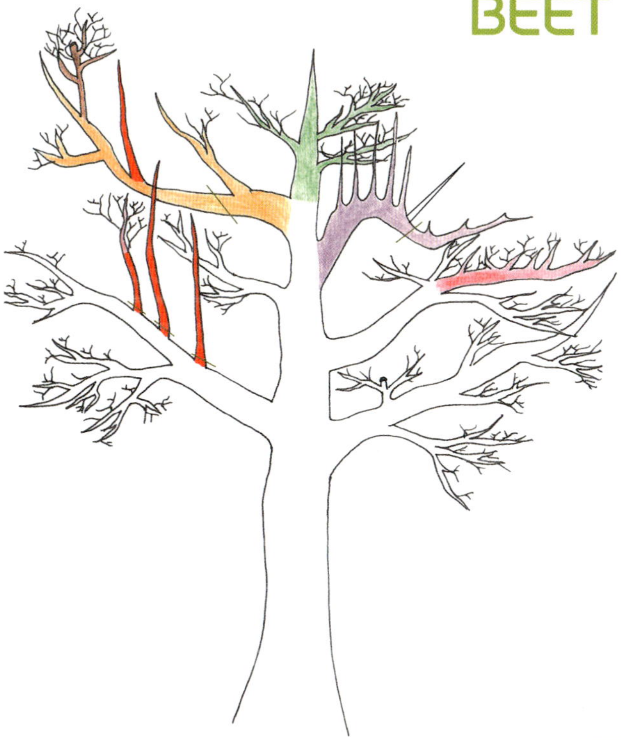

Beim Schnitt von Obstbäumen gilt es, einige wichtige Regeln zu beachten (siehe unten).
(Illustration: Julia Schade)

Die wichtigsten Regeln
Damit es gar nicht erst so weit kommt, einige Grundlagen zu Obstgehölzen und ihrem Schnitt:

- Hoch hinaus (Spitzenförderung): je weiter oben sich Organe im Baum befinden, desto stärker wachsen sie
- Haltungssache: je steiler ein Ast, desto stärker das Triebwachstum
- Wuchskraft: sie nimmt mit zunehmendem Alter ab
- Aufrechte Äste: Spitzenknospen treiben stärker
- Waagerechte Äste (Oberseitenförderung):
  - alle Knospen treiben nahezu gleich stark, durch ihre Menge aber schwächer (= Kurztriebe)
  - je flacher die Äste, desto stärker die Bildung von Fruchtholz
    > Oberseitenförderung = Fruchttriebförderung
- Kurvig im Alter (Scheitelpunktförderung): Im Alter biegen sich waagrechte Äste unter dem Fruchtgewicht, es entsteht ein Scheitelpunkt: Neutriebbildung ist umso stärker, je näher sich die Knospen am Scheitel befinden
- Nicht zurück zur Basis (Basisförderung): senken sich alte Äste zu sehr, treiben diese stark an der Basis und weniger an der Spitze
  > Fruchtholz an Spitze und Mitte sehr kurz, Früchte entwickeln sich schlecht
- Rückschnitt fördert Wachstum und Verzweigung. Je stärker der Schnitt, desto stärker der Austrieb, v. a. beim Winterschnitt!
  > schwach wachsende Bäume stark schneiden, stark wachsende eher dezent schneiden
- Gewusst wann (Nachwinterschnitt): je später geschnitten wird, desto schwächer das Wachstum
  > stark wachsende (etwa Jungbäume) lieber später schneiden
- Besser spät als nie (Sommerschnitt)? Der Sommerschnitt reduziert die Assimilationsfläche und schränkt das Wachstum ein! Vor allem gut zur Nachbehandlung: Wasserschosser werden reduziert
  > nur Triebe entfernen, die im Jahr der Schnittmaßnahme gebildet wurden!
- Gewusst wie:
  - Immer auf Astring schneiden, da Wunden dann besser heilen und weniger Neuaustrieb an der Schnittstelle stattfindet
  - Kronenentwicklung in der Höhe einschränken zugunsten eines flacheren Aufbaus und einer einfacheren Ernte!
  - Kronenaufbau durch Ableitungsschnitt auf den nächststärkeren Ast im Winkel von 45° fördern!

Gesichtsmasken aus Obst und Gemüse

Erdbeere pürieren und mit steifgeschlagenem Eiweiß mischen – fertig ist die Gesichtsmaske.
(Foto: Sabrina Werner)

„In der Fabrik stellen wir Kosmetika her. Über die Ladentheke verkaufen wir Hoffnung“, sagte einmal Charles Revlon, ein Kosmetikhersteller. In der Hoffnung, dass Cremes und Masken die Haut jugendlich frisch erhalten, geben Frauen im Schnitt jährlich etwa 180 € aus – so das Ergebnis einer Umfrage.

Vitaminschub für die Haut

Ob Apfel, Erdbeere, Karotte oder Gurke – in allen Obst- und Gemüsesorten stecken Vitamine, Mineralstoffe, sekundäre Pflanzenstoffe und vieles mehr. Ihre Wirkung entfalten die süßen Früchte und das knackige Gemüse allerdings nicht nur durch den Verzehr, sondern auch äußerlich angewendet, zum Beispiel als Gesichtsmaske. Die restlichen Zutaten, die man außer Obst und Gemüse noch braucht, findet man häufig im eigenen Kühlschrank. Deshalb kosten selbst hergestellte Gesichtsmasken eigentlich nur etwas Zeit für die Herstellung. Zudem sind Gesichtsmasken mit Obst und Gemüse aus dem eigenen Garten garantiert frei von Farb- und Konservierungsmitteln und damit im Regelfall sehr verträglich.

Klassiker – die Gurkenmaske

Das bis zu 40 cm lange Gemüse besteht zu über 95 % aus Wasser und ist bekannt für seine hautreinigende und glättende Wirkung. Die Inhaltsstoffe der Gurken sorgen dafür, dass sich die Poren zusammenziehen und eine übermäßige Fettproduktion eingestellt wird. Eine Expressmethode für gepflegte Haut sind dünn geschnittene Gurkenscheiben, die man sich einfach auf das Gesicht legt und einige Minuten einwirken lässt. Intensiver wirkt die Gurkenmaske, wenn man eine halbe Salatgurke entkernt, dann püriert und den Brei mit etwas Joghurt und Weizenkleie vermischt. Die Augenregion wird beim Auftragen der Maske ausgespart, hier werden zwei dünne Gurkenscheiben aufgelegt. Zehn Minuten sollte man die Maske auf Gesicht und Dekolleté einwirken lassen, bevor man sie mit feuchten Papiertüchern entfernt. Auch bei Sonnenbrand kann Gurkensaft helfen, denn auf die Haut aufgetragen wirkt er kühlend und lindernd.

Frisches Aussehen dank Möhrenmaske

Sät man Karotten selbst im Garten aus, kann man sich den Winter über regelmäßig frische Bio-Möhrenmasken zaubern. Eine Gesichtsmaske mit Möhren sorgt für eine elastische und gesund aussehende Haut, denn Karotten enthalten viel Vitamin A und Betacarotin. Für die Möhrenmaske werden zunächst zwei frische junge Möhren ganz fein gerieben, dann püriert und anschließend mit etwa 3 EL Quark und 1 TL Distelöl gemischt. Das Ganze nun gut verrühren, dann auf das Gesicht auftragen und die Augenpartie dabei aussparen. Zehn Minuten sollte man die Maske einwirken lassen, anschließend mit Papiertüchern entfernen. Dabei nicht erschrecken, denn durch die Maske aus frischen Möhren kann sich das Gesicht vor allem bei hellhäutigen Personen leicht gelblich orange färben. Wäscht man das Gesicht mit klarem Wasser, ist die Farbe sofort wieder verschwunden und die Haut fühlt sich weich und erfrischt an.

Schönheitskur mit Äpfeln

Wer sich für einige Minuten einem luxuriösen Gefühl hingeben möchte, kann sich eine Gesichtsmaske aus Äpfeln kochen. Dazu reibt man einen Apfel ganz fein, gibt die Masse in einen Topf und lässt sie kurz aufkochen. Ist der Apfel gar, püriert man die Apfelmasse und lässt sie abkühlen. Anschließend wird das entstandene Apfelmus mit etwas Joghurt oder Quark gemischt, bis eine homogene und streichfähige Masse entsteht. Ist das Gemisch noch zu flüssig, kann man etwas Weizenkleie mit hineinrühren, bis die richtige Konsistenz erreicht ist. Danach trägt man die Maske auf Gesicht und Dekolleté auf. Zehn Minuten sollte die Apfelmaske nun einwirken, dann wird sie mit feuchten Papiertüchern entfernt.

Süße Früchtchen für zarte Haut

Erdbeeren zählen zu den beliebtesten Früchten und im eigenen Garten kann man sie von Mai bis in den August hinein ernten. Sie sind reich an Kalium, Calcium, Magnesium, Phosphor und Zink. Zudem enthalten Erdbeeren mehr Vitamin C als die gleiche Menge Orangen. Schon der Verzehr von Erdbeeren sorgt für einen strahlenden Teint und straffe Haut. Doch auch äußerlich angewendet, bewirken die roten Früchtchen so einiges: Die Fruchtsäuren lösen abgestorbene Hautpartikel und Talgablagerungen. Durch die Fruchtextrakte, Vitamine und Mineralien wird die Haut belebt und die Zellerneuerung angeregt. Für eine Gesichtsmaske kann man drei bis vier Erdbeeren pürieren und das entstandene Mus mit einem steif geschlagenen Eiweiß mischen. Diese Masse wird nun auf Gesicht, Hals und Dekolleté aufgebracht und darf für zehn Minuten einwirken, anschließend sollte man die Fruchtpackung mit warmem Wasser abwaschen und das Gesicht mit einer pflegenden Creme versorgen. Die Haut fühlt sich nach Maske und Creme sehr weich, geschmeidig und erfrischt an.

Der Klassiker: die Gurkenmaske wirkt erfrischend und belebend.
(Foto: Christina Stenz)

Auszeit vorbereiten

Bevor man eine Maske aufträgt, wird das Gesicht gründlich gereinigt, denn nur dann können die Wirkstoffe sich optimal entfalten. Die Partie rund um die Augen lässt man beim Auftragen aller Masken grundsätzlich frei, hier ist die Haut besonders sensibel. Wer zu allergischen Reaktionen auf Fruchtsäuren oder einzelne Bestandteile der Maske neigt oder eine sehr empfindliche Haut hat, sollte vorab testen, ob die gewählte Maske vertragen wird! Ist eine Maske zu flüssig und lässt sich dadurch schlecht auftragen, kann man Weizenkleie mit hineinmischen, bis die richtige Konsistenz erreicht ist. Um eventuelle Hautreizungen zu vermeiden, sollte man die Einwirkzeit nicht überschreiten. Für alle Masken sollte man frisches Gemüse und Obst verwenden. Kann man dieses nicht im eigenen Garten ernten, achtet man beim Kauf auf ein Biosiegel. Ein kleiner Tipp noch zum Schluss: Planen Sie ausreichend Zeit ein, denn nur, wenn man ungestört und entspannt eine Gesichtsmaske genießen kann, entfaltet sich die volle Wirkung.

Pflegeleichte Kübelpflanze – *Acca sellowiana*

Acca sellowiana – ihre Blüten sind essbar.
(Foto: Floramedia)

Eigentlich sind ihre faszinierenden Blüten schon Grund genug, sich *Acca sellowiana,* auch Feijoa oder Brasilianische Guave genannt, in den Wintergarten oder auf die Terrasse zu holen. Zusätzlich bildet sie aber noch herrlich aromatische, pflaumengroße Früchte, die nach einer Mischung aus Ananas und Maracuja schmecken. Die Brasilianische Guave ist frosthart bis -6 °C. In Kultur erreicht sie meist eine Höhe um die 2 m. Blüten zeigt das Myrtengewächs ab Mai, im Wintergarten meist schon früher. Und da sind es vor allem die roten Staubfäden, die sofort ins Auge fallen.

Überwintern

Überwintert wird *Acca sellowiana* an einem hellen Platz, im Wintergarten oder im hellen Treppenhaus bei Minimumtemperaturen zwischen 0 und 10 °C. Ist es hell, verträgt sie es auch deutlich wärmer. Hält man die Pflanze nur leicht feucht, wird sie den Winter gut überstehen und kann im Frühjahr wieder ins Freie.

Steckbrief

Brasilianische Guave, Feijoa
Acca sellowiana

Familie:	Myrtengewächse (Myrtaceae)
Herkunft:	Südamerika
Wuchs:	Strauch oder kleiner Baum, 2–5 m
Blüte:	ab Mai
Standort:	volle Sonne; hell bei 0–10 °C überwintern
Pflege:	regelmäßig wässern und düngen
Vermehrung:	Stecklinge, Aussaat

Profitipp
Maria Sansoni

Pflanze für Genießer
Wenn bekannt wäre, wie leicht *Acca sellowiana* zu pflegen ist, würde man sie sicher häufiger sehen. Ab dem zeitigen Frühjahr kann man sie auf die Terrasse stellen, an einen sonnigen und warmen Platz. Sie benötigt regelmäßige Wassergaben, der Wurzelballen darf nicht austrocknen. Wegen ihrer ledrigen Blätter ist sie aber dennoch relativ trockenheitstolerant. Wenn man gießt, am besten mit Regenwasser oder enthärtetem Leitungswasser. Gedüngt wird zu Beginn des Neutriebs von April bis Ende September, etwa alle ein bis zwei Wochen. Fühlt sich die Brasilianische Guave wohl, ist sie kaum anfällig für Krankheiten und Schädlinge. Sie ist zudem schnittverträglich und lässt sich als Halbstamm oder am Spalier ziehen. Der Schnitt im Frühjahr sorgt dafür, dass sich die Triebe dicht verzweigen. Etwa ein halbes Jahr nach der Blüte bilden sich die Früchte. Hat man nur eine Pflanze, muss man bei der Bestäubung mit einem Pinsel etwas nachhelfen. Reif sind die Beeren, wenn sie sich leicht vom Strauch abziehen lassen und die Schale bei Druck ein wenig nachgibt. Die Früchte verzehrt man geschält, oder man halbiert sie und löffelt sie aus.

Blattschmuckstaude *Heuchera*

Übersicht der farbigen Blattsorten

- **Dunkelpurpur/Schwarz:** 'Palace Purple', 'Obsidian', 'Chocolate Ruffles', 'Plum Pudding', 'Frosted Violet'
- **Silber/Rot:** 'Amethyst Myst', 'Frosted Chocolate', 'Crimson Curles'
- **Bronze/Orange:** 'Crème Brûlée', 'Checkers', 'Fireworks', 'Caramel'
- **Grün mit dunklen Adern:** 'Venus', 'Peppermint Ice', 'Beauty Color'
- **Silber/Grün:** 'Blueberry Muffin', 'Champagne Bubbles', 'Florist's Choice'
- **Gelbgrün:** 'Key Lime Pie', 'Lime Rickey', 'Citronella'

Steckbrief

Purpur-/Silberglöckchen
Heuchera-Hybriden

Familie:	Steinbrechgewächse (Saxifragaceae)
Herkunft:	Nordamerika
Wuchs:	immergrün, halbkugelige Horste, 40–60 cm
Blüte:	Juli/August, schlanke Rispen, bis 90 cm hoch, weiß bis rosa
Standort:	halbschattig bis absonnig, frisch, nährstoffreich
Pflege:	Rückschnitt im Frühjahr
Vermehrung:	Teilung, Stecklinge

Mit Blüten protzen kann jeder. Einfach mal darauf verzichten und trotzdem gut aussehen, ist dagegen nicht jedermanns Sache. Das Purpurglöckchen, botanisch *Heuchera*, kann sich das allemal herausnehmen. Unzählige Sorten sind mittlerweile erhältlich und die Tage ihres Schattendaseins längst vorbei. Viele Sorten gedeihen auch in voller Sonne und bei zeitweise trockenem Boden.

Bringt Farbe ins Beet: *Heuchera* 'Georgia Peach'. (Foto: Sabrina Werner)

Zitrone, Karamell, Schokolade und Pistazie bitte!

Was sich anhört wie eine Eisbestellung ist eine Auflistung farbenfroher Blattschönheiten aus dem *Heuchera*-Sortiment. Diese wirken zwar alle einzeln für sich, in Horste gepflanzt schon enorm, doch gerade farbliche Kontraste lassen ihre Blätter noch stärker leuchten, etwa in Kombination mit Funkien oder anderen Blattschmuckstauden, Gehölzen oder dezent eingesetzten Blütenpflanzen wie Tulpen, Pfingstrosen und Bart-Iris.

Auch im Winter hübsch!

Gerade in der kalten Jahreshälfte, wenn sich in den Gärten nicht wirklich viel tut, sind die Purpurglöckchen eine Bereicherung und bringen Farbe in den winterlichen Garten. Ist das Laub dann noch mit etwas Raureif überzogen und die Sonne gewinnt den Kampf gegen die Wolken, geht von den Pflanzen ein ganz besonderer Zauber aus. Für dieses Spektakel ist es aber besonders wichtig, jegliche Staunässe zu vermeiden und sie an Stellen mit durchlässigem Boden zu pflanzen.

Profitipp
Cornelia Augustin

Passende Partner
In Sachen Kombinationspartner sollte man sein Augenmerk auch auf die Wuchsformen legen. Die halbkugeligen Horste der Heuchera lassen sich gut mit aufstrebenden Gewächsen kombinieren, die eher die Vertikale betonen und so für noch mehr Abwechslung im Beet sorgen.

Herbstschmuck mit Heidegewächsen

Die beiden bekanntesten Vertreter nennen sich Besenheide und Glockenheide. Zwar zählen beide zur Familie der Heidekrautgewächse, gehören aber zwei verschiedenen Gattungen an und stammen zudem aus unterschiedlichen Regionen. Während die Besenheide, botanisch *Calluna vulgaris,* in Mittel- und Nordeuropa beheimatet ist und hier punktuell dichte Bestände bildet, stammt die Glockenheide, botanisch *Erica gracilis,* aus Südafrika. Beide Pflanzen eignen sich hervorragend für die Bepflanzung von farbenfrohen Balkonkästen und Kübeln im Herbst. Floristen schätzen die beiden Pflanzen aus einem weiteren Grund: Schneidet man die blühenden Triebe ab und verarbeitet das Material, trocknen die Blüten ein, ohne ihre Farbe zu verlieren!

Heidegewächse eignen sich aufgrund ihrer Haltbarkeit ideal für Dekorationen aller Art. (Foto: Sabrina Werner)

Steckbrief

Glockenheide
Erica gracilis

Familie:	Heidekrautgewächse (Ericaceae)
Herkunft:	stammt aus Südafrika
Wuchs:	aufrecht und buschig, 30–40 cm hoch
Blütezeit:	von Oktober bis in den Winter, meist in den Farben Rosa und Rot
Standort:	schattig bis sonnig, saure, humose und durchlässige Böden, keine Staunässe
Pflege:	regelmäßig wässern, ist nicht winterhart

Neuer Mantel für Gefäße

Eine schöne Herbstdekoration aus Trieben der Glockenheide und einigen Gartenblumen lässt sich in wenigen Minuten zusammenstellen. Materialbedarf: eine Glockenheide, ein Glas mit etwa 10 bis 12 cm Durchmesser, Wickeldraht (farblich auf die Blütenfarbe abgestimmt), einige Blüten und Fruchtstände und das passende Werkzeug (Schere und Messer). Als Erstes schneidet man sich 10 bis 15 Triebe der Glockenheide ab, diese legt man dann um das Glas herum und fixiert sie mit dem Draht. Anschließend wickelt man den Draht so lange über die Triebe, bis diese schön anliegen und einen „Mantel“ für das Gefäß bilden. Jetzt schneidet man die überstehenden Enden am Glasboden ab, damit die zukünftige Vase einen guten Stand bekommt. Nach dem Auffüllen mit Wasser kann man einige Dahlien, Rosen, Chrysanthemen und auch Fruchtstände in die „Erikavase“ stellen – und schon ist ein kleines Geschenk oder eine zierliche Tischdekoration fertig.

Profitipp
Julia Hörl

Besenheide als Tischdekoration

Für einen Tisch für sechs Personen braucht man drei bis vier Pflanzen der Besenheide, etwas Plastikfolie, Reagenzröhrchen, Fruchtstände und Blüten, grauen Filzstoff (etwa 15 cm breit) und Filzschnur. Als Erstes werden die Töpfe der Besenheide mit Folie umwickelt, damit man die Pflanzen später gießen kann, ohne eine Überschwemmung auf dem Tisch anzurichten. Den provisorischen Übertopf aus Folie versteckt man nun unter dem Filzstoff und fixiert das Ganze mit der Filzschnur. Nun kann man die Reagenzröhrchen in den Wurzelballen stecken und mit Wasser auffüllen. In diese kleinen Vasen steckt man dann einzelne Blüten und Fruchtstände. Als Reihe in der Mitte des Tisches platziert, wirken die veredelten Besenheiden besonders schön.

Blattkünstler – Dieffenbachie

Die Blätter der Dieffenbachie bringen Licht in düstere Ecken.
(Foto: Julia Schade)

Zu den schönsten Blattschmuckpflanzen für die Wohnung gehören die Dieffenbachien. Die Gattung umfasst Vertreter mit einfarbigem, gestreiftem oder gesprenkeltem Laub. Die Vielfalt ist so groß, dass man schnell den Überblick verlieren kann. Die Ansprüche sind aber glücklicherweise bei allen im Zimmer verwendeten Arten und Sorten ähnlich.

Der Platz in der Wohnung

Für Dieffenbachien, wie für viele andere Zimmerpflanzen, gilt: Je mehr weiße Anteile im Blatt, desto heller muss der Standort sein. Dunkelgrüne Sorten sind genügsamer und wachsen auch an schattigeren Plätzen. Die Wärme liebende Pflanze gedeiht am besten bei 20 bis 25 °C. Blätter und Wurzeln hält man gleichmäßig feucht, aber nicht zu nass. Von Mai bis September wird einmal wöchentlich gedüngt, im Winter alle drei Wochen.

Nachwuchs

Von großblättrigen Dieffenbachien, die einen Stamm bilden, schneidet man ganze Stammstecklinge und steckt sie in lockere Vermehrungserde. Bei buschig wachsenden Arten und Sorten schneidet man die äußeren Triebspitzen knapp über dem Boden ab, entfernt die unteren, abzweigenden Blätter und topft den Steckling ebenfalls in Vermehrungserde. Dann das Ganze an einen hellen Platz ohne direkte Sonne stellen. Ideal wachsen die Stecklinge in „gespannter“ Luft. Dazu umhüllt man den Topf mit einer Plastiktüte. So herrscht nach dem Gießen eine konstant hohe Luftfeuchtigkeit. Die besten Ergebnisse erreicht man bei Bodentemperaturen ab etwa 22 °C.

Zum Schweigen verdammt

Im Englischen heißt die Pflanze *dumb cane,* sprich Schweigrohr. Der zweite Teil des Namens, Rohr, bezieht sich auf den blattlosen Stamm, den manche Arten im Alter bilden. Der erste Teil des Namens, Schweig, bezieht sich laut Überlieferung auf die Inhaltsstoffe der Pflanze. Denn diese wurden genutzt, um besonders redselige Menschen zum Schweigen zu bringen. Die Blätter klein geschnitten und unters Essen gemischt, bringen die Schleimhäute in Mund und Rachen zum Anschwellen und die betroffene Person ist mehrere Tage zum Schweigen verdammt. Von Selbstversuchen wird dringend abgeraten! In der Volksmedizin nutzt man diese Inhaltsstoffe auch als Heilmittel, sie werden bei Schwellungen und rheumatischen Beschwerden eingesetzt.

Die Heil- und zugleich Giftstoffe befinden sich in allen Pflanzenteilen, deshalb sollte man Dieffenbachien immer außerhalb der Reichweite von kleinen Kindern und auch Haustieren aufstellen.

Steckbrief

Dieffenbachie, Schweigrohrwurzel
Dieffenbachia seguine

Familie:	Aronstabgewächse (Araceae)
Herkunft:	tropisches Mittel- und Südamerika
Wuchs:	sortenabhängig, von 40 cm bis über 1 m hoch
Blüte:	unscheinbar
Standort:	je panaschierter die Blätter, desto heller; ansonsten auch Halbschatten, warm, nicht unter 20 °C
Pflege:	gleichmäßig feucht halten, düngen
Vermehrung:	Kopf- oder Stammstecklinge

Spätherbst

Was jetzt zu tun ist

Was jetzt zu tun ist

Gut für alle

- Pflanzenschutz: auf Pilzbefall kontrollieren, ggf. abschneiden und entsorgen, Falllaub von Kastanien einsammeln und entsorgen
- Laubkompost anlegen
- Pflanzen auf den Winter vorbereiten: mulchen oder einpacken
- Hochbeet bauen und mit Schnittgut und Erde füllen

Obst und Gemüse

- Wurzelnackte Himbeerruten pflanzen
- Lagergemüse einwintern: Möhren, Pastinaken, Sellerie, Lauch, Kartoffeln
- Erdmieten anlegen und Gemüse gut mit Stroh und Erde einpacken
- Chicorée zum Treiben einschlagen
- Kardy bleichen und ernten

Fürs Auge

- wurzelnackte Gehölze pflanzen: Feldahorn, Hainbuche, Rosen
- Staudenrückschnitt, Winterschmuck belassen
- Wasserpflanzen wie Seerosen einwintern
- Teich winterfest machen (Laub abfischen; mit Schilf für Luftlöcher im Fall des Zufrierens sorgen)
- Ein letztes Mal Rasen mähen
- Geräte einwintern, reparieren und ölen
- Wasserleitungen, Wassertonnen und Schläuche entleeren

Ernte

- Aus der Natur: Schlehen nach dem ersten Frost, Mispeln, Hagebutten, Pilze
- Aus dem Garten: Zieräpfel, Weintrauben, Feldsalat, Spinat, erster Kohl

Der Garten im Spätherbst

Im Obstgarten gibt es noch die späten Sorten des Apfels zu ernten, sommergrüne Bäume und Sträucher haben sich vom Großteil ihres Laubes getrennt und auch Blühendes gibt es immer weniger. Nur wenige Pflanzen, wie etwa der Efeu, zeigen jetzt Blüten und bieten den letzten Insekten noch einmal Nahrung. Wer seine Scharlach-Fuchsien im Garten durch die kalte Jahreszeit bringen möchte, muss spätestens jetzt für den Winterschutz sorgen. Und auch der Gärtner sollte sich wappnen. Mit einem Vitaminspender für den Winter: Kohl, milchsauer vergoren als Sauerkraut. Für frostige Tage legt man sich am besten eine wollige Decke um die Schulter, gefärbt mit Farben aus dem eigenen Garten. Wie man mit Pflanzen Wolle bunt bekommt, erläutern wir in diesem Kapitel. Ist der Garten auf den Winter vorbereitet und sind die Gartengeräte eingelagert, kann sich der Gärtner langsam zurücklehnen und zur Ruhe kommen. Für entspannende Abende sorgen Massagen mit selbst kreierten Ölen aus Pfefferminze, Thymian oder Wacholder.

Clematis – Königin der Kletterpflanzen

von Klaus Körber

Clematis sind weit weniger anspruchsvoll, als viele glauben.
(Foto: Klaus Körber)

Clematis: Je mehr man sich mit ihnen beschäftigt, desto weniger glaubt man über sie zu wissen. Die meisten Leute verstehen unter Clematis großblumige Kletterblüten in Blau, Rosa oder Weiß. Und viele Menschen verbinden mit der Clematis auch, dass es eine problematische Pflanze ist, die nur im Garten irgendeines Nachbarn gedeiht, im eigenen Pflanzbeet aber trotz mehrmaliger Versuche immer wieder versagt hat und eingegangen ist. Schön auf dem Foto, aber leider nicht bei mir im Garten.

Wenn man aber erst einmal über den Tellerrand des normalen Sortiments hinausgeschaut und sich mit der Fülle der robusten Wildarten und ihren Sorten auseinandergesetzt hat, dann merkt man sehr schnell, dass man mit Clematis auf kleinstem Raum erfolgreich ganz zauberhafte Gartenbilder entstehen lassen kann. Und dabei kann man leicht süchtig werden …

Der passende Standort

Die Standortansprüche der meisten Clematis-Arten und -Sorten sind ähnlich: Sonne bis lichter Schatten – wobei die meisten Clematis etwas mehr Schatten vertragen können, als man denkt – und eine gute Nährstoff- und Wasserversorgung des Bodens, wobei Staunässe zu vermeiden ist. Ein ausreichend großes Pflanzloch, versehen mit einer qualitativ hochwertigen Gartenerde, ist für die Clematis vorteilhaft.

Übrigens: Der berühmte „schattige Fuß" bei der Auswahl des Standorts besagt nur, dass bei den meisten Clematis-Arten eine sehr gute Wasserversorgung anzustreben ist.

Schnitt von Clematis

Die Schnittanforderungen der Clematis können grob in zwei Gruppen eingeteilt werden. Dabei gilt folgende Faustregel:

- Alle Clematis, die vor Juni blühen (z. B. *C. alpina, C. montana,* frühblühende Hybriden wie 'The President'), bilden ihre Blüten am letztjährigen Holz. Wenn überhaupt, sollten sie im Frühjahr oder sofort nach der Hauptblüte Ende Mai um ein Drittel eingekürzt werden. Bei diesen sogenannten Frühjahrsblühern ist auch eine Nachblüte ab August möglich.
- Die Clematis-Sorten, die mit der ersten Blüte etwa ab Mitte Juni erscheinen, gehören zu den Sommerblühern. Diese blühen an den Trieben, die im selben Jahr gewachsen sind. Sie können im Spätherbst oder nach dem Winter im zeitigen Frühjahr bodennah (bis 30 cm stehen lassen) abgeschnitten werden.

Pflanzengesundheit

Hauptproblem bei der Pflege der Clematis ist die gefürchtete Clematiswelke. Dabei handelt es sich um einen Pilz, der die Pflanzen vorzugsweise in der warmen Jahreszeit am Stängelgrund befällt, die Leitungsbahnen verstopft und zum raschen Welken bzw. Absterben der oberirdischen Pflanzenteile führt. Der unterirdische Teil der Pflanzen ist davon nicht betroffen; die Clematis kann noch im gleichen Jahr wieder durchtreiben, aber oft kommt sie erst im darauffolgenden Jahr wieder, kann dann allerdings genauso rasch wieder absterben.

Die Clematiswelke ist primär das Problem der großblumigen und am alten Holz im Frühjahr blühenden Hybridsorten aus der Patens-Gruppe. Das sind auch leider die Sorten mit den größten Blüten, die zudem in den letzten hundert Jahren auch den Markt beherrschten.

Die zahlreichen Wildarten von Clematis, aber auch deren Sorten sind bezüglich der Clematiswelke wesentlich robuster. Auch die am diesjährigen Holz im Sommer blühenden Hybridsorten der Jackmanii-Gruppe sind da wesentlich weniger empfindlich. Grund ist die teilweise enge Verwandtschaft mit *Clematis viticella.*

Tipps gegen Clematiswelke

Untersuchungen haben gezeigt, dass ein hoher Prozentsatz der Frühjahrshybriden später im Garten mit der Clematiswelke zu kämpfen haben. Was kann getan werden, um dieses Problem zumindest teilweise zu umgehen?

- Regelmäßige, gute Wasserversorgung und ein kühler, schattierter Wurzelraum. Die Welke tritt häufig bei sehr hohen Temperaturen auf und da ist es dann fatal, wenn zu der Zeit auch zu wenig Wasser zur Verfügung steht.
- Pflanzen mit Stäben oder einem Gerüst vor allen Dingen an der Basis gut befestigen. Die Welke dringt meist über den verletzten Stängelgrund ein; je weniger die Pflanze im Wind wackelt, desto weniger Verletzungen trägt sie davon.
- Pflanzen beim Gießen absolut trocken halten, das heißt, die Blätter, aber auch die Triebe dürfen nicht nass werden. Der Pilz wird erst durch Feuchtigkeit aktiv.
- Kräftige, gut bewurzelte, zweijährige Pflanzen in einen 2-l-Topf, noch besser in einen 3-l-Topf, ein Blattpaar tief pflanzen.
- schwache oder geknickte Triebe beim Pflanzen und in den Folgejahren im Frühjahr unten abschneiden; alte Blätter, die noch an den Pflanzen hängen, im Frühjahr entfernen; von unten her braun werdende Blätter in der Vegetationszeit ebenfalls sauber abschneiden und nicht auf den Kompost werfen.
- Clematis in ein großes Gefäß in saubere Erde pflanzen und am besten unter dem Vordach aufstellen; mit schonender Bewässerung ist dies sehr Erfolg versprechend.

Generell kann man sagen: Je besser es der Pflanze geht, desto besser ist sie gegen die Angriffe der Pilzsporen gewappnet. Dazu gehört auch eine ganz normale Düngung. Und wer das Besondere liebt, muss sich einfach ein bisschen mehr um seine Clematis kümmern, ganz nach dem Motto: „Schönheit hat ihren Preis." Aber im Erfolgsfall sind Ihnen neidvolle Blicke in der Nachbarschaft sicher ...

Einen zauberhaften Anblick bieten die Fruchtstände der Waldrebe.
(Foto: Tanja Küblböck)

Eine blau gefüllte Schönheit ist Clematis 'Multi Blue'. (Foto: Klaus Körber)

SORTENEMPFEHLUNGEN AUS DER CLEMATIS-VIELFALT!

1. Frühjahrsblühende, großblumige Hybriden-Patens-Gruppe
Blütezeit: ab Mitte Mai, Nachblüte am diesjährigen Holz möglich
Schnitt: wenn überhaupt, dann nach Blüte auf 50 bis 100 cm einkürzen

Die Gruppe der frühjahrsblühenden Hybriden leidet am stärksten unter der Clematiswelke. Die im Folgenden aufgezählten Sorten haben sich als relativ widerstandsfähig erwiesen, Welke ist dennoch möglich.

a) mit gefüllter Blüte
'Piilu': lavendelrosa mit kräftigem Streifen, zweiter Flor einfach, kompakt
'Silvia Denny': reinweiß, seidenglänzendes Blatt, zweiter Flor, einfache Blüte
'Multi Blue': dunkelblau, stark gefüllt, ein Kind von 'The President', kompakt
'Shin-shigyoku': großblütig, Blau, stark gefüllt, hochinteressant

b) mit einfacher Blüte
'Guernsey Cream': weiß mit Creme, sehr frühe Blütezeit
'H. F. Young': gesunder Massenblüher in Mittelblau mit gelben Staubgefäßen
'The President': dunkelblaue Hauptsorte, ein absoluter Klassiker
'Omoshiro': zartes Rosa und große Blüte, auch gut im Schatten
'Pink Champagne': sehr intensives Rosarot, zur Mitte hin weißlich-rosa
'Westerplatte': blutrot, samtig schillernd, große Blumen, zuverlässig blühend

2. Sommerblühende, großblumige Hybriden
Blütezeit: ab Mitte Juni
Schnitt: jährlicher Rückschnitt im Frühjahr auf 30 bis 50 cm

a) Patens-Blut: Knospe groß und aufrecht stehend

Bei den Neuholzblühern aus der Patens-Gruppe ist eine Welke möglich, aus meiner Sicht aber weniger wahrscheinlich als bei den Frühjahrshybriden.

'Huldine': perlmuttweiß mit rosa Streifen auf der Unterseite der Blüte
'Ville de Lyon': ziegelrot, innen silbrig aufgehellt, zuverlässiger Blüher
'Kardynal Wyszynski': leuchtendes Kardinalrot, kräftiger Wuchs

Leuchtend kardinalrote Blüten der Sorte 'Kardynal Wyszynski'. (Foto: Klaus Körber)

'Warszawska Nike': dunkelstes Rotviolett aller Clematis, samtartig
'Comtesse de Bouchaud': reinrosa, schön mit blauvioletten Sorten
'Yukikomachi': Topsorte aus Japan, weiß mit einem leicht wasserbläulichem Stich

b) Jackmanii-Gruppe:
Knospe nickend mit *Viticella*-Blut
Hier ist die Welkeproblematik deutlich geringer. Dies ist durch die Verwandtschaft mit *Clematis viticella* zu erklären. Ab und an gibt es in heißen Jahren sortenbedingt tolerierbare Probleme mit Echtem Mehltau.
'Jackmanii': blauviolette Hauptsorte, ein *Viticella*-Kind von 1863!
'Jackmanii Purpurea': violett mit heller Basis, sehr reich blühend
'Tie Dye': Selektion aus Jackmanii mit hellen Sprenkeln, charismatisch
'Semu': Jackmanii-Nachkomme in ganz schönem, reinem Blau

3. Das Zauberwort heißt Italienische Waldrebe, *Clematis viticella!*
Blütezeit: witterungsbedingt ab Mitte Juni
Schnitt: jährlich kräftiger Rückschnitt, sonst verkahlen die Pflanzen von unten

Die Viticellas gelten gemeinhin als äußerst robust und stellen die Alternative zu den welkeempfindlichen Hybriden dar. Dabei gibt es neben farblichen Variationen zum blauen Glöckchen auch Sorten im Erscheinungsbild von Hybridsorten, deren Blüten ca. 10 cm groß sind. Die Wuchsstärke liegt bei jährlich kräftigem Rückschnitt ebenfalls bei 2 bis 3 m, ungeschnitten deutlich höher. Durch die jährliche Rückschnittmöglichkeit ideal zum Kombinieren mit Kletterrosen, mit mittelgroßen Gartengehölzen und auch sehr gut im Kübel auf dem Balkon.

a) Blüten wie kleine *Viticella*-Glöckchen
'Alba Luxurians': Topglöckchen in Weiß mit grünen Spitzen, Klassiker
'Betty Corning': hellblaues bis rosafarbenes Glöckchen, Duft, lange Blüte
'Minuet': relativ offenes Glöckchen in Weiß mit kräftig rotem Rand
'Walenburg': offenes Glöckchen, kräftiges Purpurrot, innen aufgehellt

b) Flache, offene Blüten, wie eine Zweieuromünze
'Abundance': reich blühender Sämling in Rosarot. Absolut zuverlässig
'Rubra': Dunkelrot mit heller Mitte, relativ späte Blüte
'Carmencita': etwas heller als 'Rubra', Dauerblüher mit starkem Wuchs
'Royal Velours': samtiges Purpurrot, kann sehr lange blühen
'Black Prince': samtiges Purpurrot mit wunderschöner Blütenform
'Dark Eyes': dunkelviolett fast schwarz, interessante Neuheit
'Maria Cornelia': Reinweiß mit runden Blütenblättern

c) Hybridblütig, d. h. flach und bis zu 10 cm große Einzelblüten
'Prince Charles': hellblau bis leicht zartes Rosa
'Blue Angel': hellblau, kreppartige Blüte
'Emilia Plater': hellblau mit violettem Mittelband, starkwüchsig
'Etoile Violette': wichtigste Sorte in Dunkelviolett, absolut robust

'Mme Julia Correvon' bildet zierliche sternförmige Blüten.
(Foto: Klaus Körber)

'Mme. Julia Correvon': leuchtendes Rot, sternblütig
'Polish Spirit': dunkelviolett mit ganz langer Blütezeit
'Venosa Violaceae': violett mit hellen Nuancen, größte Blüte der Viticellas

Als Einstieg sind die zahlreichen Sorten der Italienischen Waldrebe, *Clematis viticella*, am besten geeignet. Durch ihre überreiche Blütenfülle in nahezu allen Farben und Blütenformen und durch die lange Blütezeit – teilweise bis in den Herbst – gelingt es ihr rasch, den Pflanzenliebhaber für sich zu begeistern.

4. *Clematis integrifolia*
Blütezeit: Sommerblüher ab Mitte Juni, lange Blütezeit
Schnitt: jährlich kräftiger Rückschnitt zwingend notwendig

Eine spannende Entwicklung findet zurzeit in der *Diversifolia*-Gruppe mit den neuen Sorten rund um *Clematis integrifolia* statt. Es handelt sich dabei um nicht kletternde, ca. 1 bis 2 m hohe Clematispflanzen, die ebenso wie die Viticellas am diesjährigen Holz im Sommer blühen, nicht an Clematiswelke erkranken und jährlich kräftig zurückgeschnitten werden sollten.

'Alionushka': rosapurpur, großblütiges Glöckchen, Top-Sorte, bis 1,2 m
'Hendryetta': rosapurpur, wie eine kompakte Alionushka
'Arabella': mittelblau, offene Blüte (bis 8 cm), bis 1,2 m
'Juuli': mittelblau, offene Blüte (bis 10 cm), lange Blütezeit, bis 2 m
'Star River': wie eine hellere 'Juuli' mit leichter Zeichnung, kompakt
'Blue Boy': blaue Glöckchen auf festem Stiel, stark im Wuchs, über 2 m
'Blue Pirouette': blau mit gelben Staubgefäßen, sehr gute Schnittblume
'Fascination': dunkelblau, nickende Blüten im Stil von *C. texensis*

5. *Clematis texensis*
Blütezeit: tulpenförmige Blüten ab Mitte Juni am diesjährigen Holz
Schnitt: kräftiger Rückschnitt, da die oberirdischen Teile meist absterben

Die unwiderstehlichen Tulpenblüten der *C. texensis*-Gruppe lassen die meisten Pflanzenliebhaber schwach werden, auch wenn in manchen Gartensituationen der Vergleich mit der Prinzessin auf der Erbse angebracht wäre. Die Wuchsstärke liegt zwischen 2 und 3 m; die Pflanzen bestocken sehr stark von unten. Echter Mehltau ist an heißen Standorten keine Seltenheit und kann mit pilzhemmenden Maßnahmen analog zur Behandlung der Rosen deutlich reduziert werden.

'Gravetye Beauty': rote Blüte, die sich ganz weit öffnet
'Princess Diana': leuchtendes Rosa mit hellem Saum, tulpenblütig, Hauptsorte
'Princess Kate': weiß mit purpurfarbenem Schlund, sehr interessant

6. *Clematis tangutica* und Co.
Blütezeit: gelbe Glöckchen ab Anfang Juni und meist schöne Fruchtstände
Schnitt: kräftiger Rückschnitt möglich, ungeschnitten für ganz große Bäume möglich

Die gelben Clematis mit langer Blütezeit und wunderschönen Fruchtständen werden eigentlich ein bisschen unterschätzt. Meist handelt es sich um relativ kräftige Pflanzen, sortenabhängig zwischen 2 und 6 m hoch. Eigentlich eine robuste Gruppe, die Pflanzen sollten aber gut dräniert und eher trocken und sonnig stehen. An manchen Tagen mit einem herrlichen Kokosduft!

Eine filigrane Schönheit ist 'Gravety Beauty'.
(Foto: Klaus Körber)

Ungewöhnliche Farben für Clematis zeigt 'Golden Tiara' mit den dicht sitzenden Staubfäden.
(Foto: Klaus Körber)

'Golden Tiara': weit öffnend, mit tollen Staubgefäßen, bis 3 m
'Aureolin': fleischige Blüte, lange Blütezeit, angenehmer Duft, haltbare Samenstände
'Lampdon Park': sehr ähnlich der Aureolin, Sortendurchmischung ebenfalls möglich!
'Helios': sehr lange Blütezeit, nur 2 m hoch und relativ breit im Wuchs

7. *Clematis alpina* und *Clematis macropetala*
Blütezeit: Ende April bis Mai
Schnitt: wenn überhaupt, dann gleich nach der Blüte

Die Vertreter der sogenannten Atragene-Gruppe sind eigentlich problemlos zu ziehen, falls einige Punkte beachtet werden: Sie mögen keinen heißen Standort und sind sehr empfindlich gegenüber Staunässe bzw. sehr schwerem Boden. Im letzteren Fall muss mit Phytophthora gerechnet werden. Die Wuchshöhe der Sorten liegt zwischen 2 und 4 m, in Einzelfällen auch höher. Optimal für halbschattige, trockene Standorte. Nachblüte im Spätsommer ist möglich.

'Frances Rives': relativ großblumig, kräftiges Blau mit einer auffallend weißen Mitte
'Maidwell Hall': schöne, kräftig blaue Farbe, gut gefüllt
'Markhams Pink': pinkfarbenes, stark gefülltes Glöckchen
'Albina Plena': weißes, stark gefülltes und großes Glöckchen

In dieser Gruppe gibt es noch eine Vielzahl von Sorten, die alle bei Beachtung der oben genannten Standortbedingungen empfehlenswert sind.

8. *Clematis montana*
Blütezeit: Ende April bis Mai
Schnitt: wenn überhaupt, dann gleich nach der Blüte

Sehr verbreitet, aber in kalten Wintern häufig mit enormen Frostproblemen. Stark wachsende Vertreter, die im Extremfall bis zu 10 m hoch werden können. Ein warmer, geschützter Innenhof und viel Platz stellen den optimalen Standort dar. Die Pflanzen sollten ebenfalls nicht zu feucht bzw. staunass stehen, ansonsten besteht auch hier Gefahr durch Bodenpilze. Gute Partner für richtig große Bäume.

'Elisabeth': zartrosa wie 'Rubens', aber sortenecht und mit gutem Duft
'Mayleen': tolle 'Rubens'-Farbe mit bestem Vanilleduft, vermutlich die beste Sorte!
'Freda': mit dunkler Blüte und dunklem Laub
'Wilsonii': reinweiß mit später Blüte und gutem Schokoladenduft

Clematis als Topf- und Kübelpflanze

Bei der Blütenfülle einzelner Sorten im Frühsommer/Sommer ist es nicht verwunderlich, dass immer mehr Leute mit eingeschränkten Platzverhältnissen nachfragen, wie es denn mit der Verwendung der Clematis als Kübelpflanze aussieht. Schaut man nach England oder Japan, wird man feststellen, dass dieser Einsatzbereich sowohl im Privatbereich als auch im Gartenbau lange Tradition besitzt. Prachtvolle, blühende Exemplare stellen oft das Highlight der großen Pflanzenschauen dar, wie z. B. der Chelsea-Flower-Show oder der Hampton-Court-Flower-Show.

Beschaffenheit des Pflanzgefäßes

Grundsätzlich gilt: Je größer, desto besser. Wobei das Minimum bei ca. 30 bis 45 cm breiten und ca. 45 cm tiefen Gefäßen liegt. Steingut- bzw. Holzgefäße sind besser geeignet als Plastikcontainer, da diese sich im Sommer wesentlich stärker erhitzen bzw. größeren Temperaturschwankungen unterliegen. Der „kühle", gut gewässerte Fuß der Clematis sollte auch hier gewährleistet sein. Wichtig sind ausreichend große Abzugslöcher (> 5 cm!); der Topf sollte am besten auf kleinen Füßchen stehen, damit Staunässe auf jeden Fall vermieden wird. Es empfiehlt sich, eine 5 cm dicke Dränageschicht in den Topf einzubringen. Die Abzugslöcher sollten regelmäßig kontrolliert werden.

Substrat

Die beiden Hauptprobleme bei der mehrjährigen Kultur von Clematis im Container sind Staunässe (siehe oben) und ein verdichtetes Substrat, welches Sauerstoffmangel und eine gestörte Nährstoffaufnahme zur Folge hat. Deshalb ist es von ganz entscheidender Bedeutung, ein strukturstabiles, aus groben Bestandteilen zusammengesetztes Kübelpflanzensubstrat zu verwenden. Dieses kann zusätzlich mit Perlite oder Sand vermischt und somit noch strukturstabiler bzw. luftiger gemacht werden. Das Gefäß sollte nicht bis oben hin mit Erde gefüllt, sondern ein Rand von ca. 5 cm belassen werden.

Düngung und Wässern

Eine Bevorratung mit 4 g/l Substrat eines Depotdüngers erscheint ausreichend; in den Folgejahren muss entsprechend nachgedüngt werden. In der englischen Literatur ist häufig folgende Variante zu finden: Im Herbst die oberen 5 bis 10 cm des Kultursubstrats entfernen, Dauerdünger aufbringen und den Container wieder mit frischem Substrat auffüllen. Professionelle Gärtner arbeiten bei den großblumigen Hybriden zusätzlich mit handelsüblichen Flüssigdüngern – von Vegetationsbeginn bis zum Ansetzen der ersten Blüten. Während der Blühphase wird bei den frühjahrsblühenden Hybriden eine Düngepause eingelegt; nach dem 1. Flor ist jedoch eine erneute Düngung für den 2. Blütenflor wichtig. Ab Mitte August sollte zur besseren

Clematis kann auch im Kübel gezogen werden, hier die Sorte 'Piilu'. (Foto: Klaus Körber)

Ausreifung der Triebe kein Flüssigdünger mehr gegeben werden. Clematis lieben Wasser; deshalb sollte an warmen Tagen bei der oben beschriebenen Topfgröße täglich eine Wassermenge von 5 l gegeben werden.

Pflanzenauswahl

Die Alpenrebe *(C. alpina)* und ihre asiatische Verwandte *(C. macropetala)* sind mit zahlreichen Sorten für die dauerhafte Kultivierung im Container geeignet. Der Blütezeitraum liegt im Freien von Mitte April bis Mitte Mai; ab und an ist mit einer schwachen Nachblüte im August zu rechnen. Diese Pflanzen dürfen auf keinen Fall zu feucht stehen. Es empfiehlt sich, in den ersten beiden Jah-

ren die Triebe schräg horizontal an einem Klettergerüst aufzuleiten, damit der Eindruck einer gedrungenen und kompakten Pflanze entsteht. Die frühjahrsblühenden Hybridsorten um 'The President' & Co. sind durch den gedrungeneren Wuchs, die großen Einzelblüten und bei guter Pflege einem starken zweiten Sommerflor prädestiniert für den Einsatz im Kübel. Die bei diesen Sorten im Freiland häufig auftretende Clematiswelke kann bei vorsichtiger Gießweise im relativ unbelasteten Kultursubstrat stark reduziert werden.
Um schöne Pflanzen zu erzielen, empfiehlt sich folgende Kulturführung: Pflanzen nach dem ersten Kulturjahr im Frühjahr auf ca. 20 cm oberhalb kräftiger Knospen einkürzen. Der darauffolgende Austrieb wird nach dem dritten, gut ausgebildeten Blattpaar pinziert, also entspitzt, um eine noch bessere Verzweigung zu erzielen. Die jetzt entstehenden jungen Triebe werden mehr oder weniger waagerecht um das jeweilige Klettergerüst gebunden. In diesem Jahr erhält man schon ein paar Blüten des Sommerflors. Im darauffolgenden Frühjahr wird dünnes, abgestorbenes Holz entfernt; die Jungtriebe werden etwas eingekürzt. Bei achtsamer Pflege ist ab diesem Jahr mit schönen Pflanzen und üppiger Blüte zu rechnen.
Die sommerblühenden Clematis blühen im Freiland meist ab Anfang Juli. Sie müssen jährlich fast bis auf den Boden abgeschnitten werden; der Neuaustrieb bildet mit Abschluss des Längenwachstums Blüten. Die Hybridsorten dieser Gruppe (z. B. 'Jackmanii', 'Ville de Lyon', 'Comtesse de Bouchaud'), aber auch die meisten Vertreter der Italienischen Waldrebe *(Clematis viticella)* wachsen relativ stark, sodass auch hier die Triebe schräg geleitet werden können. Ist das Klettergerüst hoch genug (ca. 1,5 bis 2 m), können die Pflanzen senkrecht nach oben wachsen und ihre Spitzen kaskadenförmig nach unten hängen. Eine Besonderheit und für die Kultur im Container besonders gut geeignet, sind die verschiedenen Kreuzungen mit der Staudenclematis *Clematis integrifolia.* Der kompakte Wuchs dieser Sorten von 1 bis 2 m, eine lange Blütezeit von Juli bis in den Herbst hinein und ihre große Robustheit ergeben problemlose Kübelpflanzen. Da diese Clematis keine Haftorgane haben und nicht aktiv klettern können, müssen sie angebunden bzw. an einem Klettergerüst fixiert werden.

Wurzelschnitt

Die ersten drei bis vier Jahre sind, was das Verhältnis Wurzelvolumen zu Substrat betrifft, relativ unproblematisch. Nach dem vierten Jahr sollte die Clematis an der Wurzel verjüngt werden. Man schneidet dabei die Pflanze kräftig zurück, nimmt sie aus dem Topf, schneidet das untere Drittel des Ballens ab und entfernt ca. 5 cm der äußeren Hülle des Wurzelballens. Die verbleibende Pflanze kann wieder in den gleichen Topf gepflanzt werden, und zwar wiederum so, dass sie 5 bis 8 cm tiefer als die Substratoberfläche sitzt.

Tipp: „Clematifizieren" Sie Ihren Garten

Lassen Sie *Viticella* in große Sträucher wie z. B. Forsythien, Korkenzieherhasel, Feuerdorn, Flieder, Magnolien oder in ältere Nadelgehölze wachsen und verhelfen Sie diesen Pflanzen damit zu einer Sommerblüte. Auch hier können die Viticellas im Herbst entfernt werden, sodass der Kombinationspartner im wahrsten Sinne des Wortes entlastet ist. Aber vorsichtig: auch diese Idee kann süchtig machen!

'Prince Charles' ist eine dankbare Sorte, die in Hellblau blüht.
(Foto: Klaus Körber)

Amarant – Anbau und Rezept

Die Ernte von Amarant ist mühsam, doch der Aufwand lohnt sich.
(Foto: Julia Schade)

Der Gartenfuchsschwanz, *Amaranthus caudatus,* ist eine beliebte Zierpflanze. Vor allem im sommerlichen Bauerngarten sorgt er mit seinen leuchtend karminroten Blütenständen für einmalige attraktive Blickfänge. Dass diese Pflanze eigentlich von einer uralten Nutzpflanze abstammt, wissen wohl die wenigsten. Die ursprüngliche Art, *Amaranthus cruentus,* wurde bereits von Inkas und Azteken als wertvoller Eiweißlieferant kultiviert.

Von weit her und trotzdem gleich!

Amarant stammt ursprünglich aus Südamerika, aus Gebieten, in denen ein sehr europäisches Klima vorherrscht. Zum erfolgreichen Wachsen braucht die Pflanze vor allem Sonne. Am besten gedeiht Amarant bei Temperaturen über 20 °C. An den Boden stellt er keine Ansprüche. Solange er genug Licht bekommt, wächst er quasi überall. Nur zu ergiebige Niederschläge mag er nicht, seine Samen reifen dann schlecht aus. Ideal sind feuchte Frühjahre mit darauffolgenden trockenen Sommern, eben so, wie es früher auch hierzulande üblich war. Die immer feuchter werdenden Sommer sind für den industriellen Anbau eher schwierig, im Hausgarten kann man da schon einmal ein Auge zudrücken, zumal man dort genügend Möglichkeiten hat, die Pflanzen nachreifen zu lassen.

Jetzt geht's los!

Gesät wird direkt ins Freiland, Ende April bis Anfang Mai, also so, dass die Eisheiligen keinen Schaden anrichten können. Der Abstand von Reihe zu Reihe beträgt 45 cm, in der Reihe genügen 25 bis 30 cm. Im Jugendstadium ist Amarant nicht sehr konkurrenzfähig, jäten sollte also ganz oben auf To-do-Liste stehen! Das war es dann aber auch schon wieder mit der Pflege.

Im großen Stil ...

Geerntet wird Ende September/Anfang Oktober. Wichtigste Voraussetzung: Die Restfeuchte darf höchstens 40 % betragen, ansonsten kann keine maschinelle Weiterverarbeitung stattfinden. Vor der Ernte geht es also erst einmal ans Messen: einige Pflanzen abschneiden, wiegen, trocknen, die Differenz errechnen und im Anschluss daran den Restfeuchtegehalt bestimmen.

... und in kleinen Mengen

Zu Hause geht das einfacher! Reifer Amarant schlägt von Grün zu gelblich braun um. Streift man über seine Fahnen, kann man bei reifen Exemplaren beobachten, wie die Körner nur so davonspringen/herausspringen. Bei unreifen Samenständen bleibt dieses Spektakel aus. Purzeln die Samen, schneidet man die Pflanzen bodennah ab, bündelt sie und bringt sie zum Nachtrocknen einige Tage an einen luftigen, trockenen Ort.

Einmal ausschlagen und föhnen, bitte!

Ist das Laub getrocknet, fällt der Startschuss für die Aufbereitung. Man suche sich eine ebene Fläche von 1,5 bis 2 m^2 in ergonomischer Arbeitshöhe, ein altes Leinentuch ohne Löcher und wappne sich mit schlagkräftigem Enthusiasmus und einem Stock. Dann kann es auch schon losgehen: Mit sanfter Gewalt schlägt man die Amarantfahnen so lange auf das Tuch, bis keine Körner mehr herausfallen. Dann das Tuch zusammenschlagen und das Erntegut in eine Schüssel füllen. Nun lässt man den Amarant nochmals eine knappe Woche trocknen, bevor er weiter gereinigt wird. Da die Pflanzenteile alle richtig schön trocken sind, wenn es ans Ausschlagen geht, landen nicht nur die Körner auf dem Tuch, etliche Blattreste, Stängelstückchen und andere Fremdkörper wurden mitgeerntet. Solche Fremdkörper, die größer sind als das Korn, kann man durch Sieben vom Rest trennen. Dazu einfach alles durch ein mittelgrobes Nudelsieb schütten und den Amarant unten auffangen. Rein ist er dann aber immer noch nicht. Es bleiben Bestandteile übrig, die kleiner, feiner und – das ist ihre wichtigste Eigenschaft – leichter sind als das Korn. Um diese übrigen Fremdkörper vom Amarant zu trennen, macht man sich genau diese Eigenschaft zunutze. Was man dazu braucht? Einen Föhn und zwei zusätzliche Hände. Man legt eine Kiste mit dem ausgeschüttelten Tuch aus und bildet eine kleine Kuhle. Jetzt kippt der eine vorsichtig und ganz langsam den Amarant in die Kiste bzw. in die Kuhle im Tuch. Der andere föhnt währenddessen das Fallgut auf niedrigster Stufe. Das Ergebnis: Der „schwere" Amarant" fällt nach unten, die leichten Teile werden verweht.
Zugegeben, ein wenig Übung erfordert diese Technik schon, aber was wäre das Gärtnern ohne Herausforderungen?!

Steckbrief

Amarant
Amaranthus cruentus

Familie:	Fuchsschwanzgewächse (Amaranthaceae)
Herkunft:	gemäßigtes Südamerika
Wuchs:	0,5–2 m, aufrecht, einjährig
Blüte:	Juni–Oktober, karminrot/grün
Standort:	sonnig! Boden egal
Pflege:	frei von Unkraut halten
Vermehrung:	Direktsaat Ende April bis Anfang Mai

Rezept

Muffins aus Amarant

Als sogenanntes Pseudogetreide eignet sich Amarant hervorragend für die glutenfreie Ernährung. Im nachfolgenden Rezept wurde Weizenmehl verwendet, das kann bei Bedarf aber durch Mais- oder Teffmehl ersetzt werden.

Zutaten:
- *100 g Mehl*
- *40 g gemahlene Haselnüsse*
- *40 g helle Amarantvollkornflocken (gibt's, wenn nicht aus dem Garten, im Reformhaus)*
- *1 Päckchen Backpulver*
- *4 TL Kakaopulver*
- *2 TL Zimt*
- *50 g Amarant-Schokopopkorn, zartbitter*
- *2 mittelgroße Eier*
- *120 g Margarine*
- *100 g Puderzucker*
- *1 Päckchen Vanillezucker*
- *150 ml Rotwein oder roter Fruchtsaft*
- *1 Schuss Rum*

Zubereitung:
Als Erstes den Backofen auf 175 °C vorheizen und die Muffinformen mit Papierförmchen auslegen oder einfetten und einmehlen. Das Mehl sieben, mit den Nüssen, den Amarantvollkornflocken, dem Backpulver, dem Kakao und dem Zimt mischen. Dann Eier, Zucker und Margarine schaumig schlagen. In diesen Schaum nun nach und nach die Mehlmischung geben, dann noch Rotwein und Rum zufügen und alles gründlich verrühren. Den Teig in die Förmchen füllen und für ca. 25 min backen.

Massageöl

Wacholderbeeren reifen nicht in einer Saison. (Foto: Sabrina Werner)

„Tu deinem Leib etwas Gutes, damit deine Seele Lust hat, darin zu wohnen“, meinte bereits Teresa von Ávila im 16. Jahrhundert.
Wer wünscht sich nicht manchmal, seinen eigenen Akku einfach so aufladen zu können, wie das bei Handys oder einem Laptop möglich ist. Doch reine Energiezufuhr reicht oftmals nicht aus, um wieder Kräfte tanken zu können, denn erst muss der Kopf „herunterfahren“, und dann kann der Körper sich entspannen und erholen. Dazu kann nach einem stressigen Arbeitstag eine Massage besonders wohltuend beitragen.

Massageöl selbst ansetzen

Als Grundlage dienen pflanzliche Öle wie Mandelöl, Sesamöl, Distelöl, Jojobaöl oder auch Olivenöl. Hier sollte man ausprobieren, welches Öl einen besonders anspricht, wie man auf den Geruch des reinen Öls reagiert, und auch, wie sich das Öl auf der Haut anfühlt. Oliven- oder Distelöl sind in den meisten Haushalten ohnehin vorhanden und eignen sich deshalb gut zum Experimentieren. Angesetzt wird das Massageöl mit den frischen Kräutern und Pflanzen in verschließbaren Gläsern oder Flaschen. Die Pflanzenteile sollte man jedoch gründlich reinigen, denn Fremdstoffe im Öl, die an den Kräutern haften, könnten sonst zur Schimmelbildung führen. Außerdem sollten die Pflanzenbestandteile, die verwendet werden, absolut trocken sein, denn auch Wasser kann zum Verderben des Öls führen. Damit sich die ätherischen Öle gut aus den

Profitipp
Barbara Krasemann

Nach Lust, Laune ...
... und Geschmack kann man eigene Massageöle ansetzen oder diese auch als kleine Geschenke für Freunde verwenden. Personen mit empfindlicher Haut sollten vor der Verwendung die Massageöle erst auf Hautverträglichkeit testen, denn allergische Reaktionen auf die ätherischen Öle der Pflanzen sind möglich.

Pflanzen lösen, sollte man Zweige, Blätter oder Triebe zerkleinern. Die geschnittenen Pflanzenteile kommen in das Gefäß und es wird dann mit Öl aufgegossen. Die Grünmasse muss dabei vollständig bedeckt werden. Nun stellt man das Gefäß für zwei bis drei Wochen an einen warmen Ort und lässt den Ansatz reifen. Während dieser Zeit sollte das Gefäß täglich einmal etwas bewegt werden. Nach drei Wochen kann man das Öl durch ein Tuch filtern, damit alle Pflanzenteile wieder entfernt werden, denn sonst könnte das Massageöl schnell verderben. Unbegrenzt kann man das Öl dennoch nicht lagern, deshalb lieber nur kleine Mengen ansetzen und diese innerhalb von sechs Monaten aufbrauchen.

Lavendel ist bekannt für seinen entspannenden Duft.
(Foto: Tanja Küblböck)

Pflanzen für Massageöle

Name	Botanischer Name	Pflanzenteil/Erntezeit	Wirkung
Pfefferminze	*Mentha* x *piperita*	Blätter, vor der Blüte im Juni/Juli	erfrischt und belebt, hilft verspannte Muskeln zu lockern
Thymian	*Thymus vulgaris*	Blätter und Blüten, Sammelzeit: von Juni bis Oktober	beruhigend, krampflösend, entspannend
Wacholder	*Juniperus communis*	Triebspitzen und Beeren, Ernte ganzjährig möglich	durchblutungsfördernd, entspannend, schlaffördernd
Melisse	*Melissa officinalis*	ganze Triebe, Sammelzeit: Juni bis Oktober	harmonisierend, beruhigend, entspannend
Lavendel	*Lavandula officinalis*	Blüten, Sammelzeit von Juni bis August	beruhigend, schlaffördernd, entspannend

Zitronat und Orangeat selbst herstellen

Unverzichtbar für die Weihnachtsbäckerei: Orangeat und Zitronat.
(Foto: Marion Heinz)

Winterzeit ist Plätzchenzeit! Zugegeben, bis es wieder so weit ist, dauert es noch ein bisschen. Doch die Weichen für eine erfolgreiche Weihnachtsbäckerei kann man schon jetzt stellen und erste Vorbereitungen treffen: Früchte dörren, Nüsse trocknen oder einfach einmal einen Blick in Richtung Kübelpflanzen werfen. Orangen und Zitronen sind um diese Jahreszeit meist üppig behangen. Jetzt, wo es für sie ins Winterquartier geht, ist das nicht unbedingt ein Vorteil. Auch Kübelpflanzen reduzieren ihre Vitalfunktionen im Winter auf Sparflamme, und die Früchte zu halten, kostet die Pflanzen unnötige Kraft. Sie zu entfernen mag zwar ein wenig schmerzen, doch Orangen und Zitronen lassen sich mit wenig Aufwand zu Orangeat und Zitronat weiterverarbeiten, zwei traditionelle Zutaten für jeden Weihnachtsbäcker!

Fruchtfleisch, nein danke!

Für das Herstellen von Zitronat und Orangeat braucht es nicht viele Zutaten, nur die Schale der Zitrusfrüchte. Und davon auch nur den farbigen Teil. Die weißen Bestandteile entfernt man, so gut es geht, denn sie enthalten Bitterstoffe, die sich auf den Geschmack negativ auswirken. Das Fruchtfleisch ist zum Wegwerfen freilich viel zu schade und man kann daraus Saft, Marmelade oder andere kulinarische Genüsse zaubern. Für Zitronat verwendet man im Idealfall Zitronatzitronen, *Citrus medica,* denn ihre Schale ist besonders dick. Für's Orangeat muss die Pomeranze herhalten, *Citrus aurantium,* doch auch andere Arten können verarbeitet werden.

Und so geht's

Egal, ob Zitrone oder Orange, das Rezept ist dasselbe: Früchte schälen, weiße Teile entfernen und die Schalen in 1 cm breite Streifen schneiden. Dann geht's ab in den Topf. So viel Wasser hinzugeben, bis die Schalen bedeckt sind, und anschließend alles für 10 min kochen, dann abgießen. Nun die Früchte wiegen und mit der entsprechenden Menge an Zucker wieder in den Topf geben. Das Ganze erneut mit Wasser auffüllen, bis die Schalen knapp bedeckt sind. Jetzt so lange köcheln lassen, bis ein dickflüssiger Sirup entsteht. Sind die Schalen glasig und weich, nimmt man sie mit dem Schaumlöffel aus dem Topf und lässt sie mindestens eine Nacht, besser einige Tage, auf einem Rost abtropfen. Zuletzt die Schalen fein würfeln, und los geht's mit der Weihnachtsbäckerei. Die Reste in ein Glas füllen, luftdicht verschließen und im Kühlschrank aufbewahren. Den Sirup kann man als Honigersatz verwenden.

Zutaten

- 1 TL Salz
- Wasser
- Zitronen/Orangen nach Bedarf (nur ungespritzte Früchte!)
- Zucker und Frucht in gleichen Gewichtsanteilen

Alleskönner Sauerkraut

Schon Seefahrer hatten es vor Jahrhunderten in Fässern dabei, nachdem man herausgefunden hatte, dass der hohe Vitamin-C-Gehalt des Krauts den gefürchteten Skorbut in Schach hielt. Auch heute noch wird das aus Weißkohl hergestellte Sauerkraut seinem Ruf als kalorienarmer Vitaminspender gerecht.

Selbst machen

Sauerkraut aus der Dose enthält meist kein Vitamin C mehr, da dieses beim Erhitzen verloren geht. Mit wenig Aufwand kann man sich sein Sauerkraut aber auch selbst herstellen. Als Erstes entfernt man vom frisch geernteten Kohlkopf die äußeren Blätter und den Strunk. Dann den Kohlkopf waschen und in feine Streifen schneiden. Am besten funktioniert das mit einem Krauthobel. Etwa 1 bis 2 mm schmal sollten die Streifen sein und lang genug, damit kein Sauerkrautbrei entsteht. Die Streifen kommen in ein großes Gefäß, beispielsweise in einen großen Tontopf. Dann gibt man Salz hinzu, aber nicht zu viel, da das Kraut sonst zu sauer wird. Kohlbauern verwenden in der Regel 10 g Salz auf 10 kg Kraut. Dann alles durchmischen, in saubere Gummistiefel schlüpfen und alles gut stampfen. Damit zerstört man die Zellwände des Kohls. Man stampft so lange, bis das Kraut vor lauter Brühe nicht mehr zu sehen ist. Anschließend alles luftdicht verschließen und bei Temperaturen um die 12 °C lagern. Dann beginnt der Gärungsprozess und nach drei Wochen ist das Sauerkraut fertig.

Der Gärtopf leistet gute Dienste für die Herstellung von Sauerkraut. (Foto: Sabrina Werner)

Profitipp
Prof. Christa Habrich

Sauerkraut ist gesund
Um in den vollen Genuss der medizinischen Wirkung des Sauerkrauts zu kommen, verzehrt man es am besten roh. 100 bis 150 g Sauerkraut täglich reichen aus, um den Bedarf an Vitamin C zu decken. Gerade im Winter ist es daher ein ideales Grippeschutzmittel. Aber im Sauerkraut steckt noch viel mehr: Eisen und Folsäure fördern die Blutbildung, Kalzium sorgt für feste Knochen und Zähne, Ballaststoffe und Senföle regen die Darmtätigkeit an. Und natürlich die enthaltenen Milchsäurebakterien, die sich ebenfalls günstig auf die Darmflora auswirken. Wegen dieser hervorragenden Eigenschaften bezeichnete schon Pfarrer Kneipp das Sauerkraut als „Besen für Magen und Darm“. Und: Sauerkraut eignet sich als Rohkost hervorragend für figurbewusste Menschen, denn in einem Pfund stecken gerade einmal 80 Kalorien.

Johanniskraut mal anders

Beruhigend und heilend: Johanniskraut ist mehr als nur eine wertvolle Heilpflanze.
(Foto: Bernd Nitsche)

Johanniskraut kennt man entweder als Heilpflanze oder als Herbstschmuckstaude. Dass man aus getrocknetem Johanniskraut einen gelben Färbesud für Wolle oder Stoffe gewinnen kann, wissen wahrscheinlich nur noch unsere Urgroßmütter. Das Färben mit Naturfarben ist aufwendiger als mit synthetischen aus dem Drogeriemarkt. Da es sich um ein Naturprodukt handelt, werden die erzielten Farbtöne je nach Einzelexemplar variieren.

Steckbrief

Echtes Johanniskraut
Hypericum perforatum

Familie:	Johanniskrautgewächse (Hypericaceae)
Herkunft:	Mittelmeerraum, West-, Mittel-, Südeuropa, Teile Asiens
Wuchs:	60–90 cm hoch, locker aufrecht, reich verzweigt, Stängel kantig
Blüte:	Mai bis Juni, gelb, roter Fruchtschmuck im Herbst
Standort:	Gehölzrand oder Freifläche, sonnig, Boden trocken bis normal

Die Vorbereitung (Vorbeize)

Bevor die Wolle Farbe annimmt, muss sie vorgebeizt werden. Dazu gibt man 4 l Wasser mit dem Alaun in einen hohen Topf und rührt kräftig, bis das Alaunpulver sich gelöst hat. Dann kommt die Wolle in den Topf, entweder trocken oder angefeuchtet und ausgewrungen. Langsam und stetig erhitzt man das Wasser jetzt auf eine Temperatur um die 90 °C und lässt es dann eine Stunde kochen, ab und an wird umgerührt. Erreicht das Wasser zu schnell die gewünschte Temperatur oder rührt man zu hastig, kann die Wolle ver-

Zutaten zum Färben

- 8 l Wasser
- 15 g Alaun (gibt's in der Apotheke)
- 100 g getrocknetes Johanniskraut (mit Blüten)
- 100 g naturfarbene unbehandelte Wolle
- Essig

filzen, hier ist also Geduld angesagt. Während des Erhitzens bilden die Metallionen des Alauns mit dem Wasserdampf Metallhydroxide, die später mit dem Farbstoff zu einer fixierbaren Komplexverbindung reagieren. Oder einfacher ausgedrückt: nur gebeizte Wolle nimmt Farbe an!
Hat die Wolle eine Stunde gekocht, stellt man den Topf samt Inhalt für zwei Tage an einen kühlen Ort.

Der Färbesud

Jetzt heißt es schnippeln! Das getrocknete Johanniskraut klein häckseln und in 4 l kaltes Wasser geben. Das Gemisch wieder auf 90 °C Temperatur bringen und für 1 bis zwei Stunden kochen lassen. Ist das Johanniskraut ausgekocht, kann abgeseiht werden. Das Abseihen kann man sich ersparen, indem man die Pflanzenteile in einem einfachen Wäschenetz auskocht, was aber unter Umständen zu einer leichten Farbverfälschung führen kann. Den Färbesud zuletzt nochmals auf 90 °C erhitzen und darin die Wolle eine Stunde kochen lassen. Auch hier ist größte Sorgfalt gefragt, damit nichts verfilzt. Wenn die Wolle im Färbebad erkaltet ist, spült man sie gründlich aus, bis das Wasser klar bleibt, und fixiert anschließend die Farbe mit Essig. Dafür die Wolle in ein Gefäß geben und so viel Essig beimengen, bis sie vollständig bedeckt ist.

Tipp

Wer es statt Gelb lieber Gelbgrün haben möchte, kann in den Färbesud noch 15 g gelöstes Eisensalz geben. Den Sud erwärmt man dann auf 40 °C, legt die Wolle darin ein und lässt sie ½ bis 1 Stunde sanft im Färbebad köcheln.

Was färbt wie?

Der Ablauf der Vorbeize ist bei allen in der Tabelle genannten Pflanzen ähnlich, lediglich die Mengen variieren. Nähere Infos findet man in der Fachliteratur. Da es sich um natürliche Materialien handelt, können die Farbtöne unterschiedlich sein.

	Deutscher Name	Botanischer Name	Verwendeter Pflanzenteil
	Krappwurzel/Färberröte	*Rubia tinctorum*	Wurzeln, ein Jahr abgelagert
	Rote Bete	*Beta vulgaris* var. *vulgaris*	Rübe
	Waldmeister	*Galium oderatum*	oberirdische Teile, frisch
	Ringelblume	*Calendula officinalis*	Blüten (frisch oder getrocknet)
	Schafgarbe	*Achillea millefolium*	oberirdische Teile, getrocknet
	Küchenzwiebel	*Allium cepa Cepa*-Gruppe	getrocknete Schalen
	Große Brennnessel	*Urtica dioica*	getrocknetes Laub
	Rainfarn	*Tanacetum vulgare*	oberirdische Teile
	Birkenlaub	*Betula pendula*	ausgewachsenes Laub
	Blaue Färberhülse	*Baptisia australis*	ganze Pflanze
	Rotkohl	*Brassica oleracea* var. *capitata*	Laub
	Karotte	*Daucus carota*	klein gehackte Möhren
	Holunder	*Sambucus nigra*	Saft aus Beeren
	Jungfernrebe	*Parthenocissus quinquefolia*	reife Beeren
	Schwarze Johannisbeere	*Ribes nigrum*	reife Beeren
	Walnuss	*Juglans regia*	äußere grüne Schale
	Wilde Malve	*Malva sylvestris*	getrocknete Blüten
	Heidelbeere	*Vaccinium myrtillus*	getrocknete Heidelbeeren

Winterharte Fuchsien

Die Scharlachfuchsie *(Fuchsia magellanica)* stammt ursprünglich aus den Bergwäldern Mittel- und Südamerikas, wo sie zu hohen Sträuchern heranwächst. In Großbritannien und Irland begleiten Hecken aus der Scharlachfuchsie etliche Straßen und Wege, bei uns hält man die Fuchsie meist im Kübel, der den Winter frostfrei überdauert. Scharlachfuchsien und deren Sorten gelten jedoch als relativ winterhart und können auch im Garten ausgepflanzt werden. Wichtig sind allerdings der richtige Platz und das richtige Vorgehen beim Pflanzen.

Gute Nachricht für Fuchsienfans: Einige lassen sich auch im Garten kultivieren, guter Winterschutz vorausgesetzt.
(Foto: Sabrina Werner)

Standortwahl und Pflanzung

Fuchsia magellanica kommt besonders an einem sonnigen bis halbschattigen Platz in Kombination mit anderen Kleingehölzen zur Geltung.

Steckbrief

Scharlachfuchsie
Fuchsia magellanica

Familie:	Nachtkerzengewächse (Onagraceae)
Herkunft:	Südchile und Argentinien
Wuchs:	Strauch, in der Heimat bis zu 4 m hoch
Standort:	warm, sonnig bis halbschattig
Pflege:	gleichmäßig feucht halten, Winterschutz
Vermehrung:	Stecklinge

Bäume und Sträucher, die einen hohen Wurzeldruck ausüben, sollte man nicht in ihre Nähe setzen. Fuchsien pflanzt man nach den Eisheiligen, wenn keine Fröste mehr zu erwarten sind. Sie benötigen einen lockeren und humosen Gartenboden ohne Staunässe. Unten in das Pflanzloch kommt eine Schicht aus Kies, Wasser kann so besser ablaufen. Die Fuchsie selbst setzt man etwa 10 cm tiefer als sie vorher im Topf stand: Das schützt die Wurzeln vor Frost. Vorher entfernt man alle unteren Blätter und Knospen, damit nichts zu faulen beginnt. Junge Fuchsien sollte man noch nicht auspflanzen, sondern erst, wenn sie zwei oder drei Jahre im Kübel verbracht haben. Sie schieben ihre Wurzeln relativ flach durch den Boden. Um sie an sehr hellen Plätzen vor Sonneneinstrahlung zu schützen, kann man entweder mulchen oder Bodendecker pflanzen, zum Beispiel Efeu oder Dickmännchen. Mit dem Düngen sollte man sich bei winterharten Fuchsien zurückhalten. Denn bei zu vielen Nährstoffen wachsen sie zu stark, werden anfälliger für Frost und treiben weniger Blüten.

Winterschutz

Auch wenn man sie als „frosthart" bezeichnet, in der kalten Jahreszeit braucht die Scharlachfuchsie einen Winterschutz. Dazu die Pflanzen mit Laub oder Fichtenreisig ca. 40 cm hoch abdecken. Im Frühjahr den Schutz entfernen und bei Bedarf erfrorene Triebe zurückschneiden.

Artenvielfalt von *Ficus*

Mehr als 800 Arten der Gattung *Ficus* sind bekannt, vom kleinen Bodendecker bis hin zum großen Baum. Einige der Sorten des Maulbeergewächses haben sich wegen ihrer Anspruchslosigkeit zu Klassikern unter den Zimmerpflanzen entwickelt. Sie gedeihen auch in Hydrokultur und fanden deshalb ihren Weg auch in so manches Büro.

Gummibaum
Ficus elastica

Spricht man allgemein von „Gummibaum", hat man meist *Ficus elastica* vor Augen. Er wächst in der Regel gerade und unverzweigt, durch gelegentlichen Rückschnitt kann man ihn zu einem gedrungenen Strauch erziehen. Beim Schnitt, und das gilt für alle beschriebenen *Ficus*-Arten, sickert weißer Milchsaft aus den Zweigen. Dieser kann zu Hautreizungen führen – gerade Latexallergiker sollten hier vorsichtig sein. Also Handschuhe tragen und bei Hautkontakt sofort die Hände waschen. Am besten den Fußboden mit einer Plane abdecken und alte Kleidung anziehen. *Ficus elastica* ist ausgesprochen robust, gedeiht auch an halbschattigen Plätzen und hat kein Problem mit trockener Raumluft. Er hat sich in Untersuchungen als besonders effektiv beim Entgiften der Luft erwiesen, vor allem entzieht er ihr Formaldehyd. Beliebte Sorten sind beispielsweise die breitblättrigen 'Decora' und 'Robusta' sowie 'Schrijveriana' und 'Tineke' mit panaschierten Blättern.

Birkenfeige
Ficus benjamina

Ein lockerer Wuchs mit überhängenden Trieben zeichnet die Birkenfeige aus. Ihr schadet trockene Luft ebenso wenig wie ein leicht schattiger Platz. Fühlt sich die Birkenfeige wohl, sollte man sie nicht umstellen, denn sonst wirft sie nach einigen Tagen sämtliche Blätter ab. Zugluft bekommt ihr ebenfalls nicht. Die Birkenfeige ist sehr schnittverträglich, häufig erzieht man sie deshalb als Bonsai. Auch von *Ficus benjamina* finden sich zahlreiche Sorten. Empfehlenswert sind etwa 'Golden King' und 'Starlight', beide mit panaschierten Blättern.

Langblättrige Feige
Ficus binnendijkii

Schmale, lanzettförmige, bis zu 30 cm lange Blätter besitzt *Ficus binnendijkii*. Diese Pflanze hat dieselben Ansprüche wie die Birkenfeige. Bekannte Sorten von *Ficus binnendijkii* sind 'Alii', mit etwas breiteren Blättern als die Art, oder 'Amstel Gold' mit panaschiertem Laub.

Leier-Gummibaum
Ficus lyrata

Der Leier-Gummibaum, wegen seines an den Korpus einer Geige erinnernden Laubes auch Geigenfeige genannt, kommt erst in großen Wohnräumen so richtig zur Geltung. Schon seine breiten, ledrigen Blätter können 40 cm groß werden. Die Pflanze selbst erreicht eine Höhe von mehreren Metern. Insgesamt kleiner bleibt die Sorte 'Bambino'.

Auf der Beliebtheitsskala der Zimmerpflanzen steht sie ganz oben: die Birkenfeige. (Foto: Sabrina Werner)

Winter

Was jetzt zu tun ist

Gut für alle

- Pflanzenschutz: auf Schädlingsbefall im Winterquartier bei Kübelpflanzen achten
- Zimmerpflanzen regelmäßig auf Schädlinge kontrollieren, abstauben
- Das neue Jahr planen: Beete einteilen, Saatgut bestellen
- Bei langen Frostperioden Vogelfutter nicht vergessen!
- Gartengeräte reparieren, reinigen, ölen
- An milden Tagen: Gewächshäuser lüften

Obst und Gemüse

- Winterschnitt bei Obstgehölzen und Beerensträuchern
- Rinde von Obstbäumen kalken, um sie vor Frostrissen zu schützen
- Chicorée treiben

Fürs Auge

- Winterschutz für Gräser anbringen, Halme zusammenbinden
- Schneelasten vor allem bei Nassschnee entfernen
- Eingewinterte Kübelpflanzen behutsam gießen
- Immergrüne Stauden und Gehölze an frostfreien Tagen gießen
- Winterschutz bei Stauden überprüfen
- Regelmäßig Laub vom Rasen entfernen

Ernte

- Aus der Natur: Schlehen
- Aus dem Garten: Rosenkohl, Wurzel- und Knollengemüse, Winterlauch

Der Garten im Winter

Fließend oder, besser gesagt, frostig geht der Spätherbst in den Winter über. In den gefrorenen Boden lässt sich nun kein Werkzeug mehr drücken. Und lediglich die Zaubernuss setzt Frost und Schnee mit ihren strahlenden Blüten ein wenig „Sonne im Kleinen" entgegen. Der Gärtner beschränkt sich bei solchen Bedingungen lieber aufs Beobachten. Zahlreiche Vögel, sogenannte Standvögel, die den Winter nicht im Süden verbringen, sind im Garten unterwegs. Sie picken Samen von Gräsern und zupfen Früchte von den Gehölzen. Hier macht es sich bezahlt, den Garten nicht an jeder Ecke picobello aufgeräumt zu haben. In der laublosen Jahreszeit werden nun auch die Strukturen immergrüner Hecken, etwa aus Buchs, sichtbar. Ein Schauspiel, wenn die tief stehende Sonne die mit Eis und Schnee bedeckten Triebe anstrahlt. In der Weihnachtszeit holt man noch mal Pflanzenmaterial ins Haus. Als Dekoration für den Christbaum. Und irgendwann beginnt man die Tage zu zählen. Bis es endlich wieder losgeht mit der neuen Gartensaison.

Christbaumschmuck selbst gemacht von Julia Hörl

Blattgold ist hauchdünn ausgeschlagenes Gold, das dem Veredeln von Oberflächen dient.
(Foto: Bernd Nitsche)

Der Weihnachtsbaum hat sich aus dem sogenannten Paradiesbaum (Paradeisl) entwickelt, der bei den mittelalterlichen Paradiesspielen am 24. Dezember verwendet wurde. Der Paradiesbaum war damals hauptsächlich mit Äpfeln geschmückt, aber auch mit Backwaren und bunten Blüten aus Papier. Anfang des 20. Jahrhunderts gehörten Adam und Eva sowie eine Schlange zum traditionellen Christbaumschmuck in Norddeutschland, da der 24. Dezember in der Liturgie der Gedenktag an Adam und Eva war.

Neben Süßigkeiten spielten sehr früh auch vergoldete und versilberte Elemente eine wichtige Rolle, vor allem Äpfel und Nüsse. Es gab zunächst keinen gewerblich hergestellten Christbaumschmuck, dieser wurde vollständig von den Familien selbst gemacht, in der Regel für jedes Weihnachtsfest neu. Dieser Brauch hielt sich bis weit ins 19. Jahrhundert hinein und wurde dann allmählich durch den neu eingeführten Glasschmuck und das industriell gefertigte Lametta weitgehend verdrängt.

Um diese alte Tradition wiederaufblühen zu lassen, habe ich einige Vorschläge, wie Sie Ihren Christbaum mit jährlich neuem, selbst gebasteltem Schmuck frisch aus der Natur verschönern können.

Blattvergolden

- **Arbeitsmaterial:** Schlagmetall (in verschiedenen Farben erhältlich), Sprühkleber, Pinsel, zum Vergolden eignen sich zum Beispiel Blätter, Zapfen, getrocknete Lotusfruchtstände.

Besonders edel wirken Blätter und Zapfen, wenn Sie mit Schlagmetall veredelt werden. Dieses gibt es nicht nur in Gold, sondern auch in Silber und Kupfer. Man bekommt die meist Din-A5-großen Metallblätter im Bastelladen oder auf Nachfrage in vielen Floristikfachbetrieben. Bei der Verarbeitung der hauchdünnen Metallbögen muss man sehr vorsichtig vorgehen. Schon der kleinste Windhauch reicht aus, um die feinen Goldblätter kaputt zu reißen. Am besten belässt man sie bis kurz vor der Verarbeitung im Schutzpapier. Man sollte auch gleich einen Pinsel zum Fixieren bereithalten. Es gibt verschiedene Techniken, um das Schlagmetall anzubringen. Für größere Flächen wie Möbel oder Bilder wird meistens eine sogenannte Anlegemilch verwendet. Die schnellste Methode ist die Verwendung von Sprühkleber. Wenn man beispielsweise ein Blatt oder einen Zapfen vergolden möchte, sollte man sich zunächst ein Stück Zeitung unterlegen. Der zu vergoldende Artikel wird zunächst mit einer dünnen Schicht Sprühkleber besprüht. Dabei mindestens 20 cm Abstand zum Objekt einhalten und darauf achten, dass der Kleber keine Tropfen bildet. Eine gleichmäßige Schicht wäre optimal. Nun wird möglichst zeitnah ein Blatt des hauchdünnen Schlagmetalls auf das Blatt oder den Zapfen aufgelegt und mit der Hand vorsichtig auf die mit Sprühkleber vorbehandelte Fläche gedrückt. Mithilfe des Pinsels kann das Schlagmetall jetzt in die Detailform des Objekts eingearbeitet werden. Bei einem Efeublatt beispielsweise kommen so die Blattadern zum Vorschein. Wenn die beklebte Seite angetrocknet ist, kann schon die andere Seite bearbeitet werden. Wenn beim ersten Durchgang nicht alle Stellen veredelt werden konnten, kann man eine zweite Schicht auftragen. Hierbei ist besondere Vorsicht geboten. Sobald Sprühkleber auf eine bereits vergoldete Stelle gelangt, wird dieser Bereich matt und klebrig. Deshalb sollten nur die Stellen besprüht werden, die noch zu vergolden sind. Der Rest sollte möglichst mit einem Stück Papier abgedeckt werden.

Noch mehr Ideen

Um dann zum Beispiel ein vergoldetes Efeublatt zu Christbaumschmuck zu verarbeiten, benötigen wir wieder etwas Dekorationsmaterial. Um eine Befestigung zu schaffen, ist dünner Draht besonders geeignet. Man formt zunächst eine zur Größe des Blatts passende Schlaufe. Die beiden Enden werden nun um den Stiel des Blatts gewickelt. Dabei nicht zu fest wickeln, damit der Stiel nicht abgeschnitten wird. Jedoch darf der Draht auch nicht zu locker sein, das Blatt wird im Trocknungsprozess noch an Feuchtigkeit verlieren und darf auch dann nicht vom Draht rutschen. Wer sichergehen möchte, fixiert das Blatt mit einem kleinen Einstich durch das Blatt mit dem Draht. Zur Veredelung können auch noch Perlen oder Glitzersteine auf den Draht aufgezogen werden. Dadurch wird das Goldblatt noch edler. Besonders wirkungsvoll ist es, sich verschiedene Blattformen und Größen auszusuchen und so eine ganze Serie von Goldblättern an den Baum zu hängen. Als Fensterschmuck oder Mobile machen sich diese edlen Einzelstücke besonders gut.

Wie eine Goldschmiedearbeit wirken diese Fruchtstände des Lotus.
(Foto: Bernd Nitsche)

Figuren aus Draht

- **Arbeitsmaterial:** Flachzange (klein), Seitenschneider, Draht (farbiger Aludraht und Wickeldraht), Perlen, Dekorationselemente wie Bänder und Kordeln.

Draht gibt es in unterschiedlichen Stärken und Materialien. Um Formen und Figuren biegen zu können, ist Aludraht besonders geeignet. Diesen gibt es in verschiedenen Farben. Er ist ca. 2 mm dick und leicht biegsam. Zum Verzieren wird dünnerer Wickeldraht verwendet. Besonders effektvoll ist Bouillondraht. Dieser ist geriffelt und verleiht dem Objekt einen besonderen Glitzereffekt.
Um es sich am Anfang etwas zu erleichtern, sollte man die gewünschte Form auf ein Blatt Papier zeichnen. Ob Stern, Kreis oder Tannenbaum – der Fantasie sind keine Grenzen gesetzt.

Draht formen

Nun wird der Aludraht in die gewünschte Form gebracht. Die Biegung sollte man mithilfe der Flachzange formen. Beim Biegen mit der Hand entstehen meist unschöne Knicke. Wenn man die gewünschte Form hat, werden die Enden mit einem dünnen Wickeldraht fixiert. Den Draht dazu mehrmals um die Verbindungsstelle wickeln, damit es nicht wieder auseinanderrutschen kann. Um die Grundform nun zu verschönern, gibt es mehrere Möglichkeiten. Am einfachsten ist es, das Ganze mit Draht zu umwickeln. Der glitzernde Bouillondraht eignet sich dazu sehr gut. Das lose Ende wird mehrfach um die Grundform gewickelt, bis es fest hält. Nun umschlingt man die Form mit der ganzen Drahtspule. Besonders wichtig ist es, dass der Schmuckdraht gut verteilt die ganze Form umspielt. So muss man zum Beispiel bei einem Stern darauf achten, dass auch alle Spitzen mit dem Dekordraht umwickelt werden, sonst hat man später nur die Mitte des Sterns verschönert. Da Draht auf Draht immer gern rutscht, empfiehlt es sich, zwischendurch den feinen Draht am Grundgerüst mit einer kleinen Wickelung zu fixieren.

Dekorative Perlen

Wenn die Form so weit fertig umwickelt ist, kann man nach Belieben noch Dekorationsakzente einsetzen. Dazu eignen sich kleine Perlen sehr gut, die auf den feinen Draht aufgefädelt werden und dann in regelmäßigen Abständen über das vorhandene Drahtnetz gewickelt werden. Auch hier darauf achten, dass sich die Perlen gut verteilen und nicht alle in einer Ecke des Sterns liegen. Um das Rutschen von Perlen zu vermeiden, kann man sich auch vorher eine kleine Perlenschnur vorbereiten. Dazu zieht man mehrere Perlen auf den Draht. Dann nimmt man eine Perle nach der anderen und dreht sie um die eigene Achse. Dadurch werden sie auf dem Draht fixiert und können nicht mehr verrutschen. Im Abstand von 2 bis 3 cm kann man so Perle für Perle fixieren. Die Drahtform kann nun entweder so aufgehängt oder weiter dekoriert werden.

Schmückende Bänder

Ein Schweif aus Bändern ist ebenfalls ganz schnell gemacht. Dazu mehrere dünne, farblich aufeinander abgestimmte Bänder auf die gleiche Länge schneiden und in der Mitte zusammenfassen. Mit dem gleichen dünnen Draht die Bänder nun an die Drahtform binden. Das Gleiche kann man auch als Aufhängung anbringen, oder man formt eine Schlaufe aus dem Draht. Wer seinen „Schweif" lieber natürlicher möchte, kann auch Kiefernnadeln zusammendrahten und diese dann der Reihe nach mit dem Draht anbinden.

Die Christbaumspitze

- **Arbeitsmaterial:** Heu, Wickeldraht, Aludraht, Perlen oder kleine Kugeln.

Besonders die Spitze des Christbaums sollte schön dekoriert sein. Auch hier können Sie selbst Hand anlegen. Die Dekoration für die Spitze sollte in ihren Proportionen gut zum Baum passen und deshalb nicht zu klein ausfallen. Für den sicheren Halt benötigen wir zunächst einen Stab. Dieser kann entweder farblich passend zum Schmuck besprüht werden (beispielsweise Gold) oder neutral in Grün gehalten werden, dann verbindet er sich schön mit der natürlichen Spitze des Baums. Die Spindelform gefällt mir für den Gipfel besonders gut, man kann aber auch eine Kugel oder Sternform wählen. Mithilfe von feinem Wickeldraht umschlingt man zunächst die obere Hälfte des Stabs mit Heu. Je gleichmäßiger man es anlegt, desto schöner wird die Form am Ende. Diese Grundform sollte von Anfang an grob erkennbar sein, Feinheiten werden später mit dem Wickeldraht herausgearbeitet. Herausstehendes Heu wird sorgfältig mit einer Schere abgeschnitten. Für eine rustikale Optik kann das Heu auch unbeschnitten bleiben. Für einen edleren Look auch hier wieder die Sprühfarbe verwenden. Wer es besonders edel mag, kann zusätzlich noch Schmuckelemente, wie Perlen oder kleine Kugeln, einkleben. Fixiert wird die Christbaumspitze dann wieder mit dem Aludraht. Den Holzstab dafür parallel zur Spitze anlegen und gleichmäßig umwinden.

Blumen im Christbaum

- **Arbeitsmaterial:** Aludraht, Reagenzröhrchen, Rosen, Seitenschneider

Um dem Christbaum am Heiligen Abend ein festliches Kleid „anzuziehen“, kann man ihn auch mit frischen Blumen bestücken. Besonders feierlich wirken natürlich Rosen. Für die Wasserversorgung sorgen Reagenzgläser. Um diesen einen guten Halt und eine besondere Optik zu verleihen, kann man auch hier den Aluminiumdraht verwenden. Hierfür schneidet man sich ein ca. 40 cm langes Stück von der Spule. Die beiden Enden werden mithilfe der Flachzange zu einer Schnecke gedreht. Dazu nimmt man das letzte Ende des Drahtes zwischen die Greifbacken der Zange und biegt sie einmal um 360°, bis ein kleiner Kreis entsteht. Man hält den Draht weiterhin an der gleichen Stelle fest und dreht nun ganz locker aus dem Handgelenk immer weiter, sodass eine Spirale entsteht. Wenn diese ca. drei bis vier Windungen hat und somit etwa 5 cm groß ist, wird das Reagenzglas befestigt. Um Platz für den Rosenkopf zu lassen, wird nun der Draht unterhalb der Spirale gerade gebogen, bis sich ein 7 bis 10 cm langes Stück ergibt. Dort kann nun das Reagenzglas befestigt werden. Dafür wird der Draht mehrfach um das Glasröhrchen gewickelt. Das restliche Drahtstück wird wie zu Beginn zu einer Spirale gebogen und verziert das Glas. Mit der oberen Spirale kann die Vase nun in den Baum gehängt werden. Mit einem Schluck Wasser hat die Rose nun für mindestens einen Tag genug, um den Baum festlich zu veredeln.

Außergewöhnlich: frische Schnittblumen am festlich geschmückten Christbaum.
(Foto: Sabrina Werner)

Adventskranz mit frischen Blüten

Auch ein Adventskranz kann mit frischen Blumen verschönert werden. Um die Wasserversorgung der adventlichen Blumen zu sichern, werden kleine Reagenzröhrchen eingearbeitet. Am besten bindet man einen voluminösen, eher wilden Kranz. Dafür eignen sich Koniferen wie Wacholder, Buchsbaum, Muschelzypresse oder Arizonica besonders gut. Auch Beeren wie zum Beispiel von der Stech-

Hier harmonieren die Blüten des Weihnachtssterns mit den roten Adventskerzen. (Foto: Sabrina Werner)

palme, Hagebuttenbeeren oder die Beeren von Hypericum lassen sich einarbeiten. Die Wasserröhrchen können entweder mit Heißkleber direkt in das Grün geklebt werden oder sie werden mithilfe eines Drahtes im Kranzkörper verankert. Zum Auswechseln des Wassers eignet sich die Drahttechnik am besten. Das Röhrchen wird hierfür mit einem ca. 20 cm langen Steckdraht umwickelt und die beiden Enden fest in den Strohrömer gesteckt. Wenn man frische Blumen in einen Adventskranz einarbeiten möchte, sollte der Kranz eher schlicht gehalten sein. Also zu viele Accessoires wie Bänder und Kugeln in diesem Fall lieber weglassen. Die Blumen sollten sich optisch in den Kranz einfügen. Deshalb sind lagernde Formen zu verwenden. Eine kleine Blüte vom Weihnachtsstern eignet sich genauso gut wie Rosen. Beides muss auf jeden Fall ganz kurz verarbeitet werden. Bei der Verwendung des Weihnachtssterns muss man den Stiel kurz abbrennen, damit der Milchsaft nicht auslaufen kann. Man hält den Stiel der *Euphorbia pulcherrima* dafür einfach einige Sekunden in eine Feuerzeugflamme. Egal welche Blume Sie verwenden, achten Sie immer darauf, dass genügend Wasser im Reagenzglas ist. Schon nach einem Tag schaffen es die Blumen, so ein Röhrchen leer zu trinken. Rosen sehen aber auch im getrockneten Zustand in so einem Kranz noch sehr dekorativ aus. Jedoch finde ich es persönlich sehr schön, den eigenen Kranz an den Adventssonntagen mit frischen Blumen zu bestücken. So kann man dem Kranz bei Bedarf jede Woche mit einer anderen Farbe eine neue Optik verleihen.

Weihnachtlicher Fensterschmuck

- Arbeitsmaterial: Holzbrett 20 bis 30 cm, mind. 5 cm dick, 10 bis 15 feste Zweige wie zum Beispiel Cornus oder Birkenzweige, Bohrer, Rebdraht, Reagenzröhrchen, Frischblumen, Koniferengrün und Dekoelemente wie Kugeln oder Bänder.

Ich mag es, in der Vorweihnachtszeit durch die Straßen zu gehen und die dekorierten Fenster zu bewundern. Deshalb darf auch an meinem Wohnzimmerfenster der Schmuck nicht fehlen. Gerade zu den Festtagen kommen dann auch gern Frischblumen dazu. Mithilfe eines Holzbretts kann man sich einen wunderbaren Grundaufbau dafür fertigen. Mit einem Bohrer werden zuerst kleine Löcher in die Oberseite des Brettchens gebohrt. In diese Öffnungen werden dann Zweige, wie zum Beispiel die des Cornus oder der Birke, gesteckt und mit einem Tropfen Heiß- oder Holzkleber fixiert. Die Bohrungen müssen groß genug sein, dass die Zweige mit etwas Druck guten Halt finden und nicht kippen können. Je nach Größe des Fensters dürfen die Äste ruhig 40 bis 60 cm lang sein. Bei einer Brettbreite von 20 bis 30 cm benötigt man zwischen 10 und 14 Äste, um die gewünschte Optik zu erreichen. Auch für diesen Aufbau eignen sich Reagenzgläser, um frische Blumen einarbeiten zu können. Die Gläschen werden im unteren Drittel der Zweige mithilfe von Rebdraht (mit Papier umwickelter Draht) befestigt. Der Draht sollte so fest an die Zweige gebunden werden, dass diese auch mit etwas Gewicht des Wassers und der Blumen nicht verrutschen. Für die winterlich natürliche Optik benötigt man noch einige besonders schöne Koniferenzweige, wie die der Muschelzypresse oder der Bergkiefer. Diese werden zwischen den eingeklebten Holzästen verklemmt. Auch geschwungene Zweige des Korkenzieher-Haselnussstrauches lassen sich als besonderes Gestaltungselement mit einarbeiten. Wenn dieser Grundaufbau fertig ist, werden die Blumen eingestellt. Winterliche Blumen wie Euphorbien lassen sich gut mit Rosen kombinieren. Damit die Blumen nicht aus den Röhrchen kippen, sollte man sie auf ca. 20 cm Länge kürzen. In unterschiedlichen Höhen angeordnet, können sie dann diese Fensterdekoration bereichern. Wer es noch etwas verspielter möchte, kann auch hier etwas Christbaumschmuck anhängen. Kugeln oder Tropfenformen setzen dann noch einen Glanzpunkt in dem natürlichen Fensterarrangement. Auch hier wieder auf das Wasser achten. Besonders über der Heizung wird das Wasser aus den Reagenzröhrchen schnell verbraucht sein. Wem es zu viel Aufwand ist, die Röhrchen jeden Tag aufzufüllen, sollte lieber schmale Vasen zwischen den Ästen aufstellen. Die Blumen können dann etwas länger im Wasser stehen bleiben. Und gerade dicke Stiele, wie die der Amaryllis, können so auch einen Platz in der Fensterdekoration bekommen.

Mit Wasser gefüllte Reagenzgläser dienen als Vasen für einzelne Blüten.
(Foto: Bernd Nitsche)

Samenpflanzen für Vögel

Sonnenblumen laden blühend Insekten und zur Samenreife Vögel zum Schlemmen ein.
(Foto: Sabrina Werner)

Das Sortiment an Winterfutter für gefiederte Gesellen ist ganz schön umfangreich. Da neigt man schon einmal dazu, Amsel, Meise, Stieglitz und Zaunkönig zu verwöhnen, wo es nur geht. Allzu einfach sollte man es den Tieren aber nicht machen! Ein wenig nach dem Futter suchen, hat schließlich noch keinem geschadet. Und das Erfolgsgefühl nach einem erfolgreichen Beutezug entschädigt für den Suchaufwand. Im Querbeetgarten gibt es für diesen Zweck ein eigenes kleines Beet. Auf diesem wachsen Pflanzen, die Vögeln im Winter Nahrung bieten, ihnen aber gleichzeitig die Suche danach ermöglichen.

Ein geeignetes Plätzchen

Viele Pflanzen, die von Vögeln als Nahrung bevorzugt werden, tun wir als „Unkraut" ab; darunter etliche Gräser wie Rispengras, Knäuelgras und Glatthafer oder Zweikeimblättrige wie Spitz- und Breitwegerich oder Hirtentäschelkraut. Der beste Vogelfutterplatz ist also eine Ecke im Garten, an der auch mal ein wenig „Unkraut" wachsen darf und nicht alles in gepflegten Bahnen stehen muss. Idealerweise sind das solche Beetflächen, die über mehrere Jahre hinweg nicht anderweitig genutzt werden müssen. Denn Vögel haben ein gutes Gedächtnis: Hat sich eine Futterstelle einmal etabliert, kehren sie immer wieder dorthin zurück. Zumal sie, bei geschickter Pflanzenauswahl, nicht nur im Winter auf ihre Kosten kommen, da viele Gewächse schon im Herbst reife Samen als Nahrung anbieten.

Gut für Tier und Mensch

Über andere Pflanzen freuen auch wir uns: Kornblumen, Klatschmohn, Sonnenblumen, Flockenblumen, Tagetes, Wiesenknopf, Goldrute, Schafgarbe, Borretsch und Zitronenmelisse. Oder auch Karde, Wegwarte, Schmuckkörbchen, Ringelblume, Kapuzinerkresse, Vogelwicke, Nachtkerze, Rainfarn und Disteln. Auch Nutzpflanzen wie Fahnenhafer, Hanf, Raps, Sommergerste, Hirse, Kolbenhirse oder Mais machen in den Beeten eine gute Figur. Manche dieser Pflanzen sind zweijährig, man sollte sich also nicht wundern, wenn sie erst ein Jahr nach ihrer Aussaat zur Blüte kommen.

Wild und trotzdem konzeptreich

Nur weil „Unkraut" in den Beeten stehen darf, heißt das nicht, dass es ungepflegt zugehen muss. Für die Gestaltung bleibt auch hier Raum. Unterteilt man die ausgewählten Pflanzen beispielsweise in niedrig- und hochwachsende, kann schon bei der Aussaat Einfluss auf eine spätere Höhenstaffelung genommen werden. Man teilt das Saatbeet der Länge nach in drei Streifen, gerne auch mit einer

Richtschnur als Orientierungshilfe. Links und rechts sät man die niedrigen Arten, in die Mitte kommen die höheren. So entsteht später ein attraktiver Teppich, der dem Auge schmeichelt. Außerdem ist so gewährleistet, dass auch die kleinsten Pflanzen voll zur Geltung kommen und nicht in den höheren untergehen.

Gut vorbereitet ist halb gewonnen!

Man wirft die Vogelnahrung nicht einfach achtlos auf eine x-beliebige Stelle im Garten. Auch dafür muss man zuvor ein attraktives Saatbett bereiten. Die Vorbereitungen trifft man am besten bereits im Herbst. Die eingeplante Fläche wird spatentief umgegraben, grobe Erdschollen und Unkrautsamen zerfrieren dann über den Winter und das Beet kann im Frühjahr nochmals oberflächlich bearbeitet werden, bis der Boden eine schöne feine Krümelstruktur hat. Aussaattermin ist dann Ende April/ Anfang Mai. Nachdem die Pflanzen der Höhe nach sortiert wurden, sollte man die einzelnen Chargen, also hoch und niedrig, jeweils in einen Topf werfen und vermischen. Sät man Art für Art, ist das zum einen sehr aufwendig, zum anderen ist so noch nicht sichergestellt, dass jede Art überall in der gleichen Dichte wächst. Oftmals ist Saatgut von Sommerblumen sehr leicht und wird rasch vom Wind verweht. Man kann die Samen daher auch mit einer Handvoll Sand vermischen. Gesät wird breitwürfig, locker übers Handgelenk und in zwei Gängen, also die eine Hälfte der Samen beim Hoch, die andere beim Herunterlaufen. Das Saatgut verteilt sich so nochmals gleichmäßiger. Im Anschluss recht man die Samen dann vorsichtig ein und achtet darauf, dass mit dem Rechen kein Saatgut verzogen wird. Sonst könnten einzelne Blumeninseln und Erdflecken im Beet die Folge sein. Wer aufs Einrechen verzichtet, läuft Gefahr, dass die Vögel anfangen zu fressen, bevor sie eigentlich sollen, denn die Samen der Pflanzen sind es ja, auf die sie es abgesehen haben!

Im Anschluss wird dann noch kräftig angegossen und das Auflaufen des Saatguts abgewartet. Dann ist Jäten der wichtigste Punkt auf der Tagesordnung. Denn bis sich die Pflanzen etabliert haben, können sie Konkurrenzkräuter nicht vertragen. Sind sie einmal eingewachsen, werden diese zur Nebensache.

Bevor man eine Futterstelle für das Vogelvolk anlegen will, muss man sich zunächst folgende Fragen stellen: Welche Vögel gibt es in meiner Umgebung? Welche davon bleiben im Winter hier? Und was fressen sie dann gern?

Getreide dient Vögeln als Futterquelle, hier Hafer. (Foto: Julia Schade)

Nahrhaftes für Vögel

Futterpflanze	Vogelart
Getreide (Hafer, Mais, Hirse, Weizen)	Amsel, Dompfaff, Elster, Goldammer, Haussperling, Kleiber, Saatkrähe, Stieglitz
Grassamen	Goldammer
Hanfsamen	Blaumeise, Dompfaff, Feldsperling, Grünfink, Stieglitz, Sumpfmeise
Sonnenblumenkerne	Bergfink, Dompfaff, Feldsperling, Grünfink, Haussperling, Kohlmeise, Buntspecht
Staudensamen	Blaumeise, Dompfaff, Grünfink, Kohlmeise, Rotkehlchen, Star, Stieglitz
Bucheckern	Bergfink, Buntspecht, Elster, Kernbeißer, Kleiber
Früchte und Beeren (u. a. Hagebutten und Mispeln)	Amsel, Grünfink, Hausrotschwanz, Seidenschwanz, Star
Gehölzsamen	Buntspecht, Elster, Erlenzeisig, Haubenmeise, Kernbeißer, Kleiber, Tannenmeise, Buntspecht

Badesalz

„Pflanzendüfte sind wie Musik für unsere Sinne", lautet ein altes persisches Sprichwort. Bei einem Waldspaziergang kann man den harzig würzigen Geruch der Nadelbäume genießen, und schon nach kurzer Zeit fühlt man sich entspannter und kann abschalten. In Waldstücken, in denen vor kurzer Zeit Holz geschlagen wurde,

Frisch geerntete Koniferenzweige enthalten wertvolle ätherische Öle, die entspannend und wohltuend wirken.
(Foto: Sabrina Werner)

Nadelhölzer für die Badewanne

Name	Pflanzenbeschreibung – Merkmale	Wirkung als Badesalz
Fichte *Picea abies*	heimischer Baum, kann über 50 m hoch werden, immergrün, flachwurzelnd, hängende 10 bis 15 cm lange Zapfen, fallen als Ganzes zu Boden, Nadeln vierkantig und eher spitz, 1 bis 2 cm lang, Nadelkissen bleiben am Zweig	entspannt und erfrischt, regt Stoffwechsel und Durchblutung an, beruhigt die Nerven
Tanne *Abies alba*	heimischer Baum, bis 50 m hoch, immergrün, eher tief wurzelnd, aufrecht auf den Zweigen stehende, bis 15 cm große Zapfen, nach der Samenreife fallen Zapfenschuppen einzeln zu Boden, Nadelspitzen rundlich, Nadeln besitzen eine dunkelgrüne Oberseite, zwei weiße Spaltöffnungslinien („Streifen") an der Unterseite der Blätter, Blattnarben kreisrund sichtbar an Ästen	wohltuend bei Erkältungen, entspannend, schlaffördernd
Douglasie *Pseudotsuga menziesii*	ursprünglich aus Nordamerika, wird in Europa als Forstbaum kultiviert, hier bis zu 60 m hoch, Herzwurzler, längliche Zapfen, 5 bis 10 cm groß, 3 cm lange Nadeln, dunkel- bis graugrün, intensiv duftend beim Zerreiben	sehr frischer, fruchtiger Duft, belebend und vitalisierend, entspannend
Kiefer *Pinus sylvestris*	Heimischer Baum, 10 bis über 30 m hoch, immergrün, Rinde fuchsrot, abblätternd, immer 2 Nadeln, 4 bis 7 cm lang und blau- oder graugrün, Zapfen 3 bis 7 cm lang und 2 bis 4 cm breit	vitalisiert, wirkt wohltuend und anregend, löst Verspannungen
Wacholder *Juniperus communis*	heimischer Strauch oder kleiner Baum, bis 8 m hoch, häufig säulenförmig wachsend, Tiefwurzler, schwarzbraune und kugelige Beerenzapfen, Ausreife dauert 2 bis 3 Jahre, Nadeln stehen immer zu dritt in Wirteln, bis 15 mm lang, bläuliche Oberseite, stechend	fördert die Durchblutung, wirkt entspannend, wohltuend bei Muskelkater

ist dieser Duft noch kräftiger wahrnehmbar. Die ätherischen Öle, die für den intensiven Duft verantwortlich sind, stecken in allen Pflanzenteilen: im Holz, den Ästen, Zapfen und natürlich in den Nadeln. Durch das Verletzen der Zellen werden beim Schlagen des Holzes besonders viele Duftstoffe freigesetzt. Sammelt man bei einer solchen Gelegenheit einige kleine Äste, kann man den harzigen Waldduft konservieren und später als Badezusatz genießen.

Feines Badesalz verstopft keine Abflüsse und ist intensiver im Aroma. (Foto: Sabrina Werner)

Profitipp
Barbara Krasemann

Badewanne oder Fußbad?!
Möchte man das so hergestellte Salz für die Badewanne verwenden, sollte man darauf achten, dass die klein geschnittenen Pflanzenteile später nicht in den Abfluss gelangen und dort dann eventuell die Leitung verstopfen. Eine Möglichkeit ist das Abfüllen der Nadel-Meersalz-Mischung in Papier- oder auch Stoffteebeutel, die man dann beim Einlaufen der Wanne in den Wasserstrahl hängt. Eine andere Variante ist das weitere Zerkleinern der Nadel-Meersalz-Mischung. Das funktioniert hervorragend mit einer Küchenmaschine. Diese häckselt die Nadeln ganz fein, und so ergibt sich eine homogene Mischung, die einen sehr intensiven Geruch verströmt. Für ein Vollbad benötigt man etwa 50 bis 75 g Badesalz. Auch für wärmende und belebende Fußbäder eignet sich das selbst hergestellte Badesalz, zwei Esslöffel reichen dafür völlig aus.

Einfacher geht's nicht!

Kaum ein anderes „Wohlfühlmittel" aus Natur und Garten lässt sich leichter zubereiten als Badesalz. Außer einigen Zweigen mit Nadeln braucht man nur Meersalz und etwas Zeit. Bevor man mit dem Herstellen des Badesalzes beginnt, sollte man die frisch gesammelten Äste einen Tag bei Zimmertemperatur trocknen lassen, damit nicht zu viel Feuchtigkeit in das Salz gelangt. Am nächsten Tag schneidet man dann die Äste und Zweige in 1 bis 2 cm lange Stücke und gibt diese in eine Schüssel. Ist der Boden bedeckt, kommt die erste Schicht Meersalz auf die Zweige, dann wieder Pflanzenmaterial. Schicht für Schicht wird so die Schüssel gefüllt und alles anschließend nochmals gut durchgemischt. In die Abfüllgefäße gibt man als Erstes eine etwa 2 cm dicke Schicht reines Salz, nun die Nadel-Meersalz-Mischung und als Abschluss wieder eine Lage reines Salz. Sind alle Pflanzenteile vollständig vom Salz bedeckt, wird das Gefäß verschlossen. Nach etwa einer Woche ist das Badesalz durchgezogen und kann verwendet werden.

Weber-Karde

Der deutsche Name Weber-Karde zeigt gleich den Nutzwert dieses Gewächses, denn lange Zeit war sie in der Tuchherstellung nahezu unentbehrlich. Bereits im „Capitulare de villis", der Landgüterverordnung Karls des Großen aus dem 9. Jahrhundert, ist von der Karde die Rede. *Dipsacus sativus,* wie die Weber-Karde botanisch heißt, kommt ursprünglich aus Südeuropa. Im ersten Jahr erscheint von der Pflanze nur die Blattrosette, erst im zweiten Jahr kommt sie zur Blüte. Die Weber-Karde wird bis zu 2 m hoch und bildet walzenförmige Blütenköpfe. Die Blüten selbst sind violett und werden von gekrümmten, spitzen Spreublättern umgeben, und genau auf die hat man es für die Tuchbearbeitung abgesehen. Die Spreublätter der bei uns vorkommenden Wilden Karde, botanisch *Dipsacus fullonum,* hingegen sind weich und gerade und haben aus handwerklicher Sicht keine Bedeutung.

Die getrockneten Blütenstände der Karde dienten früher dem Aufrauen von gewebten Tüchern.
(Foto: Sabrina Werner)

Vom Weben zum Kleidungsstück

Die Verarbeitung des Wolltuchs nach dem Weben geschieht in mehreren Arbeitsschritten. In einer Walkmühle wird das Tuch zuerst gestampft. Dabei verdichtet es sich, verfilzt und schrumpft. Dadurch ist das spätere Kleidungsstück in der Lage, Wärme zu speichern und Wasser abzuweisen. Nun kommt die Weber-Karde zum Einsatz. Zum Herstellen des Werkzeugs, der Handraue oder Kardätsche, benötigt man die Blütenköpfe der Karde. Diese werden Ende Juli samt den Stielen abgeschnitten und getrocknet. Anschließend schneidet man die Hüllblätter ab und spannt die Blütenköpfe in mehreren Reihen in ein Holzgestell. Mit diesem Gerüst wird dann eine Seite des Tuchs aufgeraut. Die lockeren Fasern stellen sich nach oben, werden gebürstet und überstehende Fasern abgeschnitten. Durch dieses Verfahren erhält die Wolle ihre glatte Oberfläche.

Vermehrung und Standort

Die Weber-Karde zieht man entweder im Topf vor oder sät sie direkt aufs Feld. Ende April ausgesät, werden die Jungpflanzen Mitte Juli vereinzelt. Zwischen den Pflanzen sollte jeweils etwa 30 cm Platz sein. Im Topf vorgezogene Pflanzen kommen Mitte Mai ins Freie, wenn keine Nachtfröste mehr drohen.
Dipsacus sativus benötigt einen mäßig fruchtbaren, tiefgründigen Lehmboden in einer warmen Lage. Direkt nach der Aussaat sollte man nicht zu stark düngen, denn wächst die Pflanze zu schnell, ist sie frostgefährdet und die Spreublätter werden zu weich.

Steckbrief

Weber-Karde
Dipsacus sativus

Familie:	Kardengewächse (Dipsacaceae)
Herkunft:	Südeuropa
Wuchs:	zweijährig, bis 200 cm
Blüte:	ab Juli/August, violett
Standort:	sonnig bis halbschattig, durchlässiger Boden
Vermehrung:	Samen

Anspruchsvolle Korbmaranthen – *Calathea*

Mit etwas Fingerspitzengefühl hat man viel Freude an der Korbmaranthe.
(Foto: Sabrina Werner)

Die meisten *Calathea*-Arten stammen aus den tropischen Regenwäldern Südamerikas und gedeihen bei warmer, feuchter Luft im Schatten hoher Bäume. Und genau diese Bedingungen brauchen Korbmaranthen auch in der Wohnung. Das bedeutet: Ein heller Platz ohne direkte Sonne, eine Luftfeuchte von 70 bis 80 %, Temperaturen, die im Sommer um die 25 °C liegen und im Winter nicht unter 18 °C fallen, sie mögen keine „kalten Füße“ oder Zugluft. Fühlen sich Korbmaranthen nicht wohl, bleicht ihr Laub aus, die Blätter bekommen braune Spitzen und rollen sich zusammen. Um den Anforderungen der Pflanzen gerecht zu werden, kultivieren viele Zimmergärtner ihre Korbmaranthen in einem geschlossenen Blumenfenster oder in der Vitrine, aber auch im Badezimmer oder in der Küche sind Luftfeuchte und Temperatur meist genau richtig. Außerdem gilt: Der Ballen sollte gleichmäßig feucht sein, aber nicht zu nass. Die Erde lässt man vor dem nächsten Gießen an der Oberfläche leicht antrocknen. Vom Frühjahr bis zum Herbst gibt man dem Gießwasser etwas Grünpflanzendünger hinzu, im Winter alle fünf bis sechs Wochen. Bei Bedarf befreit man die Blätter mit einem feuchten Lappen von Hausstaub.

Korbmaranthe
Calathea

Steckbrief

Familie:	Pfeilwurzgewächse (Marantaceae)
Herkunft:	tropisches Amerika
Wuchs:	je nach Art unterschiedlich, ab 20 cm Höhe
Standort:	keine direkte Sonne, hell bis schattig
Pflege:	auf hohe Luftfeuchte achten, besprühen, mit weichem Wasser gießen, jährlich umtopfen
Vermehrung:	Rhizome teilen

Keine Blüten? Von wegen ...

Ein Vertreter der Korbmaranthen hat vergleichsweise unspektakuläre Blätter: *Calathea crocata.* In einer Sache ist er aber seinen Verwandten voraus: Er bildet auch in der Wohnung Blüten. Allerdings muss man hier ein wenig nachhelfen, denn er blüht nur, wenn man ihn ab Herbst bei 18 °C beherbergt und ihm nicht mehr als zehn Stunden Licht am Tag gönnt. Gärtner bezeichnen ihn deshalb als Kurztagspflanze.

Blattvielfalt

Korbmaranthen bestechen durch ihre Blattformen und deren prächtige Muster. Hier nur eine kleine Auswahl einiger Arten, von denen es aber jeweils noch zahlreiche weitere Sorten gibt:

- ***Calathea lancifolia:*** 30 cm lange lanzettliche Blätter, oberseitig hellgrün und die Oberseite ist hellgrün und gefleckt, die Unterseite ist rotbraun
- ***Calathea makoyana:*** braun-oliv gefleckte Blätter mit grünem Rand
- ***Calathea picturata:*** dunkelgrüne Blätter mit weißen Streifen und roter Unterseite
- ***Calathea roseopicta:*** ovale, dunkelgrüne Blätter mit weißer Mittelrippe und schöner Blattzeichnung

Querbeet-Experten

Cornelia Augustin

Cornelia Augustin hat sich den Stauden verschrieben. Sie leitet eine eigene Gärtnerei und zählt zu den versiertesten Staudenkennern Deutschlands. Blühintensive Solitärpflanzen ebenso wie kleine Kostbarkeiten in alten Steintrögen sind ihre Leidenschaft.

Roman Döppler

Roman Döppler ist Betriebsleiter des Sachgebiets Obstbau an der Bayerischen Landesanstalt für Gartenbau in Veitshöchheim. Kein Obstgehölz ist vor ihm sicher, Schere, Messer und Säge sind stets griffbereit. Ob Erziehungs-, Erhaltungs- oder Ertragsschnitt, Roman Döppler kann jedem vermitteln, wo die Schere anzusetzen ist.

Eva-Maria Geiger

Die Gartenbau-Ingenieurin arbeitet an der Bayerischen Landesanstalt für Gartenbau in Veitshöchheim und gibt gern ihr umfangreiches Wissen über Beet- und Balkonblumen, Schnittblumenproduktion und Zierpflanzen weiter. Mit Kreativität und Liebe zum Detail bringt sie selbst in die „schwierigsten" Ecken Farbe.

Brigitte Goss

Die Gartenbau-Technikerin Brigitte Goss ist Mitarbeiterin der Bayerischen Gartenakademie. Sie schätzt die heimische Fauna; biologischer Pflanzenschutz und naturnahes Gärtnern liegen ihr besonders am Herzen. In ihrem eigenen Garten hat Brigitte Goss Unterschlupfmöglichkeiten für zahlreiche Wildtiere und Nützlinge geschaffen.

Prof. Christa Habrich

Die langjährige Leiterin des Deutschen Medizinhistorischen Museums Ingolstadt ist heute noch Kuratorin des zugehörigen Gartens. Den direkten Bezug zwischen Arzneipflanze und daraus entstandenem Medikament zu vermitteln, ist Christa Habrichs besonderes Anliegen.

Till Hägele

Als Leiter der Gewächshäuser im Botanischen Garten München-Nymphenburg hat Gartenbau-Ingenieur Till Hägele umfangreiche Kenntnisse über Pflanzen aus aller Herren Länder. Winterhart sind die meisten davon nicht, sie als Zimmerpflanzen kultivieren und zu vermehren ist Till Hägeles Steckenpferd.

Julia Hörl

Julia Hörl ist Floristin mit Leib und Seele. Im Münchner Osten hat sie ihre Blumenkreativ-Werkstätten eingerichtet. Ihre natürlichen Arrangements kommen fast ohne künstliche Hilfsmittel zustande, denn für Julia Hörl ist jede Blume bereits ein Kunstwerk für sich. Und: Sie versteht es, mit einfachen Mitteln Gestecke vorzuarbeiten, die jeder zu Hause nachahmen kann.

Klaus Körber

Wäre die Rose eine Frau, wäre Gartenbau-Ingenieur Klaus Körber wohl ihr größter Verehrer. Voll und ganz hat er sich der Königin der Blumen verschrieben. Weitere Schwerpunkte sind unter anderem Clematis und Gehölze, die dem Klimawandel trotzen. An der Bayerischen Landesanstalt für Gartenbau in Veitshöchheim leitet Klaus Körber das Sachgebiet Baumschule.

Barbara Krasemann

„Anbauwürdig“ und „ertragreich“ – für Barbara Krasemann nahezu leere Worte. Ihr liegt das Schützen und Erhalten alter Kulturpflanzen am Herzen, meist solche, die man in Gärtnereien vergebens sucht. In ihrem Garten im Altmühltal sammelt und vermehrt die Wahlfränkin diese fast vergessenen Gewächse.

Gabriele Lindinger

Die Fachpädagogin legt Wert auf Respekt gegenüber Mitmenschen und Mitgeschöpfen in Natur und Umwelt! Das hierfür nötige Maß an Eigenverantwortung und ethischem Bewusstsein vermittelt sie spielerisch ihren Schützlingen im Kindergarten St. Georg in Pöring. Im Rahmen des UNESCO-Projektes „Bildung für Nachhaltige Entwicklung“ wurde ihre Arbeit ausgezeichnet.

Stefan Ludwig

Stefan Ludwig ist Gartengestalter mit Esprit. Der Landschaftsbau-Techniker leitet die Baustellen in einem der größten Landschaftsbauunternehmen in München. Mit einfachen Handgriffen löst Stefan Ludwig kniffelige Gestaltungsprobleme und gestaltet jede noch so kleine Gartenecke einladend.

Birgit Rascher

Birgit Rascher ist an der Bayerischen Landesanstalt für Gartenbau in Bamberg für die Versuche zum ökologischen Gemüsebau zuständig. Ob knackige Salate, aromatische Tomaten oder veredelte Gurken – der Anbau dieser Kulturen ohne Einsatz von Chemie und Kunstdüngern ist ein Hauptanliegen der Versuchs-Ingenieurin.

Maria Sansoni

Maria Sansonis Herz gehört den Wintergärten. Die Gartenbau-Ingenieurin betreibt in der Hallertau eine Spezialgärtnerei für Kübelpflanzen aus aller Welt. Auch der Gestaltung mediterraner Gärten in Bayern hat sie sich verschrieben.

Landesverband Bayerischer Kleingärtner e. V.

Der Landesverband Bayerischer Kleingärtner e. V. ist die Dachorganisation der bayerischen Kleingartenverbände und -vereine mit mittlerweile über 48 000 Mitgliedern. Gartenbau im Kleinen für den Eigenbedarf, zur Erholung oder als Ort sozialer Integration – der Verein setzt sich für Erhalt und Neuanlage von Dauerkleingartenanlagen ein. Angelika Feiner ist Redakteurin der Verbandszeitschrift und in der Landesfachberatung tätig.

Querbeet-Autoren

Tobias Bode

Tobias Bode ist gelernter Landschaftsgärtner und hat Landschaftsarchitektur studiert. Ob historische oder moderne Gärten – er kennt die Gestaltungsprinzipien und bringt sie dem Zuschauer näher. Der Diplom-Ingenieur und Querbeet-Autor verfügt über fundiertes Wissen rund um das Thema Garten.

Julia Schade

Egal ob Zier- oder Nutzpflanze – mit Witz und Sachverstand stellt sich die Gartenbau-Ingenieurin und Querbeet-Autorin Julia Schade jeder Herausforderung. Mit viel Einsatz widmet sie sich auch den Themen Pflanzenernährung und Pflanzengesundheit.

Sabrina Werner

Sabrina Werner ist eine Frau für alle Fälle. Auf ihrem Balkon blühen neben Apfelbäumen und Stauden auch Blumenwiesenmischungen. Ihr Motto: Mit etwas Geschick gedeiht fast alles auch auf kleinstem Raum. Die Gartenbau-Technikerin arbeitet als Querbeet-Autorin sowohl vor als auch hinter der Kamera.

Register

QUER BEET